# Jobcoaching für Frauen

Astrid Zips

# Jobcoaching für Frauen

Wie Sie bekommen, was Sie wollen, und behalten, was Sie haben

Mit einem Vorwort von Christine Bauer-Jelinek

Pichler Verlag

ISBN 3-85431-296-2

Pichler Verlag im Internet: www.pichlerverlag.at

Umschlaggestaltung: Bruno Wegscheider
Produktion: Alfred Hoffmann
Lektorat: Gerlinde Hinterhölzl
Umschlagfoto: ZEFA/IBID 51576
Foto der Autorin: WOMAN/Fotoredaktion, Wien

Druck und Bindung: Druckerei Theiss GmbH, A-9431 St. Stefan

# Inhalt

# Vorwort

Erfolg und beruflicher Aufstieg sind kein Zufall – und schon gar nicht bei Frauen. Sicherlich braucht man/frau zum Weiterkommen auch eine Portion Glück, und es ist hilfreich sich zur richtigen Zeit am richtigen Ort zu befinden. Erst dann kann der Mensch Gelegenheiten beim Schopf packen. Doch wer sich nicht mit Abwarten und Zufälligkeiten begnügen will, wählt eine strategische Vorgangsweise. Erfolgreiche Menschen gehen ihre Fragen systematisch an und leisten sich bei wichtigen Entscheidungen professionelle Hilfe.

In den letzten Jahren sind unzählige Ratgeber für die Karriereplanung auf dem Buchmarkt erschienen. Sie erklären, wie man/frau sich richtig bewirbt, sich selbst ins rechte Licht rückt, die eigenen Stärken hervorhebt oder die Lücken im Lebenslauf glaubwürdig darstellt. Doch den meisten Menschen fehlen Zeit und Geduld, um sich so detailliert mit allgemeinen Theorien zu beschäftigen und dann doch die Anwendung in der eigenen Lebenspraxis mühsam selbst erarbeiten zu müssen.

Leichter zum Ziel kommen die Ratsuchenden mit dem Besuch von einschlägigen Seminaren. Bildungseinrichtungen vom Arbeitsmarktservice über das WIFI, von der Volkshochschule bis zu privaten Trainingsfirmen haben einschlägige Angebote im Programm. Doch oft haben die TeilnehmerInnen Hemmungen, in der Gruppe über ihre Probleme zu sprechen und vieles trifft auf die persönliche Situation nicht zu.

Daher hat sich zusätzlich eine Beratungsform entwickelt, die die Menschen in ihren beruflichen Fragen und Problemen persönlich und zielgerichtet unterstützt: das Coaching. Dieses ist entgegen der landläufigen Meinung nicht nur für die Planung von Karrieren, das Erreichen von Top-Positionen und das Management sinnvoll, sondern bietet auch in allen Fragen des Berufslebens Orientierung und Unterstützung: wie beispielsweise bei der Suche nach dem ersten Job, bei einem Berufswechsel, beim Wiedereinstieg nach Karenzzeiten, in Krisensituationen unter KollegInnen, Chefs oder MitarbeiterInnen wie auch bei der Vorbereitung auf die Pension. Ein Coach wird aber auch aufgesucht, wenn man/frau den Eindruck hat, unter dem Wert gehandelt zu werden, das volle Potenzial nicht ausschöpfen zu können oder sich selbst im Wege zu stehen.

Coaching ist jedoch ein schillernder Begriff, unter dem so viele verschiedene Angebote zusammengefasst werden, dass der Konsument es wirklich nicht leicht hat, die richtige Wahl zu treffen. Die Suchenden müssen sich zurechtfinden unter Bezeichnungen wie Persönlichkeits-Coaching, Selbst-Coaching, Personal-Coaching, Individual-Coaching, Karriere-Coaching, Business-Coaching, Erfolgs-Coaching, Bewerbungs-Coaching, Innovations-Coaching, Strategie-Coaching, Struktur-Coaching, Projekt-Coaching, Verkaufs- und Vertriebs-Coaching, Management-Coa-

ching, Mitarbeiter-Coaching; darüber hinaus gibt es verschiedene Fach-Coachings von der EDV über Fremdsprachen bis zur Farb- und Stilberatung. Fast scheint es, als würde man einen Coach brauchen, um den richtigen Coach zu finden.
Zum besseren Verständnis dieser Beratungsform und als Grundlage für die eigene Suche nach einem Coach seien hier noch einige Hintergrundinformationen angeboten:

### Was ist eigentlich Coaching?

Eine Wurzel des Coaching ist im Leistungssport zu suchen. Im Sport hat ein Coach die Funktion, alle Voraussetzungen für Spitzenleistungen zu schaffen. Der Coach ist eine Mischung aus Trainer und Psychologe, denn die mental-emotionale Begleitung durch Sieg und Niederlage ist dabei ebenso wichtig wie der Aufbau von Kondition und Technik. Es entsteht eine speziell definierte, tragfähige Beziehung zwischen Coach und Sportler, die den Erfolg ermöglicht.
Eine andere Wurzel liegt in den sozialen Berufsfeldern. Menschen, die im Gesundheits-, im Bildungswesen oder im Strafvollzug arbeiten, stehen oft unter starker psychischer Belastung. Die ständige Konfrontation mit Extremsituationen und mit menschlichem Leid bei geringer gesellschaftlicher Anerkennung dieses Berufsstandes macht diese Gruppe anfällig für Burn-out und stressbedingte Krankheiten. Zur Unterstützung wurde die so genannte Supervision als Beratungsform etabliert, wodurch die Beteiligten ihre Spannungen abbauen, Situationen reflektieren und neue Verhaltensweisen entwickeln können.
Seit einigen Jahren gibt es Coaching für die Wirtschaft, in der öffentlichen Verwaltung, in der Politik und im Kunstbetrieb. Sei es als Angebot von externen Beratern oder als Maßnahme der Personalentwicklung in einem Unternehmen. Man versteht darunter eine Kombination aus dem Coaching im Sport und der Supervision der Sozialberufe. Der Wirtschaftscoach unterstützt die mental-emotionale Stabilität des Klienten, hilft Erfolgsbarrieren zu beseitigen und vermittelt Techniken zur Bewältigung von Stress und Druck. Er fördert die Sozialkompetenz und bietet Unterstützung bei der strategischen Planung. Die Methoden reichen von Interventionstechniken aus der Psychologie bis zu Trainingsformen aus der betrieblichen Bildung.
Häufig wird Coaching von Führungskräften und PolitikerInnen diskret in Anspruch genommen, um Probleme und heikle Sachfragen mit einem neutralen Gesprächspartner besprechen zu können. Der Coach ist oft der einzige Mensch, dem man auch Ängste und Schwächen zeigen darf. Personen, die im Blickpunkt der Öffentlichkeit stehen, brauchen einen Ort, an dem sie in einer geschützten Atmosphäre geistig regenerieren und reflektieren können. Durch die ständig wachsende Komplexität des Erwerbslebens wird es jedoch zunehmend gesellschaftstauglich, in allen beruflichen Fragen professionellen Rat einzuholen, und – ähnlich wie beim Zahnarzt – nicht erst wenn der Schmerz schon unerträglich geworden ist.

## Worin also besteht der Unterschied zur Psychotherapie?

Auch hier hilft ein Vergleich aus der Medizin: Der Coach lässt sich mit einem Sportarzt vergleichen, der ausgehend von der vorhandenen Kondition und den angestrebten Zielen gemeinsam mit dem Sportler einen Plan erarbeitet, wie das Ziel möglichst effizient erreicht werden kann. Der Psychotherapeut oder Psychiater hingegen wird, vergleichbar dem Arzt, im Krankheitsfall gebraucht. Ein verantwortungsvoller und gut ausgebildeter Coach wird den Klienten nicht überlasten oder gefährden, sondern unrealistische Ziele hinterfragen oder erst eine „Heilung" der Krankheiten empfehlen.
Es gibt viele Theorien über Coaching. Doch ganz allgemein lässt sich definieren: Coaching ist eine Methode zur Persönlichkeitsentwicklung, mit der vereinbarte Ziele unter Berücksichtigung der persönlichen Potenziale und auch der Grenzen leichter erreicht werden können. Jedoch kann nicht nur eine konkrete Situation durch Coaching besser bewältigt werden, es hat immer auch einen Effekt auf die Gesamtpersönlichkeit und bewirkt einen Zuwachs an Selbstkompetenz.

## Wie finde ich den richtigen Coach?

Coaching hat als Beratungsangebot in den letzten Jahren einen enormen Aufschwung erlebt. Ist es der Supervision kaum gelungen, in der Wirtschaft Fuß zu fassen, weil sie aus den sozialen Feldern kam, war es für das Coaching wesentlich leichter, weil es mit dem Sport in Verbindung gebracht wurde. Allerdings gibt es enorme Unterschiede beim Ausbildungshintergrund der Coaches. Coaching ist gewerberechtlich nirgends zugeordnet, es gibt keinerlei Auflagen oder Regelungen für eine profunde Ausbildung. Überspitzt formuliert kann ein Manager Coaching anbieten, der von psychischen Mechanismen, von unbewussten Ängsten, von Grenzen der Persönlichkeit und von Beratungstechniken keine Ahnung hat. Oder es kann ein Psychotherapeut Coaching anbieten, der die Arbeitswelt bisher nur durch die soziale Brille gesehen hat und Machtmechanismen, Intrigen und extremen Leistungsdruck nicht kennt. Es kann aber auch jemand Coaching anbieten, der nicht einmal diese Voraussetzungen erfüllt. Der Konsument ist in der Beurteilung der Qualität des Coaches gänzlich auf sich selbst gestellt.
Dazu kommt, dass der Berufsstand der Coaches sehr jung ist und sich noch nicht in einer Kammer oder einem Berufsverband organisiert hat. Daher wurden auch noch keine zentralen Anlaufstellen eingerichtet, wo man kompakte Information über Inhalt und Angebote bekommen könnte. So bleibt der/die Hilfesuchende sich selbst überlassen und findet den richtigen Coach über das Internet, Berichte in den Medien oder über persönliche Empfehlungen.
Hat man/frau dann endlich eine Adresse in der Hand und einen Termin für ein Erstgespräch ergattert, ist es unerlässlich, sich persönlich von der Qualität des Coaches zu überzeugen.

**Vorbereitung auf das Erstgespräch bei einem Coach**

- Was will ich erreichen?
- Was will ich für meine Zeit und mein Geld an Gegenwert bekommen?
- Habe ich meine Problemstellung so durchdacht, dass ich sie in wenigen Sätzen verständlich darstellen kann?

**Fragen an den Coach beim Erstgespräch:**

- Wie lange sind Sie schon als Coach tätig?
- Welche Ausbildungen haben Sie gemacht?
- Nach welcher Beratungsmethode gehen Sie vor?
- Welche Berufserfahrungen haben Sie außerhalb der Beratung?
- Welche Schwerpunkte haben Sie in Ihrer Arbeit?
- Arbeiten Sie überwiegend mit bestimmten Klientenzielgruppen? (Führungskräfte, Arbeitssuchende, Frauen, GründerInnen, VereinsfunktionärInnen, PolitikerInnen ...)
- Machen Sie einen Unterschied im Coaching von Männern und Frauen?
- Wie viele Einheiten werde ich zur Klärung meiner Fragestellung brauchen?
- Woran werde ich erkennen, dass das Ziel erreicht wurde?

Das Erstgespräch sollte übrigens kostenlos sein, es sollten Stornobedingungen, Umfang und Kosten geklärt werden.

**Welches Coaching brauche ich?**

Sind die Fragen eher praktischer Natur, wie beim Bewerbungstraining, bei einer Firmengründung oder bei Management-Themen, dann sollte der Coach über Berufserfahrung in der Wirtschaft verfügen. Das eher zielorientierte Coaching bietet Unterstützung bei der Umsetzung von beruflichen Vorhaben und Ideen wie Bewerbung, Berufswechsel, Gründung von Firmen, Initiativen, Vereinigungen, Produktentwicklung, Maßnahmen in der Personal- und Organisationsentwicklung, der Planung von Strategien und Maßnahmen, der Kontrolle von Ergebnissen und Entscheidungen, der Vernetzung von Kontakten und Ressourcen, aber auch bei Fragen des Führungsstil, bei der Vorbereitung von Verhandlungen oder dem Umgang mit Konkurrenzsituationen.
Betreffen die Fragestellungen eher die Persönlichkeit, wie die Kommunikationskompetenz, die Selbstwertverbesserung, den Umgang mit Gefühlen, oder die allgemeine Lebensorientierung sowie Krisensituationen, dann sollte der Coach eine Ausbildung als Psychotherapeut, Psychologe oder als Sozial- und Lebensberater haben. Nur so ist gewährleistet, dass er mit den Mechanismen der Psyche vertraut ist. Das eher persönlichkeitsorientierte Coaching bietet Unterstützung in schwierigen Lebenssituationen oder bei der Freisetzung von Potenzialen und Ressourcen. Es dient der Vermittlung von neuen Denkstrategien, dem Umgang mit Stress, Angst, Zorn und Verzweiflung, der Integration von belastenden Erfahrungen und Erlebnissen, der Orientierung

bei Entscheidungen sowie der Entwicklung von unternehmerischem Denken, Führungskultur, Konfliktfähigkeit und Teamgeist sowie von persönlicher und sozialer Kompetenz.
Wenn Sie sich für einen Coach entschieden haben, bedenken Sie immer, dass Sie der Kunde sind und ein Recht auf eine professionelle Behandlung und eine ordentliche Geschäftsgebarung haben. Natürlich bauen Klienten ein Vertrauensverhältnis zum Coach auf und möchten die Beziehung nicht gefährden. Doch so wie sich im Bereich der Medizin der mündige Patient gegenüber dem Arzt emanzipieren kann, ist auch im Coaching der Klient selbstverantwortlich. Sollten Sie keinen Erfolg erleben, sich nicht akzeptiert oder einfach nur nicht wohl fühlen, scheuen Sie sich nicht, die Probleme anzusprechen und, wenn Sie nicht das gewünschte Verständnis bekommen, auch den Coach zu wechseln.

## Zu diesem Buch

Ein Buch kann den Coach zwar nicht ersetzen (weil kein geschriebener Ratgeber dies kann), doch wird, mit diesem Wissen ausgestattet, vielleicht die Scheu vor einer professionellen Beratung sinken und die Arbeit im Coaching noch effizienter ablaufen.
Dieses Buch vereint mehrere Aspekte der Persönlichkeitsentwicklung. Es ist ein kompakter Ratgeber, entstanden aus der Praxis für die Praxis, bietet grundlegende Informationen in komprimierter Form und – dieses Buch ist aus der Sicht von Frauen speziell für Frauen geschrieben worden.
Die Arbeitssituationen und die Fragestellungen im Berufsleben stellen sich für Frauen und Männer immer noch sehr unterschiedlich dar. Frauen haben noch wenig Erfahrung mit dem Erwerbsleben aufzuweisen. Während Männer aufgrund der traditionellen Rollenaufteilung sich von Kindheit an auf einen Beruf vorbereiten, erhalten die meisten Mädchen heutzutage zwar eine sehr gute Ausbildung, doch mental bereiten sie sich immer noch hauptsächlich auf ein Familienleben vor. Während die Spiele der Jungen trotz aller Bemühungen der Frauenbewegung hauptsächlich auf Konkurrenz, Kampf und Sieg angelegt sind, lernen Mädchen Harmonie, Fürsorge und Gemeinschaftssinn zu entwickeln. In der Familie sind allerdings andere Werte gefragt als im Wirtschaftsleben. Die typisch weiblichen Eigenschaften wie größere Sensibilität, bessere Kommunikationsfähigkeit und gutes Organisationstalent werden zwar immer wieder hochgepriesen und sind auch in vielen Arbeitsbereichen sehr nützlich, doch über die „gläserne Decke" hinaus schafft frau es damit nicht.
Je mehr die Gleichberechtigung sich durchsetzen wird, umso stärker wird die Anforderung der Aufgabenstellung im Mittelpunkt stehen und nicht das Geschlecht des Ausführenden. Daher ist es auch nicht sinnvoll, Aufgaben ständig auf eine „weibliche Art" lösen zu wollen. Letztlich müsste es egal sein, ob eine Funktion von einem Mann oder einer Frau besetzt wird, die Kompetenz allein könnte entscheidend sein. Doch damit ist nicht allein die fachliche oder die soziale Kompetenz ge-

meint, da sind Frauen den Männern oft sogar überlegen. Entscheidend wird sein, ob Frauen sich „Machtkompetenz“ aneignen und rechtzeitig die auf dem „Marktplatz“ geltenden Spielregeln erlernen (wollen).
Auch wenn diese Spielregeln von Männern gemacht wurden, muss frau sie verstehen und anwenden können, um überhaupt in Positionen vorzudringen, in denen sie gegebenenfalls auch verändert werden können.
Dieses Buch bietet eine Vielfalt von Fragestellungen an, die sonst nur ein Seminar ermöglicht: Durch die vielen Fallgeschichten und Beispiele kann die eigene Situation relativiert und wieder richtig eingeordnet werden. Für die „Standardsituationen“ angefangen von der Bewerbung über Höhen und Tiefen eines Berufslebens bis zum Aus-, Um- und Wiedereinstieg werden Tipps und Checklisten angeboten, um die strategische Planung rund um den Job zu erleichtern. Von Coaching-Klientinnen häufig gestellte Fragen ziehen sich als roter Faden durch das Buch und helfen der Leserin, ähnliche Probleme zu klären. Diese Fragen umfassen – eben weil von Frauen aufgeworfen – ein breites Spektrum typisch weiblicher Problemstellungen: von der Doppelbelastung durch Beruf und Kind über zu große Selbstzweifel bis zur Entscheidung, eine wirklich tolle Karriere zu machen.
Lassen Sie sich also durch die vielfältigen Situationen eines Berufslebens führen und lassen Sie sich von den kreativen Lösungsmöglichkeiten inspirieren!

Christine Bauer-Jelinek
Wirtschaftscoach und Psychotherapeutin

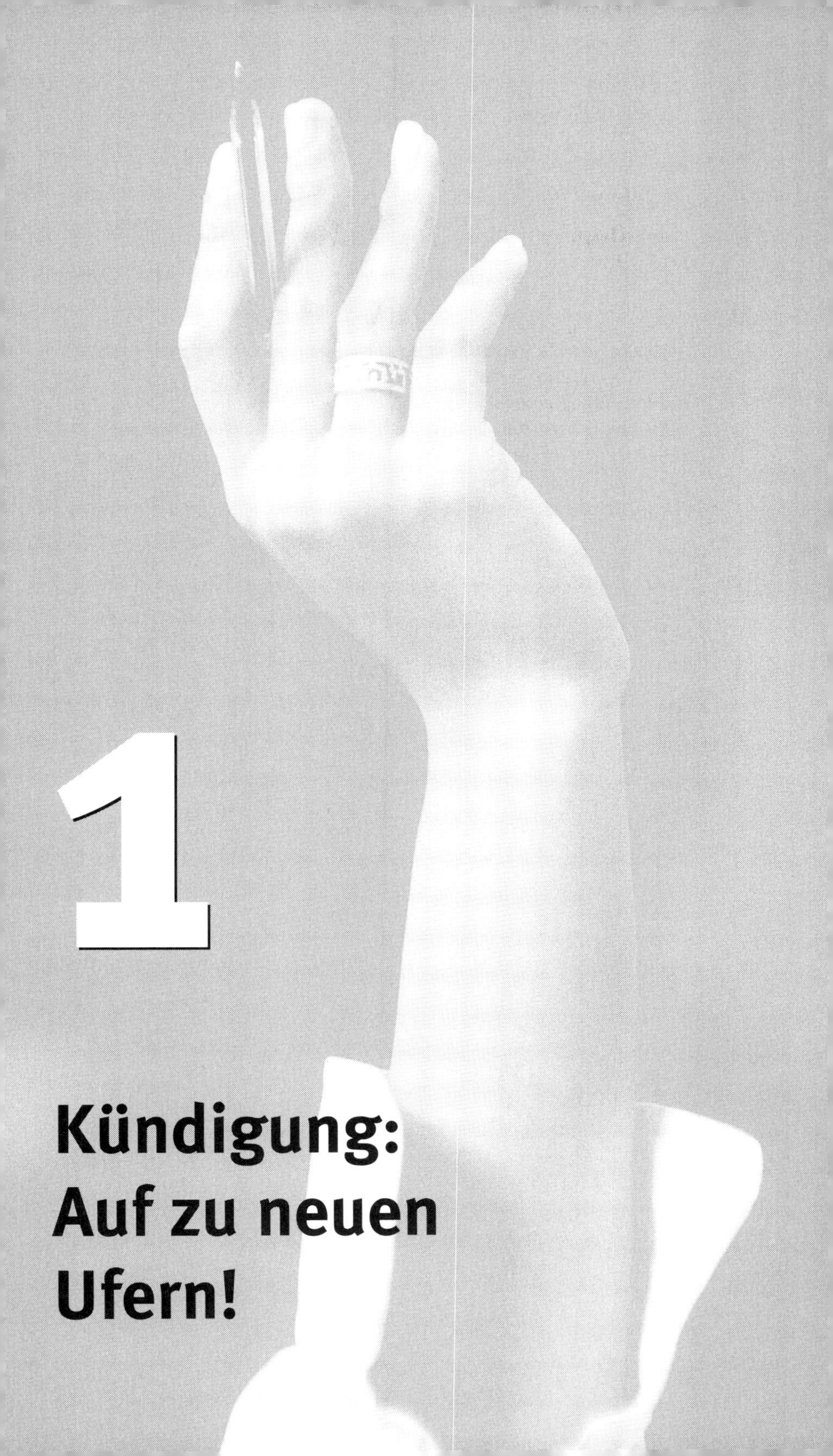

# 1

# Kündigung: Auf zu neuen Ufern!

Gekündigt zu werden ist für viele ArbeitnehmerInnen ein großer Schock. Sehr oft erfolgt die Kündigung nicht aufgrund von Fehlern und Versäumnissen der MitarbeiterInnen, sondern wegen „Rationalisierungsmaßnahmen". Insbesondere ältere ArbeitnehmerInnen, die vielleicht ihr gesamtes Erwerbsleben in einer Firma verbracht haben und dann in die Frühpension oder Arbeitslosigkeit geschickt werden, reagieren verbittert. Doch gibt es da auch noch die junge Generation der karrierehungrigen ArbeitnehmerInnen, für die der Job-Wechsel seinen Schrecken verloren hat. Er wird als Mittel der Wahl akzeptiert, den eigenen beruflichen Werdegang selbst zu bestimmen und sich immer wieder neuen Herausforderungen zu stellen.

Um neue Bindungen eingehen zu können, müssen alte gelöst werden. Die Fragen, die dabei entstehen, sind höchst unterschiedlich, je nachdem, ob die Kündigung seitens der ArbeitnehmerInnen oder seitens der DienstgeberInnen ausgesprochen wird. Die Frage, wie ein guter neuer Job zu finden ist, bewegt im Erwerbsleben stehende Menschen immer wieder. Steckt frau mitten in der Suche nach einem neuen Job, ist es hilfreich, eine gute Balance zwischen gezielter Aktivität und gelassenem Abwarten zu finden – und für neue, unerwartete Varianten offen zu sein. Gerade bei Brüchen im späten Erwerbsleben älterer ArbeitnehmerInnen zählt die innere Aufgeschlossenheit ganz besonders.

## 1.1. Erste Hilfe nach Kündigung

Auch in dieser Situation gilt die alte Lebensweisheit, dass nach dem Regenguss wieder die Sonne scheinen wird – auch wenn es im Moment nicht so aussehen mag. Einen Job zu verlieren kann zunächst ähnlich belastend sein wie der Bruch einer innigen Beziehung oder der Verlust des eigenen Zuhause. Doch erfahrungsgemäß erholen sich die meisten Menschen davon schneller, als sie es selbst gedacht hätten. Allerdings sollten Sie von Ihrer alten Dienststelle nicht kampflos gehen und alle Hebel in Bewegung setzen, um wenigstens ihre arbeitsrechtlichen Ansprüche abgegolten zu bekommen.

Anstatt sich hektisch in die Job-Suche zu stürzen, nehmen Sie sich erst einmal Zeit für sich selbst. Sie wissen ja: „Wenn du es eilig hast – dann gehe langsam!"

Nützen Sie die Gelegenheit zur Reflexion, orientieren Sie sich zunächst, was Ihre aktuellen (Berufs)ziele überhaupt sind. Da sowieso etwas verändert werden muss, packen Sie die Gelegenheit beim Schopf, gleich „in die richtige Richtung zu gehen".

**Was spielt sich psychisch nach einer unfreiwilligen Kündigung ab?**

Nach meiner Erfahrung sind fünf Phasen der „Trauer-Arbeit" zu beobachten:

1. Schockphase: Im Moment bzw. wenige Tage nach der Kündigung oder der Kenntnisnahme dieser tritt ein „Totstellreflex" ein.

2. Labilisierungsphase: Gefühle wie Trauer, Bitterkeit, Wut etc. werden frei und kommen zum Ausbruch.
3. Stabilisierungsphase: Es findet eine erste Bewältigung statt, aber zum Teil noch durch Verdrängen. Daher ist die erste Stabilisierungsphase manchmal mit einem Gefühl innerer Leere verbunden. Über den Zeitraum von einigen Wochen nach der Kündigung treten gelegentlich noch Labilisierungszustände auf.
4. Verarbeitungsphase (über mehrere Monate nach der Kündigung): Berufliche Themen tauchen in Träumen auf, insbesondere Situationen und Personen aus der alten Firma; vielfach tritt ein „Nachhängen" über die Vergangenheit auf. Diese Phase kann auch parallel zur Eingewöhnung in einem neuen Arbeitsverhältnis stattfinden.
5. Bewältigungsphase: Im Idealfall ist die Kündigung nach etlichen Monaten (manchmal aber auch erst nach Jahren!) so weit bewältigt, dass eine realistische Erinnerung an die alte Firma und damit eine differenzierte Sicht möglich ist: „Das war gut, das war schlecht." Die Neuorientierungsphase ist noch nicht eingetreten, wenn entweder „alles gut" oder „alles schlecht" erinnert wird. Zumeist haben die Betroffenen das Gefühl, dass sie, selbst wenn sie könnten, in der alten Firma nicht mehr arbeiten wollten.

**Beispiel:**

*Martina S., 32, arbeitet seit 14 Jahren in einem Elektronik-Unternehmen, zuletzt in der Reparaturabteilung. Diese durchgängige Firmentreue wurde nur durch eine Karenzzeit von eineinhalb Jahren unterbrochen. Ihre Tochter ist nun fünf Jahre alt und wird vormittags im Kindergarten, nachmittags von den Großeltern betreut.*

*Eines Tages erfährt Frau S., dass sie und eine Kollegin aus Einsparungsgründen gekündigt werden sollen. Dem Schock folgt Bitterkeit, aber auch die vage Hoffnung, dass nun etwas Neues (Besseres?) für sie beginnen könnte. Sie selbst hätte diesen Schritt aufgrund ihrer Existenzängste niemals gesetzt.*

*Frau S. fühlte sich an ihrem Arbeitsplatz in der Reparaturabteilung auf dem Abstellgleis. Sie machte dort kein Geld für die Firma und war daher „unwichtig" (vor der Karenz hatte sie als Assistentin der Geschäftsleitung gearbeitet). Frau S. spürte immer wieder, dass sie in der Firma keinen „guten Stand" hatte. Ihre Vorgesetzten nahmen sie kaum wahr, mit KollegInnen gab es immer wieder Spannungen.*

*Als die Kündigung spruchreif wird, gelingt es der jungen Frau, ihren – bei näherer Betrachtung grundlosen – Existenzängsten nicht panikartig nachzugeben. Sie stürzt sich nicht auf den erstbesten Job, sondern gönnt sich einen Monat Pause, um ihre Gefühle zu ordnen und die Kündigung zu bewältigen. Sie nimmt sich Zeit für sich selbst und bemüht sich, das Beisammensein mit ihrer Tochter besonders schön zu gestalten. Sie lässt ihre Traurigkeit, Bitterkeit und Wut an sich herankommen und weint manchmal über die 14 Jahre, in denen sie sich von Vorgesetzten und KollegInnen unverstanden fühlte und unter ihrem*

*Wert geschlagen wurde. Danach begibt sich die zurückhaltend wirkende Frau, der man ihr zielstrebiges Wesen auf den ersten Blick nicht anmerkt, auf Job-Suche. Sie weiß jetzt, was sie will. Ihr Lebensgefährte unterstützt ihr Ziel, nicht den erstbesten Job anzunehmen, sondern einen guten Arbeitsplatz zu finden.*
*Und dann geht es schneller, als alle denken: Martina S. wird Teil eines AssistentInnenteams der Geschäftsleitung eines Start-up-Unternehmens in ihrer Branche. Zwischen Vorgesetzten und MitarbeiterInnen wird ein sehr kollegialer Umgangston gepflegt. Frau S. erlebt, dass sie ihren Arbeitsbereich gemeinsam mit ihrem Team weitgehend selbständig gestalten kann. Dadurch trägt sie mehr Verantwortung als früher, was ihr – nur anfangs – etwas Angst macht. Zu ihrer großen Überraschung finden ihre Ideen und Aktivitäten die Unterstützung durch die Vorgesetzten und sie entwickelt sich schnell zu einer sehr geschätzten Kraft. Dieser Status gibt ihr Selbstbewusstsein und sie hat nun auch unter den KollegInnen eine bessere Position.*

**Wie kann ich Schock, Wut und Trauer nach einer unfreiwilligen Kündigung am besten bewältigen?**

- Lassen Sie Ihren Gefühlen freien Lauf und reden Sie darüber mit verständnisvollen Freunden! Je ungehemmter Sie Wut und Trauer empfinden können, umso schneller verläuft Ihr gesamter Bewältigungsprozess.
- Echte, starke Gefühle zu empfinden und auszuleben ist sinnvoll und notwendig, aber verfallen Sie nicht in einen dumpfen Dauerzustand der Traurigkeit. Lenken Sie sich möglichst ab!
- Tun Sie sich selbst Gutes (massieren lassen, gut essen gehen, liebe Menschen treffen ...).
- Halten Sie nur zu sich selbst und schimpfen und jammern Sie – im privaten Kreis – ungehemmt über die ehemalige Firma. Einen realistischen Blickwinkel können Sie später immer noch einnehmen.

## 1.2. Mut tut gut

Von Zeit zu Zeit überfällt fast jeden berufstätigen Menschen ein gewisser Arbeitsfrust, der in vielen Fällen aber wieder verschwindet. Schlimm wird es, wenn der Job keinen Spaß mehr macht und tagtägliche Belastung ist. Ziehen Sie in einem solchen Fall möglichst früh die Notbremse. Am besten, Sie bewerben sich parallel zum noch bestehenden Arbeitsverhältnis. So sind Sie in der Lage, Angebote sorgfältig zu prüfen, die Marktlage zu sondieren und die beste Chance herauszufiltern.

**Wann ist es Zeit für einen Job-Wechsel?**

Arbeitszeit ist Lebenszeit. Als aktive, tatkräftige Erwachsene verbringen wir die meiste Zeit in der Arbeit. Dies erklärt die Sehnsucht nach einem

Job, der nicht nur Geld bringt, sondern auch Berufung ist oder zumindest zeitweise Spaß macht. Schaffensfreude entsteht, wenn sich Arbeitskräfte „am richtigen Platz" fühlen und weder chronisch unter- noch überfordert sind.
Wer täglich mit Schmerzen lebt (körperliche Alarmsignale von Stress und zu großer Belastung wie z. B. Magenschmerzen oder Migräne) und sich zur Arbeit zwingen muss, dem nützen das feste Einkommen und der sichere Arbeitsplatz im Grunde fast gar nichts. Als Alarmzeichen dafür, die eigene berufliche Situation zu überdenken, gelten „Burn-out" und „innere Kündigung" (siehe Kapitel 8.3), aber auch organisatorische Veränderungen wie Fusionen und Sanierungen. Denn wer garantiert, dass es danach für Sie noch einen guten Platz in der Firma gibt?
Solche Veränderungsprozesse laufen für die MitarbeiterInnen übrigens dann besonders ungünstig ab, wenn ein innerer Wandel, an dem sie mit beteiligt werden, nicht zugelassen wird, sondern seitens des Managements Strukturen aufgezwängt werden.

**Was passiert, wenn zu lange in einem wenig zufrieden stellenden Job ausgeharrt wird?**

Ein großer Fehler besteht darin, zu lange mit dem Wechsel zu warten. Die ersten Anzeichen der Unzufriedenheit werden übergangen, viel Ärger wird hinuntergeschluckt. Die Folge eines jahrelangen Gefühlsstaus ist dann häufig, dass plötzlich gar nichts mehr geht. Eines Tages wollen die Betroffenen auf der Stelle kündigen und zum erstbesten Job greifen. Überstürzte Entscheidungen sind jedoch kein Ausweg aus dem Dilemma und führen meist nicht zur Verbesserung der Situation.

**Was tun, wenn aufgrund der Arbeitsmarktlage keine Verbesserung durch einen Job-Wechsel zu erwarten ist?**

Jobwechseln wird in der Zukunft immer selbstverständlicher werden, das gilt auch für das Durchlaufen mehrerer Karrieren. Umschulungen und der Begriff des „lebenslangen Lernens" sollten für uns ihren Schrecken verlieren – damit gilt es, leben zu lernen. Auch Wechsel der Branche werden üblich, ebenso wie Wechsel der Arbeitsform: Zeiten der Selbständigkeit, die Zeiten von Dienstverhältnissen ablösen – je nach individueller Lebensphase. Der Vorteil ist eine größere Bandbreite von Möglichkeiten, z. B. zeitweise auch etwas zurückstecken zu können, ohne ganz aufhören zu müssen – etwa in Kinder-Erziehungszeiten.

## 1.3. Kündigung aus eigenem Entschluss

Ihr Entschluss, an der alten Arbeitsstelle zu kündigen, entspringt wahrscheinlich einer reiflichen Überlegung. Vermutlich haben Sie alle Vor- und Nachteile der alten und der neuen Position immer wieder gegeneinander abgewogen. Am besten ist, Sie haben den neuen Job „bereits

in der Tasche". Ihr neuer Dienstvertrag sollte vollständig ausverhandelt zur Unterschrift bereitliegen, damit es nach Ihrer Kündigung keine bösen Überraschungen an der neuen Arbeitsstelle gibt.
Manchmal ist es aber auch notwendig, eine Kündigung zu riskieren, ohne ein konkretes neues Angebot zu haben. Dies gilt insbesondere bei starken Erschöpfungszuständen (siehe Kapitel 8) oder sehr negativen und belastenden Vorkommnissen am Arbeitsplatz, wie sexueller Belästigung (siehe Kapitel 6) oder Mobbing (siehe Kapitel 7.3). In diesen Fällen kann es sinnvoll sein, sich eine Auszeit zu gönnen, sich zunächst zu erholen, Beratungsstunden in Anspruch zu nehmen und dann in der Arbeitslosigkeit die neuerliche Job-Suche zu beginnen.

### Ich möchte (muss) kündigen – was ist zu beachten?

Klären Sie folgende Fragen:
- Wird die Firma etwas unternehmen, um mich zu halten?
- Wie werde ich darauf reagieren?
- Wie wird die Kündigungsfrist verlaufen?
- Wie komme ich in den Genuss einer Abfertigung?

### Kündigen – wie geht das praktisch?

Vielleicht haben Sie bereits an einer neuen Arbeitsstelle eine Zusage gemacht. Es liegt nun an Ihnen, die Kündigung an der alten Arbeitsstelle auch auszusprechen.
Ersuchen Sie dafür Ihre/n unmittelbare/n Vorgesetzte/n um ein Gespräch. Die Geschäftsleitung muss ebenfalls von Ihrer Kündigung informiert werden. Rechtlich gilt auch eine informelle schriftliche Form.

### Die Vorgesetzten meiner alten Firma setzen viel daran, mich zu halten.

Wenn die Firma an Ihnen weiterhin interessiert ist, werden Sie höchstwahrscheinlich zum MitarbeiterInnengespräch (siehe Kapitel 5.1) gebeten werden. Möglicherweise werden Ihnen neue Angebote gemacht: Aufstiegsmöglichkeiten, Gehaltserhöhungen, Prämien, Dienstauto, Weiterbildung u. Ä.
Am besten, Sie stellen sich schon vor dem Gespräch darauf ein. Überlegen Sie, ob Sie noch verhandeln möchten und was Ihre Bedingungen sind, damit sich Ihre Berufssituation wirklich nachhaltig bessert. Lassen Sie sich nicht zu leicht umstimmen, nur weil Sie sich geschmeichelt fühlen – um dann nach ein paar Wochen zu erkennen, dass sich nichts wesentlich verändert hat.

### Wie kann ich mit langen Kündigungsfristen sinnvoll umgehen?

Die üblichen Kündigungsfristen stellen meistens kein Problem dar; die Übergabe kann in Ruhe geregelt, der Resturlaub verbraucht werden. Manche Firmen stellen ihre MitarbeiterInnen in der Kündigungsfrist so-

gar von der Arbeit frei; dies insbesondere dann, wenn die Auflösung des Arbeitsverhältnisses wegen Zerwürfnissen vollzogen wurde – oder in der Position ein besonderes Vertrauensverhältnis notwendig ist.
Im Falle monatelanger Kündigungsfrist überlegen Sie, was Sie selbst wollen. Eine Alternative ist es, eine ruhige Zeit zu verbringen, Resturlaub zu verbrauchen und „um vier Uhr den Bleistift fallen zu lassen". Waren Sie für die Firma eine wichtige Know-how-Trägerin, mag dem Betrieb sehr viel daran liegen, dass Sie in dieser Zeit Ihre/n NachfolgerIn gewissenhaft einschulen. Diese Leistung sollten Sie aber nicht einfach „herschenken" (schon gar nicht aus schlechtem Gewissen wegen der Kündigung!). Verhandeln Sie! Solche Vereinbarungen können Prämien, die Abfertigung oder Teile davon betreffen. Beginnen Sie, konsequent zu delegieren, insbesondere langfristige Projekte, die Sie sowieso nicht mehr zu Ende führen werden können.

### Wie komme ich zu einer Abfertigung?

Die „Abfertigung neu" gilt uneingeschränkt für alle Arbeitsverhältnisse, die nach dem 31. Dezember 2002 abgeschlossen wurden.
Arbeitsverhältnisse, die zu diesem Zeitpunkt bereits bestanden, unterliegen grundsätzlich dem alten Abfertigungsrecht, wonach ein Abfertigungsanspruch erst nach einer ununterbrochenen dreijährigen Dienstdauer zusteht und bei Eigenkündigung des/der ArbeitnehmerIn (oder verschuldeter Entlassung bzw. unbegründetem Austritt) verloren geht. Da die Höhe der Abfertigung nach der alten Regelung vom für den letzten Monat gebührenden Entgelt abhängt, kann der Wechsel von Vollzeit- auf Teilzeitarbeit (z. B. bei Frauen mit Kindern) zur Falle werden. Erkundigen Sie sich bei der Arbeitkammer nach den für Ihr Arbeitverhältnis geltenden Bestimmungen.

### Welches Abfertigungsmodell ist für mich günstig?

Wenn mehrere Abfertigungssysteme nebeneinander stehen und Wechsel möglich sind, erkundigen Sie sich über die jeweiligen Vor- und Nachteile. Zumeist muss eine Einigung mit den ArbeitgeberInnen über einen Wechsel erzielt werden. Diese müssen bisherige Ansprüche in die neuen Systeme einbringen. Wie viel das ist, ist immer wieder Verhandlungssache.
Wer kurz vor der Pension steht, ist mit einem Modell, welches das Letztgehalt inklusive Sonderzahlungen als Bemessungsgrundlage heranzieht, am besten beraten.

## 1.4. Brüche im späten Erwerbsleben

Viele ältere ArbeitnehmerInnen glauben, am Arbeitsmarkt nicht mehr bestehen zu können und sich einen beruflichen Wechsel keinesfalls leisten zu können. In Wirklichkeit ist es jedoch für andere Bevölkerungsgruppen auch nicht leichter, einen guten Job zu finden, etwa für BerufsanfängerInnen, Lehrlinge, ungelernte Kräfte oder für Wiedereinsteigerinnen mit ihren speziellen Rahmenbedingungen. Gefragt sind daher ein gutes Quantum Einfallsreichtum und Optimismus. Und Selbstbewusstsein in Bezug auf die eigenen Kompetenzen!

### Was ist zum Trost älterer Arbeitnehmerinnen zu sagen, die ihren Job verlieren?

Für ältere Menschen, die am Arbeitsmarkt kaum mehr eine realistische Chance haben, in der alten Branche und in der vertrauten Arbeitsform unterzukommen, bricht im ersten Moment manchmal eine Welt zusammen. Insbesondere bei schlechter materieller Situation werden starke Zukunftsängste ausgelöst. Ist das Selbstwertgefühl stark mit der beruflichen Position verbunden, so können Kündigung und Arbeitslosigkeit einen massiven Schock auslösen. Dieser wird einerseits durch die Kränkung, „freigesetzt" worden zu sein („nicht mehr gewollt, ausgestoßen zu werden") noch verstärkt, andererseits durch fehlende „Auffangnetze", etwa wenn die private Situation problematisch ist oder Freunde und Hobbys vernachlässigt wurden.
Dennoch geschieht es oft, dass ältere Menschen die Verantwortung für das eigene Schicksal wieder erfolgreich übernehmen, um ihr Leben neu und neuerlich sinnvoll zu gestalten.

## Beispiel:

*Antonia M., 57, arbeitete seit Jahrzehnten in der Buchhaltungsabteilung eines Industrieunternehmens. Dann wird sie gekündigt: Eine neue, junge Geschäftsführung hat die Firma übernommen und sich von zahlreichen „altgedienten" MitarbeiterInnen verabschiedet. Frau M. ist enttäuscht und fühlt sich betrogen. Sie war der Firma gegenüber stets loyal und in schwierigen Zeiten sogar bereit, unbezahlte Überstunden zu leisten. Als ihr Sohn klein war, stellte sie oft die eigenen Bedürfnisse und die des Kindes aus Pflichtbewusstsein der Firma gegenüber zurück. Einige Jahre vor der Kündigung war das Krebsleiden ihres Ehemannes diagnostiziert worden. Seither bot ihr der Arbeitsplatz auch die Möglichkeit, der ständigen Konfrontation mit der Krankheit ihres – zudem depressiven – Mannes zumindest zeitweise zu entfliehen und Ablenkung zu finden. Ihre Chancen, noch einmal Arbeit zu finden, schätzt sie sehr gering ein. Wenn sie über „ihre" Firma spricht, kommen ihr noch viele Monate nach der Kündigung die Tränen. Ihr Lichtblick sind nun ihre beiden Enkelkinder (drei und fünf Jahre), die sie seit der Kündigung mehrere Stunden in der Woche betreut, was sie zunehmend genießt. Sie freut sich auch über die Dankbarkeit ihres Sohnes und der Schwiegertochter – ermöglicht sie dieser doch durch Mithilfe in der Kinderbetreuung deren Wiedereinstieg in den Beruf.*

**Heutzutage ist frau für die meisten Unternehmen ja schon mit 45 Jahren „alt“!**

Besonders die New Economy trumpfte gerne mit ausschließlich jungen Gesichtern auf. Doch diese Kräfte hielten nicht, was sie versprochen hatten – ihnen fehlte das Erfahrungswissen. Die Kurseinbrüche an der Börse haben viele erfolglose Start-up-Unternehmen mitgerissen. Grund dafür ist auch der Jugendwahn, der in den letzten Jahren in der Berufswelt kursierte. Nur bis zu einer Schallgrenze von etwa 35 Jahren galt eine Arbeitskraft als effizient, flexibel, belastbar, universell einsetzbar und einsatzbereit. Auch unter den UnternehmerInnen war „Jungsein“ angesagt. Manche von ihnen konnten allerdings nicht einmal einen Geschäftsplan erstellen, verstanden nicht genug von Organisationsabläufen, von Kommunikations- und Führungskompetenz ganz zu schweigen.
Gerade für Start-up-Unternehmen sind ältere MitarbeiterInnen wichtig; geschickte JungunternehmerInnen berücksichtigten dies von jeher. Ältere MitarbeiterInnen bereichern eine Start-up-Firma durch ihre Berufserfahrung, menschliche und soziale Intelligenz sowie durch ein breites Fundament an praktischem Wissen und durch Kenntnisse über Strukturen und Abläufe.

**Das besondere Kapital der 45++ für ein Unternehmen:**

- Sehr oft sind sie ausgereifte Persönlichkeiten, berechenbar, verlässlich und stabil bei der Umsetzung der Ziele eines Unternehmens.
- Die Kombination aus Jung und Alt unter den MitarbeiterInnen einer Firma ist optimal. Dabei ergänzen sich unterschiedliche Talente, Ideen, Sicht- und Arbeitsweisen. Und *diversity* kommt bei den KundInnen am besten an. Ein Unternehmen, das auf eine Mischung der Generationen setzt, schafft eine vielfältigere KundInnenbindung: Je größer die Anzahl der Möglichkeiten, desto mehr Erfolgsfaktoren stellen sich ein.
- Ältere wollen keineswegs nur unter ihresgleichen sein; sie arbeiten gern mit Jüngeren zusammen.
- Jüngere, die mit älteren KollegInnen zusammenarbeiten, finden diese zwar manchmal etwas „verbohrt“ oder „altmodisch“. Andererseits erkennen sie, dass diese solide und erfahren auftreten und auch in kritischen Situationen zielgerichtet handeln.

Heute denken viele Unternehmen, was die angeblich „zu teuren“ älteren MitarbeiterInnen betrifft, um: Gute Leute sollen gut bezahlt werden – unabhängig vom Alter. Und der Einwand, dass ältere ArbeitnehmerInnen zu unflexibel seien, wird so relativiert: Das Thema Weiterbildung liege in der Verantwortung der Unternehmen. Wenn lebenslanges Lernen zur Selbstverständlichkeit würde, wäre diesem Problem vorgebeugt.
Aus demographischer Sicht kommen wir ohnedies nicht darum herum, mit „SeniorInnen“ zu arbeiten. Ein Anstieg des Pensionsalters wird von

vielen ExpertInnen erwartet und der Zustrom der jugendlichen Arbeitskräfte wird in den nächsten Jahren nachlassen. Gut ausgebildete MitarbeiterInnen werden rarer werden, Unternehmen zunehmend daran interessiert sein, diese zu halten. Allerdings, steht zu vermuten, wird die Zahl der freien Dienstverhältnisse auch unter älteren ArbeitnehmerInnen anwachsen.

### Welche Möglichkeiten haben ältere Arbeitnehmerinnen, neu anzufangen?

Manchmal ist es tatsächlich nicht mehr möglich, neuerlich ein Dienstverhältnis in der Herkunftsbranche zu ergattern. Doch – und das sei ein Trost – kommen die neuen Formen der Beschäftigung auch für ältere Menschen in Frage, und zwar überall dort, wo ihre fachlichen oder sozialen Kompetenzen gebraucht werden. So sind z. B. viele der heutzutage immer zahlreicher werdenden „Interimsmanager", die Unternehmen auf Zeit beratend zur Verfügung stehen, höheren Alters. Auf einem aussichtsreichen Konzept für die Zukunft, in das ältere MitarbeiterInnen beratend eingebunden sind, basiert das „Cross-Mentoring". Dabei arbeiten jeweils zwei Unternehmen zusammen. Erfahrene Führungskräfte der einen Firma begleiten und fördern über einen bestimmten Zeitraum jüngere Mitglieder der anderen. Der branchenübergreifende Austausch von wichtigem Know-how bringt den berühmten „Blick über den Tellerrand".

Der Arbeitsmarkt hat erkannt, dass auf den Erfahrungsschatz älterer MitarbeiterInnen nicht einfach verzichtet werden darf. Allerdings handelt es sich hier oft um atypische Dienstverträge und Tätigkeiten auf Honorarbasis. Im Falle der Interimsmanager sind die Honorare durchaus hoch – nur ist die Arbeit immer auf Zeit. Manche ältere Menschen, die ihr Leben lang nur das klassische Dienstverhältnis kannten, schaffen diesen Sprung in die Flexibilität und „Unsicherheit" nicht. Sie erleben den Wegfall von Sicherheit oft als kränkend („Jetzt befinde ich mich am Abstellgleis") und erkennen die neuen Chancen nicht.

Aufgeschlossenere ältere Menschen gehen durchaus noch den Weg in die Selbständigkeit. Oft handelt es sich dabei um Dienstleistungen, wie sie Haus-SitterInnen, Leihomas oder GesellschafterInnen anbieten.

Wenn es nicht um die Notwendigkeit geht, Geld zu verdienen, ist auch die ehrenamtliche Mitarbeit in gemeinnützigen Vereinen eine Möglichkeit, einer sinnvollen Beschäftigung nachzugehen und dadurch gebraucht und nützlich zu sein. Wirtschaftsleute, die in Pension gehen, haben vom „Kapitalismus" oft die Nase voll. Da sie aber immer noch tatkräftige und aktive Menschen sind, nehmen manche im Ruhestand wichtige Funktionen in karitativen Organisationen an, unterstützen Entwicklungshilfe, engagieren sich für Tierschutz etc.

Für Männer, die das Regeln sozialer Angelegenheiten gerne ihren Frauen überlassen haben und dadurch kaum über „Auffangnetze" im Privaten verfügen, ist der Wegfall jahrzehntelanger beruflicher Aufgaben mitunter ein schwerer Schock. Sie mutieren gelegentlich zu gekränkten

(Früh)pensionisten, die sich nicht mehr aufraffen können, neue Arbeitsformen auszuprobieren oder auch nur alten Hobbys nachzugehen, ja nicht einmal, wieder Kontakte zu Freunden zu pflegen. Sie sitzen den ganzen Tag vor dem Fernseher und lassen ihren „Grant" an ihren Frauen und Familien aus. Die Hauptpersonen der beiden nächsten Fallbeispiele sind daher ausnahmsweise männlich – und positive Gegenbeispiele:

**Beispiel:**

*Alfred P., 59, war erfolgreicher Außendienstmitarbeiter einer Versicherungsgesellschaft. Aus Einsparungsgründen wurde er, als jüngere seines Kalibers nachkamen, gekündigt. Herr P. fällt nach seiner Entlassung psychisch in ein tiefes Loch, denn „sein Leben war der Job". Er nimmt an einem Bewerbungstraining des AMS teil. Die regelmäßigen täglichen Kurstermine mobilisieren ihn wieder und sein Einfallsreichtum und Humor kehren zurück. Mit den Terminen für Vorstellungsgespräche will es allerdings nicht so recht klappen. Trotz geschickter Gesprächsführung am Telefon wird Herr P., erwähnt er sein Alter, gar nicht erst eingeladen. Auf Anraten der TrainerInnen bewirbt er sich bei einem Umweltschutz-Verein als ehrenamtlicher Mitarbeiter. Mit dem Gedanken, nicht mehr in ein Dienstverhältnis zu kommen, hat er sich sowieso schon abgefunden. Und ihm wird ein Praktikum angeboten.*

*In den ersten Tagen ist er sehr unglücklich, weil er das Gefühl hat, überall nur tollpatschig herumzustehen. Doch dann geht es aufwärts: Sein Talent zum Akquirieren von Sponsor-Geldern wird entdeckt! Führt er derartige Gespräche oder entsprechenden Schriftverkehr nicht selbst, wirkt er für die jungen KollegInnen als „graue Eminenz" beratend im Hintergrund.*

*Alfred P.s Tätigkeit für den Verein geht letztendlich weit über die vereinbarte Praktikumszeit und den AMS-Kurs hinaus. Schließlich gelingt es ihm, auf Honorarbasis auch Entlohnung für seine Bemühungen zu erhalten – allerdings unter der Geringfügigkeitsgrenze, als Zubrot zu seinen Bezügen. Wichtiger als das Geld ist ihm jedoch, wieder geschätzt und gebraucht zu werden.*

**Beispiel:**

*Gerhard A., (unfreiwilliger) Teilnehmer eines AMS-Trainings für Kurzzeit-Arbeitslose, ist ein Mittfünfziger mit vollem Haar und strahlend blauen Augen, der mindestens zehn Jahre jünger aussieht. Stets zeigt er sich voller Elan und Optimismus, glänzt vor Stolz auf seine Familie und zeigt gerne Fotos von Frau und Kindern. Er war Verkäufer in verschiedenen Handelsunternehmen. Als er letztlich gekündigt wird, bleibt er erstmals länger arbeitslos. Er realisiert, dass der Grund für die Schwierigkeiten bei der Job-Suche sein wahres Alter sein muss.*

*Schließlich verfasst er ein Bewerbungsschreiben, das diese Problematik auf den Punkt bringt: „Viele Unternehmen scheuen ungerechtfertigt davor zurück, ältere Arbeitnehmer zu beschäftigen ...“ Dann schließt er eine erfundene „Statistik“ an, was ältere ArbeitnehmerInnen jüngeren voraus hätten:*

- *Ältere Arbeitnehmer sind um 83 Prozent zuverlässiger*
- *um 75 Prozent weniger krank*
- *um 80 Prozent loyaler und*
- *kündigen um 97 Prozent seltener etc.*

*Dass die Statistik frei erfunden ist, wird den „PersonalistInnen“, an die das Schreiben gerichtet ist, vermutlich klar (die meisten mussten beim Lesen wohl zumindest schmunzeln). Da Alfred A. auch im Vorstellungsgespräch ein sehr gekonntes Selbst-Marketing betreibt, hat er schon bald wieder einen Job als Verkäufer – übrigens seinen bisher besten überhaupt.*

# 2

# Gut gewählt ist halb gewonnen

Die Frage aller Fragen – „Wie finde ich einen guten Job?“ – ist nicht mit einem Satz zu beantworten. Das berufliche Glück liegt tatsächlich nicht immer um die Ecke, manchmal wollen Umwege gegangen sein. Aber: Wer etwas einsetzt, erhält etwas zurück. Nicht selten kommen z. B. BerufsanfängerInnen, die bereit sind, ein unentgeltliches Praktikum zu absolvieren, in der Folge einen tollen Job, weil der/die Vorgesetzte sie schon kennt bzw. eingeschult hat und sie damit gegenüber allen anderen BewerberInnen im Vorteil sind. Auf dem Weg zum Traumjob muss anfangs zumeist auf hohe Gehälter und angenehme Arbeitszeiten verzichtet werden. In diesen „schlechten Jobs“ dürfen Sie auch nicht versauern. Wichtig ist, stets das Ziel im Auge zu behalten: die Vision von Ihrem Wunschjob.
Für „alte Hasen“ sollte grundsätzlich mit jedem Job-Wechsel auch ein Gehaltssprung verbunden sein. Ebenso wichtig ist ein Zuwachs an Verantwortung, etwa für eine größere Zahl von MitarbeiterInnen, mehr Umsatz oder ein größeres Budget. Das Ausmaß der Verantwortung ist individuell zu prüfen: Die „zweite Führungsebene“ z. B. bringt in manchen Unternehmen oft schon weit reichende Verantwortung, in anderen hingegen nur ein ziemlich begrenztes Aufgabengebiet.
Am Beginn der Arbeitssuche steht die Vorbereitung von geeigneten Bewerbungsunterlagen. Diese wirken als erste „Visitenkarte“ und sollten mit der entsprechenden Achtsamkeit erstellt werden. Das dahingehende Bewusstsein ist immer noch erstaunlich gering. Viele BewerberInnen geben sich mit Unterlagen zufrieden, die ihnen und ihren Kompetenzen in keiner Weise gerecht werden. Erstellen Sie Bewerbungsunterlagen, die Ihrer würdig sind!
Das Internet ist keine Modeerscheinung, sondern ein revolutionäres Medium mit neuen Chancen und ein Marktplatz mit Zukunft. Wer hier bestehen will, für den gelten die gleichen Gesetze wie anderswo auch: Frau muss genügend auffallen, um wahrgenommen zu werden, und das Angebot soll halten, was es verspricht. Egal, ob frau im Internet selbst ein interessantes Job-Angebot findet oder auf eine Zeitungsannonce per E-Mail reagiert – die moderne Bewerberin präsentiert sich den DienstgeberInnen immer öfter „über den Computer“.

## 2.1. Job suchen? Job finden!

Im Zentrum der Job-Suche steht die regelmäßige Anzeigen-Recherche in Internet und Tageszeitungen, eventuell auch in Fachzeitschriften.

### Wo und wie finde ich einen Job?

Es ist aber ratsam, Augen und Ohren stets offen zu halten:

- Geschäfte etwa, die Personal suchen, teilen dies häufig auf Aushängen mit, die gut sichtbar zur Gasse hin angebracht werden. In der Folge genügt häufig ein persönliches Vorstellen ohne Bewerbungsunterlagen, auch wenn diese immer häufiger verlangt werden.

- Selbst im Gespräch mit flüchtigen Bekannten tun sich manchmal Möglichkeiten auf. So kann es sich z. B. ergeben, dass eine arbeitslose Patientin die neue Ordinationshilfe ihrer Ärztin wird – zufällig sucht diese gerade eine Mitarbeiterin.
- Hören Sie sich in Ihrem Freundes- und Bekanntenkreis um, wer etwas von interessanten freien Stellen weiß – sei es in der Firma, in der diese beschäftigt sind, oder durch Firmenkontakte. Über eine persönliche Empfehlung ebnet sich so mancher steiniger Weg.
- Sie sollten Ihr gesamtes „Netzwerk" (siehe Kapitel 12.3) auf Kontakte durchforsten, die jetzt hilfreich sein könnten.
- Nehmen Sie sich Zeit, setzen Sie sich nicht unter Druck. Planen Sie Ihre Arbeitssuche langfristig.

**Eine weitere Möglichkeit ist die Aktiv-Bewerbung:**

- Verfassen Sie eine Aktiv-Bewerbung (ein Schreiben bestehend aus Bewerbungsbrief und Lebenslauf), das Sie an möglichst viele Unternehmen der Zielbranche versenden, die sich am gewünschten Arbeitsort befinden.
- Bevor Sie Ihre Aktiv-Bewerbung versenden, können Sie die Personalabteilung der Unternehmen auch anrufen und fragen, ob Bewerbungen derzeit erwünscht und sinnvoll sind.
- Bekommen Sie länger als zwei Wochen keine Antwort, liegt der Ball wieder bei Ihnen: Rufen Sie bei der zuständigen Stelle an und fragen Sie, ob Ihre Bewerbung angekommen ist und ob Sie sich vorstellen kommen dürfen.

### Was sind typische Fehler bei der Job-Suche?

1. Sie tun viel zu wenig. Wer sich nicht bewirbt und auch nirgendwo zugibt, auf Job-Suche zu sein, kann nur noch auf den Weihnachtsmann hoffen.
2. Sie tun viel zu viel. Gönnen Sie sich Pausen zwischen den einzelnen Schüben von Bewerbungen. Geben Sie dem Zufall eine Chance, Sie in einem entspannten Moment anzutreffen. Erzählen Sie von Ihrer Job-Suche, aber „belagern" Sie Ihre Freundinnen, Freunde und Bekannten nicht mit diesem Thema.

### Ist es nicht sehr schwierig, einen guten Job zu finden?

Rechnen Sie damit, dass Sie viele Absagen bekommen werden, v. a. wenn Sie mit Aktiv-Bewerbungen arbeiten oder in einer Branche, in der es keinen Mangel an Arbeitskräften gibt. Nehmen Sie dies nicht persönlich. Tun Sie etwas zum Ausgleich und für Ihr Wohlbefinden. Gelegentlich darf frau sich in dieser Situation selbst sehr leid tun und ausgiebig den Trost und die Unterstützung von lieben, wohlgesonnenen Menschen in Anspruch nehmen.
Stürzen Sie sich dennoch nicht blindlings auf das erstbeste Angebot. Nehmen Sie das Interesse an Ihnen als gutes Omen: Interessiert sich

eine Firma für Sie, so werden das auch andere tun. Im Idealfall wählen Sie zwischen mehreren Angeboten, außer Ihr „Gefühl“ sagt gleich zum ersten Angebot spontan: „Ja, unbedingt!“ Recherchieren Sie im Internet, um Informationen über die Unternehmen zu sammeln. Lassen Sie die unterschiedlichen Firmen-Philosophien auf sich wirken. Hören Sie sich im Bekanntenkreis um, welchen Ruf die Firmen haben.
So ist frau in der Lage, die Marktlage zu sondieren, Angebote sorgfältig zu prüfen und die beste Chance herauszufiltern.

## 2.2. Bewerbungsschreiben als erste Visitenkarte

Während Sie Ihren Lebenslauf für mehrere Bewerbungen im Wesentlichen gleich halten können, muss die Gestaltung des Bewerbungsbriefes immer individuell auf das jeweilige Unternehmen zugeschnitten sein.

### Was gehört zu den Bewerbungsunterlagen?

Bewerbungsunterlagen werden entweder vorab verschickt oder zum persönlichen Vorstellungsgespräch mitgebracht. Für das Verschicken reichen ein Bewerbungsbrief und der Lebenslauf vollkommen aus, legen Sie alle anderen Unterlagen (Abschluss-Zeugnisse, Kurs-und Lehrgangs-Bestätigungen etc.) nur auf Wunsch bei.
Zum Vorstellungsgespräch dürfen Sie diese allerdings mitbringen.

### Gestaltungstipps für den Bewerbungsbrief

Der Bewerbungsbrief soll Ihren zukünftigen Dienstgeber auf Sie aufmerksam machen. Verweisen Sie im Bewerbungsbrief nicht einfach auf die Qualifikationen aus dem Lebenslauf; Sie sollen in dem Schreiben argumentieren, warum Sie „die Beste“ für diesen Job sind.

- Dies geschieht unter dem Hinweis auf Ihre beruflichen Erfahrungen und sonstigen Fähigkeiten.
- Verwenden Sie in der Beschreibung Ihrer bisherigen Tätigkeiten viele aktive Zeitwörter (erreicht, aufgestellt, gemanagt, durchgesetzt, verantwortlich für ...) – das lässt Sie als Persönlichkeit dynamisch erscheinen.
- Wenn Sie keine einschlägigen Erfahrungen haben, verzagen Sie nicht; Manchmal werden (billigere) AnfängerInnen oder kreative QuereinsteigerInnen bevorzugt! Verweisen Sie auf Ihr großes Interesse für die ausgeschriebene Tätigkeit und nennen Sie andere Beweise für Ihre Eignung, die Sie etwa in der Familienarbeit (z. B.: Organisationstalent) oder durch ein Hobby erworben haben können.
- Nennen Sie auch einige Ihrer Vorzüge und versuchen Sie dabei, die in einer eventuellen Anzeige geäußerten Anforderungen an die Persönlichkeit des/der IdealkandidatIn zumindest teilweise zu erfüllen.

## 2.3. „Ich über mich" – wie ein Lebenslauf gelingt

Es lohnt, in den Lebenslauf Zeit zu investieren. Der chronologische Lebenslauf in Stichworten (tabellarischer Lebenslauf) ist immer noch Standard, veraltet wirkt hingegen die Form eines „Aufsatzes" à la „Ich wurde als drittes Kind einer Beamtenfamilie in Wien geboren ...". Eine moderne und geschickte Variante ist, den Lebenslauf *upside down* zu gestalten, d. h. frau beginnt mit dem, was sie zuletzt gemacht hat – zumeist der interessanteste Teil für potenzielle DienstgeberInnen.

- Ein Lebenslauf umfasst Jahres- und Monatszahlen der ausgeübten Funktion, die zugeordnete Tätigkeit und eine aussagekräftige Kurzbeschreibung dieser.
- Nennen Sie diese Zahlen möglichst genau.
- Halten Sie den Lebenslauf einfach und übersichtlich.
- Auf die Namen Ihrer Eltern und die Angabe der Grundschule dürfen Sie ruhig verzichten, führen Sie nur Ihre höchste Ausbildungsstufe an.
- Lenken Sie die Aufmerksamkeit auf Ihre Erfolge, wählen Sie positive Formulierungen.
- Was für den aktuellen Job wichtig ist, also etwa ihre letzte Tätigkeit, sollten Sie speziell hervorheben und genauer beschreiben. Was nicht so relevant ist, fassen Sie möglichst kurz.
- Für NewcomerInnen gilt: Listen Sie alle wichtigen Arbeitserfahrungen auf, egal ob bezahlt oder nicht (Praktika).
- Nennen Sie in einer eigenen Rubrik alle Ihre besonderen Fähigkeiten und Fertigkeiten, insbesondere beruflich relevante (Fremdsprachen, Computer-Kenntnisse), aber auch *social skills* wie Gesprächsführung, Teamfähigkeit u. a.
- Geben Sie Vereinstätigkeiten an (ob im Reitklub oder im Kegelverein), v. a. wenn Sie dort Funktionen ausüb(t)en. Teilen Sie auch sonstige „Führungsaufgaben" mit, wie beispielsweise Klassensprecherin, Führerin einer Jugendgruppe, Initiatorin einer gemeinnützigen Aktivität. Das deutet auf soziale Kompetenz und auf persönliches Engagement hin, was heutzutage sehr hoch eingeschätzt wird.
- Manchmal wird ein Foto verlangt. Nehmen Sie ein dezentes, vorteilhaftes Bild von sich, nicht in Freizeitkleidung und nicht mit „Heurigen-Hintergrundstimmung". Für höher qualifizierte Stellen müssen Sie in Business-Kleidung abgebildet sein. Wenn möglich, scannen Sie das Foto für Ihren Lebenslauf ein, dann brauchen Sie sich nur einmal darum zu kümmern.
- Bringen Sie in Ihren Lebenslauf eine (kleine) persönliche Note ein! Wenn Sie ein zurückhaltender, eleganter Typ sind könnte, das z. B. ein besonders „edles", etwas stärkeres Papier sein. Mittels Computer können Sie ein eigenes Logo entwerfen und die Bewerbungsbögen damit versehen. Möglich ist es auch, ein persönliches Motto vornean zu stellen. (Ein Beispiel dazu: „Wer immer in die Fußstapfen anderer steigt, hinterlässt keine Spuren." – Wenn es um einen Job

geht, bei dem Kreativität und Einfallsreichtum gefragt sind.) Sie können auch abschließend mit eigenen Worten ihre persönlichen Einstellungen und Lebenswerte skizzieren (kurz!). Dies ist v. a. dann sinnvoll, wenn Ihnen die betreffende Firmen-Philosophie besonders gut gefällt und Sie denken, dass Sie gut dazupassen würden.

- Geht es um künstlerische oder helfende Berufe, haben Sie den größten Spielraum für Ihren gestalterischen Einfallsreichtum. Sind Sie Berufseinsteigerin und bewerben Sie sich bei großen Konzernen – etwa in der Wirtschaft – können Sie hingegen Elemente des Firmenlogos aufgreifen und z. B. ein Briefpapier in der „Farbe der Firma" wählen. Denn hier geht es weniger um Individualität, als darum zu zeigen, dass frau auch bereit ist sich einzugliedern.
- Passen Sie den Stil des Bewerbungsschreibens v. a. der Stelle an, für die Sie sich bewerben. „Zu bunt" kann kontraproduktiv sein, wenn frau einen sehr soliden Eindruck machen sollte, etwa bei Bewerbungen um Führungspositionen.

**Beispiel:**

*Michelle B., 21, ist ein bildhübsche junge Frau. Obwohl frau/man vermuten könnte, dass sie als Fotomodell arbeitet, hat Michelle ganz andere Pläne: Sie will in den sozialen Bereich. Ein Studium der Sonder- und Heilpädagogik hatte sie jedoch nach einigen Semestern aufgegeben. Es war ihr nicht gelungen, ausreichend viele Prüfungen erfolgreich abzulegen, um ihrer Mutter weiterhin den Bezug der Kinderbeihilfe zu ermöglichen.*
*Seit der Matura macht sie Besuchsdienste bei alten Menschen, die von einer karitativen Organisation bezahlt werden. Sie hat bei den alten Leuten viel Erfolg und die Arbeit macht ihr Spaß.*
*Schmerzvoll war es für sie, die Aufnahmeprüfung an der Sozialakademie (zur Ausbildung als Sozialarbeiterin) nicht zu bestehen. Wohl hatte ihr ihre Schüchternheit einen Strich durch die Rechnung gemacht, etwa ihre Scheu, in Gruppendiskussionen frei ihre Meinung zu äußern. Zum anderen konnte sie vermutlich nicht vermitteln, dass ihr trotz ihres irritierend hübschen Äußeren andere Menschen ernsthaft wichtig sind. Frustriert und grübelnd zog sie sich einige Monate ins „stille Kämmerlein" zurück. Doch dann kam eine neue Chance in Form eines Ferienjobs im administrativen Bereich eines Schulungsinstitutes. Sie hatte dabei Trainings zu organisieren und allerlei Telefon- und Schriftverkehr zu erledigen. Entgegen ihrer eigenen Erwartungen bewährte sie sich durch ihre Genauigkeit und rasche Auffassungsgabe – alle waren mit ihr zufrieden.*
*Michelle B. fasst schließlich den Entschluss, sich nochmals an der Sozialakademie zu bewerben. Doch bis zur nächsten Aufnahmeprüfung ist eine längere Zeit zu überbrücken. So bewirbt sie sich bei verschiedensten sozialen Einrichtungen als Sekretärin oder Assistentin im administrativen Bereich, da sie diesbezüglich durch ihren Ferienjob Selbstvertrauen gefasst hat.*
*Sie verfasst folgende Bewerbungsunterlagen, die sie an zahlreiche Institutionen als Blind- oder Aktiv-Bewerbung schickt:*

**Beispiel für einen Bewerbungsbrief:**

Michelle B.
Adresse

An: Fima
Adresse

Bewerbung um eine Stelle im administrativen Bereich

Sehr geehrte Damen und Herren,

mit diesem Schreiben möchte ich mich bei Ihnen um eine Stelle im Bürobereich bewerben.
Seit fast zwei Jahren bin ich mit Freude und Erfolg als freiberufliche Mitarbeiterin im Besuchs- und Begleitdienst der XXX beschäftigt. Ich würde mich über eine Stelle in der Administration im Sozialbereich sehr freuen, denn für das Büro kann ich schon konkrete Berufserfahrung mitbringen.

Diese erwarb ich im heurigen Jahr. Als Urlaubsvertretung war ich am XXX im Schulungssekretariat u. a. für die Terminkoordination zwischen SchulungsteilnehmerInnen, TrainerInnen und dem Auftraggeber allein verantwortlich.

Da es mir nun nach Abbruch meines Studiums (das für mich einfach nicht das Richtige war) möglich ist, mich ganz einer beruflichen Tätigkeit zu widmen, bin ich an einer Vollzeit- oder Teilzeitbeschäftigung interessiert.
Zu meinen Stärken zählen Freude am Umgang mit Menschen, Genauigkeit, Freundlichkeit, Verantwortungsbewusstsein und Zuverlässigkeit.

Ich würde mich sehr freuen von Ihnen zu hören und stehe für ein persönliches Gespräch gerne zur Verfügung.

Mit freundlichen Grüßen

Unterschrift

**Beispiel für einen Lebenslauf:**

Foto

**Persönliche Daten**

| | |
|---|---|
| Name: | Michelle B. |
| Anschrift: | xxx<br>xxx |
| Geburtsdatum, -ort: | x. x. 19xx in Wien |
| Familienstand: | ledig |
| Staatsbürgerschaft: | Österreich |

**Schulausbildung**

| | |
|---|---|
| 1999: | Matura |
| 1999–Sommer 2001: | Studium der Pädagogik und Sonder- und Heilpädagogik |

**Berufserfahrungen**

| | |
|---|---|
| Ferialpraktika | |
| Juli 1997 | Verkäuferin Wäschemoden Firma |
| Juli 1998: | Verkäuferin Wäschemoden Firma |
| Juli 2001: | Urlaubsvertretung im Sekretariat am xxx |
| Seit Nov. 1999: | Besuchs- und Begleitdienst bei xxx |
| Sonstiges: | gelegentlich Babysitterin<br>gelegentlich Kellnerin |

**Kenntnisse und Fähigkeiten**

| | |
|---|---|
| EDV: | Winword und Excel |
| Fremdsprachen: | Englisch und Französisch (Maturaniveau) |
| Social Skills: | Gesprächsführungskompetenz und Teamfähigkeit |

*Der Rücklauf auf diese Aktivbewerbung ist gering, aber immerhin gegeben. Eine Stelle, die sich ursprünglich sehr interessiert zeigte, hat dann nach langem Hin und Her doch keinen Posten frei. Dafür meldet sich eine andere Einrichtung, die behinderte Menschen betreut. Diese hat Michelle B.s Unterlagen zunächst nur „in Evidenz“ halten wollen, teilt nun aber Personalbedarf mit.*
*Frau B.s Vorstellungsgespräch verläuft aus ihrer Sicht sehr angenehm, weil sie kaum „ausgefragt“ wird (nur über ihre EDV-Kenntnisse und ob sie schon einmal mit Behinderten bzw. im sozialen Bereich gearbeitet hätte). Am Tag der Vorstellung besichtigt sie auch die Wohnheime: Sie wird von den behinderten Menschen herzlich empfangen, was sie sehr angenehm berührt. Innerhalb eines Monats wird Frau B. für 20 Stunden engagiert.*
*Besonders freut Michelle B., dass sie mit den behinderten Menschen, denen die Organisation, für die sie arbeitet, ein Wohnheim bietet, auch direkt zu tun hat.*

## 2.4. Tipps für Bewerbungen über Internet

Ob Bewerbung via Internet oder über den Postweg: Es gelten im Prinzip ähnliche Gesetze. Obwohl bei E-Mail-Kontakten vieles lockerer ist, ist Folgendes zu bedenken: Sie kommunizieren mit potenziellen DienstgeberInnen, nicht mit einem Chat-Kumpel. Schlampige Gestaltung oder flapsige Formulierungen sind nicht angebracht – sonst landet Ihr E-Mail sofort im Mistkübel. Rechtschreib-, Grammatik- und Tippfehler machen einen genauso schlechten Eindruck wie bei der traditionellen Bewerbung auch.
Verfassen Sie ganz wie bei der traditionellen Bewerbung einen Bewerbungsbrief und legen Sie Ihren Lebenslauf bei.

### Was ist im Wesentlichen gleich wie bei der postalischen Bewerbung?

- Schneidern Sie Ihren Bewerbungsbrief auf das jeweilige Unternehmen zu. Begründen Sie darin plausibel, warum Sie gerade in diesem Unternehmen arbeiten wollen. Vermeiden Sie auf jeden Fall den Eindruck einer Massensendung (keine sichtbaren Verteiler im E-Mail!).
- Wann immer möglich, adressieren Sie an die zuständige Person. Geben Sie Referenznummer bzw. Quelle der ausgeschriebenen Position an (z. B. Ihr Inserat vom x. x. im „xxx“), um die Zuordnung Ihrer Bewerbung zu erleichtern.
- Formulieren Sie so ausführlich wie nötig, aber so knapp wie möglich. Am Bildschirm lesen sich „Romane“ besonders schlecht. Insbesondere im Bewerbungsbrief sollten Sie nur hervorheben, was für die aktuelle Stelle wichtig ist.

- Rechnen Sie damit, dass die Antwort auf Ihre Bewerbung postalisch (v. a. im Falle einer Absage) bzw. telefonisch (um einen Termin für ein Vorstellungsgespräch zu vereinbaren) erfolgen wird.
- Nützen Sie das Internet auch zur Vorbereitung auf das Vorstellungsgespräch! (Recherche nach Firmenhistorie, Geschäftsbericht, Umsatz, Mitarbeiterentwicklung, Big Deals des Unternehmens, Produkten, Firmenphilosophie, bei Aktiengesellschaften nach aktuellen Kursen).

**Tipps:**

- Geben Sie Ihr E-Mail jemandem zum Korrekturlesen, um Tippfehler zu vermeiden,
- oder lesen Sie es zumindest am nächsten Tag selbst nochmals durch.
- Drucken Sie es dazu unbedingt aus, am Bildschirm werden Fehler besonders leicht überlesen.

### Was ist anders als bei einer herkömmlichen Job-Recherche und Bewerbung?

Anders sind das Tempo der Kommunikation und auch gewisse Möglichkeiten der Gestaltung. Neues bringt das Internet zudem als eine weitere Quelle für Inserate und Anzeigen sowie als kostenlose Möglichkeit, ein Stellengesuch zu formulieren.

### Job-Börsen und Karriere-Portale

Es gibt mittlerweile viele Firmen, die ihre Stellenangebote im Internet ausschreiben. Dies ermöglicht es den Arbeitssuchenden, eine ganze Datenbank an Job-Angeboten abrufen zu können. Frau kann sich einen schnellen Überblick über den Stellenmarkt in einem bestimmten Land oder in einer bestimmten Branche verschaffen. Manche Online-PersonalvermittlerInnen bieten auch Services an: z. B. BewerberInnen per E-Mail zu verständigen, wenn neue für sie passende Stellen ausgeschrieben wurden. Ihr Job-Profil wird allerdings aufgrund von groben Kategorien und Schlagwörtern zugeordnet, sodass die angebotenen Stellen meist doch nicht ins Schwarze treffen. Die BetreiberInnen der Suchmaschine wollen damit v. a. zu einem weiteren Besuch der Internetseite animieren.
Ein weiteres Service mancher Karriere-Portale ist, dass Sie selbst ein Stellengesuch formulieren können. Dabei wird auch eine allgemeine Registrierung vorgenommen, sodass eine Mischform aus vorgegebener Maske und freier Formulierung von Ihnen durchlaufen werden muss, was ein bisschen Zeit und Konzentration kostet. Ihre Daten sind dabei anonym, potenzielle DienstgeberInnen lesen nur Ihre inhaltlichen Angaben, bevor der Kontakt zu Ihnen hergestellt wird. Über die detaillierten Sicherheitsbestimmungen informieren Sie sich am besten bei dem/der jeweiligen Online-PersonalvermittlerIn.
Wenn Sie einen Job suchen, sollten Sie sich allerdings niemals nur auf ein Stellengesuch bei einer Internet-Jobbörse verlassen! Es empfiehlt sich, die herkömmlichen Suchstrategien aufrechtzuerhalten.

### Attachments

Üblicherweise wird der Lebenslauf als Attachment dem Bewerbungs-E-Mail angefügt. Lassen Sie Ihre Bewerbung nicht schon beim Öffnen lautstark auf sich aufmerksam machen oder unverlangt eine zehnminütige Diashow starten. Attachments fügen Sie bitte nur wohlüberlegt an. Wichtig ist es, gebräuchliche Formate zu verwenden (damit es beim Öffnen keinen Ärger gibt)! Bei Texten sind dies .doc und .txt, bei Bildern komprimierte Formate wie etwa .jpg oder .gif. Ihre Attachments müssen unbedingt virenfrei sein.

### Unterlagen einscannen und mitschicken?

Abschlussdiplom der Schule oder Uni, Bestätigungen von Praktika, Kursen, Lehrgängen und Weiterbildungsveranstaltungen, Dienstzeugnisse etc. sind für potenzielle AuftraggeberInnen erst dann von Interesse, wenn Sie in die engere Auswahl genommen worden sind. Am besten, Sie bringen all diese Unterlagen zu den Gesprächen mit. Belasten Sie Ihr Bewerbungsschreiben damit noch nicht.

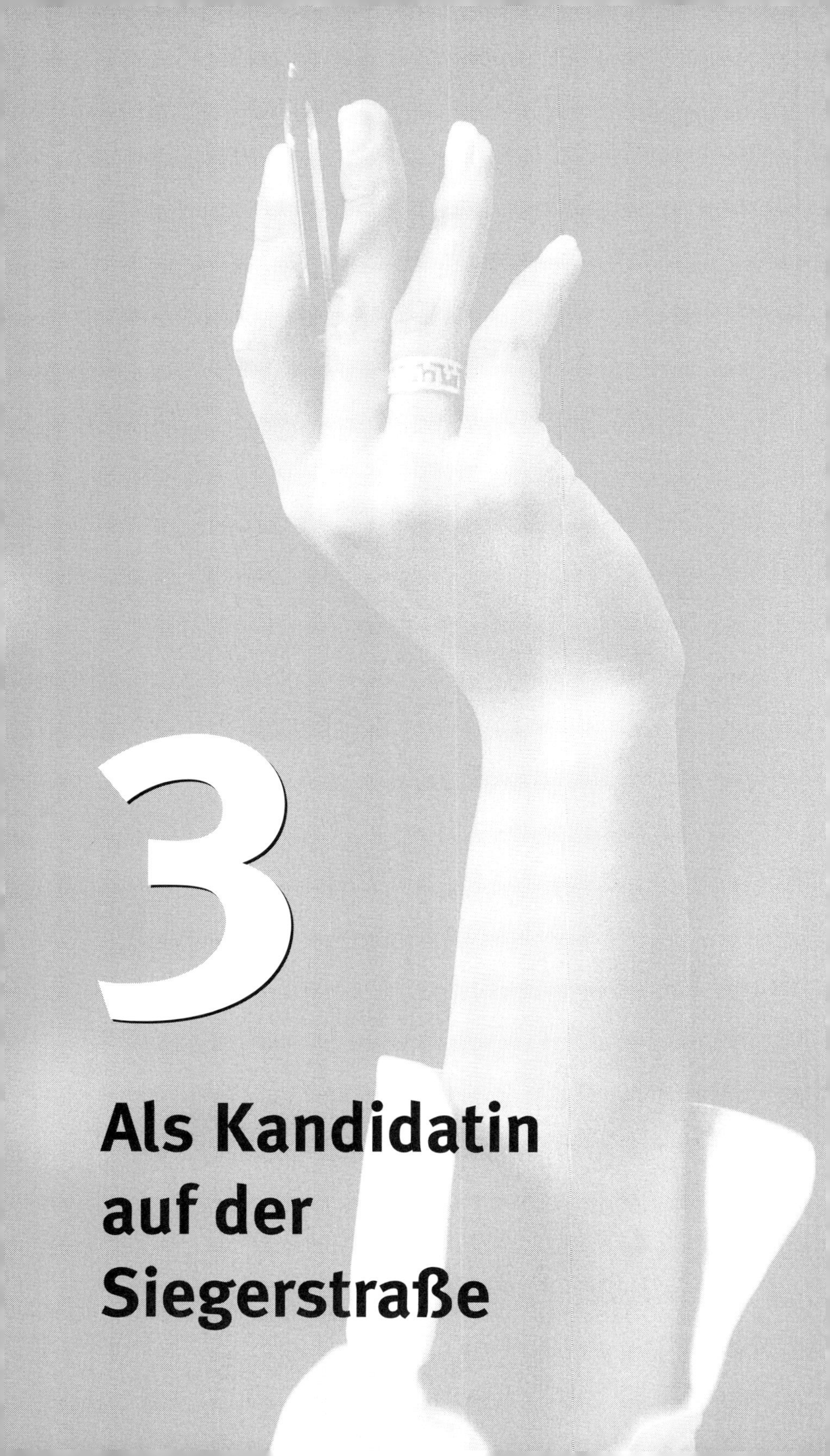

# 3

# Als Kandidatin auf der Siegerstraße

Die persönliche Bewerbungssituation ist für viele Frauen (und auch Männer) eine Angstsituation. Sie aktiviert eine grundlegende menschliche Befürchtung: zurückgewiesen zu werden. Manchmal stellt sich der Erfolg tatsächlich erst nach einer Reihe von Absagen ein. Auf dieser Durststrecke darf frau den Glauben an sich selbst nicht verlieren, denn wer sich nicht hinter dem Ofen hervortraut, wird kaum Bestätigung aus der Außenwelt erfahren. Doch es ist genau diese Erfahrung von Mut, die Selbstbewusstsein und Lebensglück bringt. Was also tun bei Ablehnung? Vielleicht weinen. Auf jeden Fall weitermachen! Kann frau ihre Ängste und verletzten Eitelkeiten hinter sich lassen, wird sie frei dafür, etwas Richtiges für sich zu finden.

Besonders aufregend sind Testungen im Assessment-Center, bei denen frau nicht nur mehreren BeobachterInnen gegenüber auf dem Prüfstand steht (ebenso wie bei Hearings), sondern auch noch dem direkten Wettbewerb mit der Konkurrenz ausgesetzt ist. Alleine, sich dieser Herausforderung zu stellen, bringt einen enormen Zugewinn an persönlicher Sicherheit für alle Prüfungs- und Auftrittssituationen im späteren Arbeitsleben. Häufig werden Assessment-Center von Personalauswahl-Firmen im Auftrag eines Unternehmens veranstaltet. In jedem Fall hatte frau davor bereits ein Erstgespräch mit einem/einer RepräsentantIn des Veranstalters oder – bei betriebsinternen Selektionsverfahren – des Unternehmens (im Sinne eines ersten Vorstellungsgespräches), und wurde zum Assessment-Center zugelassen. Nach bestandenem Assessment-Center warten zumeist noch Interviews auf Top-Ebene auf die ausgesuchten KandidatInnen – insgesamt ist es also oft ein sehr langer Weg bis zu einer Job-Zusage.

Bei der Zielvision den neuen Job betreffend, muss in jedem Fall auch überlegt werden, welche Art des Dienstvertrages in Frage kommt, da atypische Beschäftigungsverhältnisse in mehr und mehr Branchen seitens der ArbeitgeberInnen forciert werden. *Junkjobs* (amerikan.: „Mist-Jobs“) werden auch hierzulande häufiger. Gemeint sind damit nicht nur schmutzige oder schlecht entlohnte Tätigkeiten, sondern auch solche mit geringer Sicherheit. Dafür sind solche Jobs oft wesentlich leichter zu „ergattern“. Die Dienstverträge für Top-Positionen wiederum zeichnen sich zumeist durch erfolgsabhängige Gehaltsbestandteile aus.

## 3.1. Selbst-Marketing im Vorstellungsgespräch

Konnten Sie durch Ihre Bewerbungsunterlagen positiv auffallen, so werden Sie zum Vorstellungsgespräch gebeten werden.

### Mit welchen Aufgaben, Fragen und Situationen muss ich rechnen?

Sammeln Sie in der Vorbereitung alle Argumente, die Ihre besondere Eignung für den angestrebten Job belegen. Rechnen Sie damit, getestet zu werden: Wenn Sie z. B. angegeben haben, eine bestimmte Sprache zu sprechen, könnte eine kleine Übersetzungsaufgabe auf Sie warten – oder ein/e MitarbeiterIn der Firma, die Sie in dieser Sprache anspricht. Sie sollten Antworten auf diverse Fragen, die man Ihnen stellen könnte, vorher schon im Kopf durchgegangen sein. Versetzen Sie sich in die Lage der ArbeitgeberInnen: Was ist wichtig zu wissen?

**Die wichtigsten Fragen der Personalverantwortlichen:**

- *Ihre Stärken bzw. Schwächen?* Für beide gilt, dass Sie Eigenschaften nennen sollen, die mit Ihrer Persönlichkeit vereinbar sind und Ihrem angestrebten Job letztlich dienen (z. B. als Schwäche: Perfektionismus oder rastloser Ehrgeiz). Ihre Antworten bedürfen unbedingt der genauen Selbstreflexion, da Sie nur glaubwürdig wirken, wenn diese zu Ihnen passen! Sie können auch echte Schwächen der Vergangenheit benennen, z. B. „Früher hatte ich damit zu kämpfen, Kritik hinzunehmen – mittlerweile habe ich damit umzugehen gelernt".
- *Warum haben Sie frühere Firmen verlassen?* Überlegen Sie sich Ihre Antwort auf diese Frage! Antworten wie „Leider kam es zu Rationalisierungen, Sie wissen, wie hart die Zeiten in unserer Branche sind" oder „Normalerweise hatte ich nie Probleme mit Vorgesetzten, aber mit Herrn/Frau X konnte ich einfach nicht" sind durchaus legitim.
- *Warum wollen Sie gerade in diesem Unternehmen, gerade in diesem Job arbeiten?* Sie müssen sich Argumente zurechtlegen, die Ihre Motivation unter Beweis stellen und die für den jeweiligen Betrieb passend sind. Hier kommen die Ergebnisse Ihrer (Internet-)Recherche über das Unternehmen zum Tragen.

Ganz wichtig: Auch Sie sollten Fragen stellen! Überlegen Sie vorher, was Sie wissen möchten:

- Wie gestaltet sich die Tätigkeit genau?
- Welche Aufgabenbereiche müssten Sie übernehmen?
- Was wären die Rahmenbedingungen (Dienstort, Arbeitszeiten, Überstunden, Dienstreisen etc.)?

Sie sollten ferner intelligente Fragen zum Unternehmen stellen können.

**Wollen einen die „PersonalistInnen" nicht immer auseinander nehmen?**

PersonalchefInnen sind manchmal hart, aber nicht notwendigerweise Unmenschen. Auch sie stehen unter Druck, gilt es doch die richtige Person für den Job zu finden. Deuten Sie die Ihnen gestellten Fragen nicht als „Ausfragerei", sondern als besonderes Interesse an Ihnen: So detailliert befasst frau/man sich mit Ihnen nur, weil Sie eine interessante Kandidatin sind. Beantworten Sie alle Fragen möglichst freundlich und engagiert.

- Bereiten Sie vor, was Sie auf Fragen zu eventuellen „Lücken" im Lebenslauf sagen können, suchen Sie eine positive Interpretation dieser Schwachstellen. Ein Jahr „Nichtstun", Arbeitslosigkeit etc. kann

z. B. als wichtige Zeit der persönlichen Neuorientierung oder Fortbildung beschrieben werden.

- Stellen Sie Ihre Tätigkeiten der Vergangenheit möglichst so dar, als hätten Sie diese mit Freude, Engagement und Erfolg betrieben – auch wenn das nicht immer vollends so war. Offenkundige Fehler müssen Sie allerdings zugeben: Zeigen Sie durch eine intelligente Analyse der damaligen Situation, dass Sie aus Ihrem Fehler gelernt haben.
- Treten Sie nicht als Bittstellerin, sondern als gleichberechtigte Verhandlungspartnerin auf – rechnen Sie aber andererseits nie damit, den Job schon in der Tasche zu haben. Das bedeutet auch, stets in der Möglichkeitsform zu sprechen (z. B. „Was wären meine Aufgaben?“).

### Soll ich beim Vorstellungsgespräch alle Arbeitszeugnisse vorweisen?

Vorsicht mit Dienstzeugnissen: Was gut klingt, muss nichts heißen! Auch wenn ein Zeugnis noch so vor Freundlichkeit strotzt: Die Wahrheit liegt oft zwischen den Zeilen. „Sie hat die ihr übertragenen Arbeiten zu unserer vollen Zufriedenheit erledigt“ ist nicht mehr als befriedigend. Und wer „durch seine Geselligkeit zur Verbesserung des Betriebsklimas beitrug“ hatte vielleicht Alkoholprobleme.

- Wenn Sie sich bezüglich Ihrer Zeugnisse nicht ganz sicher fühlen, drängen Sie diese Unterlagen besser nicht auf.
- Sollten Sie in Ihren Zeugnissen ungünstige Formulierungen finden, wenden Sie sich an ihre ehemaligen DienstgeberInnen und bitten Sie nachdrücklich um ein besseres Zeugnis.

### Worauf muss ich als Frau achten?

Einige Vorgangsweisen Bewerberinnen gegenüber stellen – gemäß Rechtsprechung des Europäischen Gerichtshofes – eine unmittelbare Diskriminierung aufgrund des Geschlechtes dar:

- die Befristung eines Dienstverhältnisses aufgrund der Möglichkeit, dass eine Frau Kinder bekommen kann
- die Vereinbarung einer Probezeit nur mit Arbeitnehmerinnen, nicht aber mit Arbeitnehmern
- die Frage nach einer – bestehenden oder geplanten – Schwangerschaft, egal ob Sie im Bewerbungsgespräch oder im Personalfragebogen gestellt wird; diese kann nach eigenem Ermessen beantwortet werden.
- die Verweigerung der Einstellung wegen Schwangerschaft.

Arbeitnehmerinnen haben ihre ArbeitgeberInnen vom Bestehen einer Schwangerschaft zu informieren, damit sie von gesundheitsgefährdenden Tätigkeiten freigestellt werden können. Nur das ist der Zweck dieser Mitteilungspflicht.

Die wahrheitswidrige Beantwortung der Frage nach einer Schwangerschaft bei einer Bewerbung hat jedoch keine rechtlichen Folgen, sie

kann beispielsweise nicht rückwirkend zur Auflösung des Arbeitsvertrages führen.
Umfassende rechtliche Informationen zum Thema „Gleichbehandlung bei der Begründung eines Arbeitsverhältnisses“ finden Sie in der Mappe „Anträge an die Gleichbehandlungskommission. Verfahren, Entscheidungen, Gutachten“, die vom Bundesministerium für Frauen-Angelegenheiten und Verbraucherschutz auf Wunsch zugesandt wird.
Selten, aber doch, berichten Bewerberinnen von Personalisten, die ihnen als Frau über das Vorstellungsgespräch mehr oder weniger plump näher kommen wollten. Es versteht sich von selbst, dass Sie sich das nicht gefallen lassen sollen! Dabei sind auch schroffe Zurückweisungen angebracht – wenn Sie den Job deswegen nicht bekommen, haben Sie vermutlich nicht viel verpasst.
In jedem Fall müssen Sie in der nächsthöheren Instanz über die betreffende Person eine Beschwerde deponieren. Wenn Sie immer noch Interesse an der Stelle haben, stellen Sie klar, dass Ihre Bewerbung aufrecht ist und dass Sie ein zweites Vorstellungsgespräch zu fairen Bedingungen wünschen.

**Ich bin Wiedereinsteigerin. Gibt es für mich spezielle Tipps für das Vorstellungsgespräch?**

- Keine Angst vor Lücken im Lebenslauf – wenn Sie z. B. Ihre Kinder betreut haben, sind auch lange Unterbrechungen in der Berufstätigkeit problemlos begründbar. Jedoch müssen Sie bei sehr langen Karenzzeiten leider damit rechnen, dass Sie zunächst aufgaben- und gehaltsmäßig schlechter gestellt sein werden als vor der Karenz. Bei jahrelangen Unterbrechungen ist es oft nicht mehr möglich, in die alte Branche zurückzukehren. Nützen Sie Ihre Chance für einen Neuanfang, vielleicht auch als „Gründerin“ (siehe Kapitel 11.3, 11.4).
- Wenn Sie kleine Kinder haben, sollten Sie in ihrem eigenen Interesse für verlässliche Babysitter sorgen und sich auch für den Fall, dass Ihr Kind erkrankt, eine Lösung überlegen. Fragen danach gehören jedoch zu den „unzulässigen Fragen“ zu ihrem Privatleben, Sie können darauf einfache Standardantworten geben. Machen Sie keine Zugeständnisse (z. B. langes Arbeiten am Abend), wenn Sie schon wissen, dass dadurch die Harmonie Ihres Familienlebens bedroht wird. Versuchen Sie stattdessen, Kompromisse auszuverhandeln – bieten Sie zum Ausgleich Zeiten an, die Sie leichter opfern können, etwa einen Samstagvormittag oder einen langen Tag in der Woche.
- „Pause vom Job“ durch Kinder bringt eine Fülle neuer Erfahrungen, die Sie als Arbeitskraft reifer und besser machen – insbesondere in den für Frauen typischen Sozial- und Dienstleistungsberufen! Eigenlob stinkt nicht, stellen Sie Ihr Licht nicht unter den Scheffel!
- Hat frau Kinder, muss sie fast notgedrungen zur Managerin werden. Verweisen Sie auf Ihr Organisationstalent!

- Seien Sie im Gespräch nicht schüchtern, sondern aktiv; stellen Sie Fragen oder bringen Sie sich gekonnt über Informationen ein, die Sie im Vorfeld über das Unternehmen recherchiert haben.

**Muss ich über das Gehalt sprechen und Zahlen nennen?**

Der Gehaltspunkt wird sicher zur Sprache kommen. Bereiten Sie sich darauf vor. Antworten Sie nicht mit einer Gegenfrage („Was können Sie mir denn bieten?"), sondern nennen Sie eine Summe. Ein guter Anhaltspunkt ist das zuletzt bezogene Gehalt plus fünf bis zehn Prozent, wenn Sie in der Branche bleiben. In Ihrem Interesse sollte jeder neue Job mehr oder zumindest gleich viel Gehalt bringen. Ist die Aufgabe oder die Firma sehr interessant, Ihre Gehaltsforderungen werden jedoch nicht erfüllt, können Sie eine Probezeit anbieten, in der Sie Ihre finanziellen Vorstellungen für eine gewisse Zeit nach unten korrigieren, um danach in einen besseren Vertrag zu wechseln.
Seien Sie sich dessen bewusst, dass Gehälter immer wieder (z. B. jährlich) neu verhandelt werden sollen!

**Wann und wie bekomme ich Bescheid?**

Geben Sie sich nicht mit vagen Aussichten zufrieden, verlangen Sie konkrete Zusagen, auch wenn frau/man sich schon einig zu sein scheint: „Heißt das, dass Sie sich für mich entschieden haben?"
Wenn Ihnen gesagt wird, dass noch andere KandidatInnen im Rennen sind: „Wann darf ich mit Ihrer Entscheidung rechen – wann werde ich von Ihnen hören?"
Wenn Sie gerne eine aktive Rolle übernehmen: „Wann darf ich mich bei Ihnen melden?
Bekommen Sie in der angegebenen Frist nicht Bescheid, müssen Sie selbst aktiv werden und Kontakt aufnehmen. Erhalten Sie eine Absage, ist den Mutigen unter Ihnen durchaus anzuraten, um Feedback zu bitten, um fürs nächste Mal zu lernen. Sprechen Sie dafür mit den Personalverantwortlichen, die das Vorstellungsgespräch mit Ihnen führten. Oft genug hat die Entscheidung allerdings nichts mit Ihnen als Person zu tun.

## 3.2. „KandidatInnen-Küche" Assessment-Center

In Untersuchungen zeigte sich die relativ schlechte Aussagekraft von Vorstellungsgesprächen für eine gelungene Personalauslese, sodass Alternativen dazu entwickelt wurden. *Assess* kommt aus dem Englischen und heißt „einschätzen".
Assessment-Center bieten den mit der Personalauswahl Beauftragten die Möglichkeit, sich von KandidatInnen ein sehr umfassendes Bild zu

machen. Dies geschieht, indem eine KandidatInnengruppe durch diverse Einzel- und Gruppenaufgaben geschleust und jede/r Einzelne dabei von einer Jury genau beobachtet wird.
Sie sollten wissen, dass sich die Beobachtung nicht nur auf die Übungen beschränkt. Sie stehen auch in den Pausen und zwischen den Übungen auf dem Prüfstand: Wie verhalten Sie sich den anderen TeilnehmerInnen gegenüber, wie gehen Sie mit Konkurrenz um, sind Sie kontaktfreudig, initiativ oder zu dominant?
In letzter Zeit hörte frau übrigens tatsächlich von Assessment-Centern, bei denen in der Küche KandidatInnen-Teams (bestimmte Speisen waren nach Rezept zu fabrizieren) auf oben beschriebene Sozialkompetenzen hin geprüft wurden. Nach dem Motto: „Zum Kartoffelschälen darf sich keine/r zu gut sein!" Die Mehrzahl der veranstalteten Assessment-Center läuft jedoch etwas konventioneller ab.

**Worum geht es bei einem Assessment-Center?**

Es werden z. B. soziale Kompetenzen (Team- und Führungsfähigkeit), persönliche Kompetenzen (Stressresistenz, Umgang mit Frustrationen etc.), aber auch Fähigkeiten wie Arbeitseffizienz oder Organisationstalent in spielerisch anmutender Form geprüft. Kombinationsmöglichkeiten dazu oder auch Alternativen sind Testbatterien:
- Intelligenz- und Konzentrationstests
- Persönlichkeitstests
- fachspezifische Tests und Praxistests
- persönliche Gespräche.

**Wie kann ich mich vorbereiten?**

Konkrete Vorbereitung ist nur selten möglich, nämlich nur dann, wenn die genauen Anforderungen bekannt sind. Das ist z. B. bei manchen Aufnahmeprüfungen für Lehrgänge der Fall.
Der Schlüssel zum Erfolg ist es, mit der richtigen Einstellung hinzugehen! Das Prinzip „Hoffnung auf Erfolg" („Ich werde es gut machen") ist weitaus zielführender als „Angst vor Misserfolg" („Hoffentlich blamiere ich mich nicht – wieder").
- Sinnvoll ist es, ehemalige KandidatInnen nach ihren Erfahrungen mit den Tests zu befragen, um sich ein Bild zu machen.
- Betrachten Sie die bevorstehende Testsituation vor allem als Erfahrungsgewinn für sich persönlich, egal, wie sie ausgeht.
- Machen Sie sich zu Hause eine Liste von allen Erfolgen in ihrem bisherigen Leben und hängen Sie diese an einen Platz, wo Sie oft hinschauen (z. B. Spiegel, Kühlschranktür). Schwerpunkte können Schule und Beruf sein, aber nicht ausschließlich: Denken Sie an das, was Sie jeden Tag schaffen und bewältigen, oder an besondere Fähigkeiten, die Sie sich durch Hobbys angeeignet haben (handwerkliche, sportliche etc.).
- Übung macht die Meisterin. Nicht verzagen, wenn das erste Assessment-Center kein Erfolg ist: Das nächste wird schon besser!

### Was kann ich gegen Prüfungsangst tun?

- Gehen Sie fit und ausgeschlafen zum Test. Achten Sie in den Tagen davor auf sich und ihren Körper: Wenn möglich, machen Sie viel Bewegung an der frischen Luft. Spaziergänge eignen sich hervorragend dafür, sich mental einzustimmen und zur Ruhe zu kommen.
- Angst und Nervosität sind vor einer solchen Situation normal – aber es stärkt das Selbstbewusstsein, sich von diesen Gefühlen nicht in ein Vermeidungsverhalten treiben zu lassen und auf den Wettbewerb mit anderen nicht ganz zu verzichten.
- Aufregung und Nervosität haben auch ihr Gutes: Insbesondere Menschen, die sonst etwas gemächlicher unterwegs sind, profitieren vom gesteigerten Aktivierungsniveau und werden leistungsstärker.
- Anderes gilt, wenn Sie zu den „Trainingsweltmeisterinnen“ gehören, denen die Aufregung in der Prüfungssituation einen Strich durch die sonst richtige Rechnung macht. Dies ist v. a. bei Menschen mit Prüfungsängsten der Fall. Erlernen Sie eine Kurzentspannungsmethode, die Sie knapp vor der Testsituation anwenden können (innere Fantasiereise, progressive Muskelentspannung, autogenes Training (siehe Kapitel 13.4). Wenn der Körper entspannt ist, hat Angst keine Chance!
- Bei gravierenden Prüfungsängsten, die Sie in Leistungssituationen regelrecht handlungsunfähig machen, müssen Sie psychologische Hilfe in Anspruch nehmen.

### Was mache ich, wenn es knifflig wird?

Folgen Sie den manchmal spielerisch anmutenden Aufgabenstellung neugierig und aufgeschlossen (ähnlich dem Spieltrieb kleiner Kinder!), aber stets selbstkontrolliert (ohne Gefühlsausbrüche). Lassen Sie sich durch einzelne Aufgaben, die Ihnen Ihrer Meinung nach misslungen sind, möglichst wenig entmutigen. Sie können gar nicht wissen, worauf wirklich Wert gelegt wird – vielleicht wird gerade getestet, wie Sie mit Frustrationen und starkem Stress umgehen.

### Wird es Ergebnisse geben, die mich kränken?

Lassen Sie sich beim anschließenden Bewertungsgespräch durch Kritik nicht den Wind aus den Segeln nehmen, wenn Ihnen die Ergebnisse vorgeführt werden, die nicht so gut sind. Am besten Sie akzeptieren diese Punkte als Schwächen, leiten aber das Gespräch wieder auf ihre Stärken zurück.

Etwas Arbeit an der Lebenseinstellung kann im Vorfeld notwendig sein. Tappen Sie nicht in die Falle, wegen Ihrer Schwächen mit dem Schicksal zu hadern, für die eigenen Vorzüge hingegen blind oder diesen gegenüber gleichgültig zu sein: Sie müssen sich über Ihre Stärken verkaufen, das geht aber nur, wenn Sie sich Ihrer Stärken bewusst sind! Fragen Sie gute Bekannte und Freunde, was an Ihnen besonders positiv auffällt und was Ihre besten Eigenschaften sind.

Erinnern Sie sich, wofür Sie von Vorgesetzten oder KollegInnen des Öfteren gelobt worden sind oder besondere Anerkennung bekommen haben.

## 3.3. Hearings und Interviews auf Top-Ebene

Bewerbung für Fortgeschrittene: Nach dem Assessment-Center ist der Kampf noch nicht gewonnen – zumeist sind daraus mehrere interessante KandidatInnen hervorgegangen, die in „Hearings" und nachfolgenden Gesprächen auf Top-Ebene genauer interviewt werden.

### Wie geht es nach dem Assessment-Center weiter?

Wahrscheinlich werden Sie zu weiteren Bewerbungsgesprächen eingeladen, die dann höchstwahrscheinlich in der jeweiligen Firma stattfinden werden.
Sie sitzen einer/einem oder mehreren EntscheidungsträgerInnen des Unternehmens gegenüber, vielleicht FirmeninhaberInnen oder GeschäftsführerInnen.
Wenn es um Top-Positionen geht, müssen sich die KandidatInnen mitunter einem „Kreuzverhör" stellen, einem „Hearing". Die Jury besteht dabei aus EntscheidungsträgerInnen der Firma sowie unter Umständen externen Fachleuten.
Das Pendant in kleineren Firmen: Die Jury besteht aus einigen wichtigen Personen der Firma, die ebenfalls abwechselnd Fragen an den/die KandidatIn richten.

### Tipps für Ihr Hearing:

- Antworten Sie der Person, die die Frage gestellt hat, halten Sie aber Blickkontakt mit allen.
- Reagieren Sie auf alle Fragen ruhig, aber engagiert und freundlich.

### Wie erfahre ich von der Entscheidung der Personalabteilung?

Geben Sie sich nicht mit vagen Aussichten zufrieden. Vereinbaren Sie einen Termin, bis zu dem Sie von der Entscheidung erfahren.

### Was ist im Falle eines negativen Bescheides zu tun?

Ein Ausscheiden aus den letzten Entscheidungsrunden ist oft besonders schmerzvoll. Sie können allerdings sehr stolz auf sich sein, es so weit geschafft zu haben! Sicherlich werden Ihre Qualitäten auch von anderen Unternehmen erkannt, und Sie werden bald ein ebenso gutes oder für Sie noch besseres Angebot erhalten.
Intuitiv werden Sie beim Durchschreiten des Gebäudes ein Gefühl für die Firma entwickelt haben. Sie sahen die Räume, deren Einrichtung,

deren Atmosphäre, die Menschen, wie sie gekleidet sind, wie sie miteinander umgehen. Sollten Sie dabei in eine negative Stimmung geraten sein, wundern Sie sich nicht, wenn Sie nicht engagiert wurden: Stimmt die Chemie nicht, gilt das oft für beide Seiten. Wahrscheinlich konnten Sie dann auch nicht glaubwürdig Begeisterung für die neue Aufgabe vermitteln.
Zum Trost also, wenn es nicht klappt: Solche Entscheidungen des „Schicksals" sind oft sinnvoll und eigentlich kein Grund zur Traurigkeit – die neue Firma sollte Ihnen doch ein Stück „Heimat" bieten können.
Sind Sie jedoch der Überzeugung, es hätte sich um Ihren Traumjob schlechthin gehandelt, so ist zum Trost zu sagen, dass aus Bewerbungsverfahren ermittelte Spitzen-Leute häufig für den Fall unerwarteter Vakanzen in Evidenz gehalten werden. Sie können auch anbieten, losen Kontakt zum Unternehmen zu halten (in größeren Abständen telefonisch nachzufragen bzw. an die zuständige Person ein E-Mail zu richten), um bei der nächsten Chance wieder ganz vorne dabei zu sein. Manchmal bekommen schlichtweg diejenigen die besten Jobs, die über längere Zeit am „lästigsten" gefallen sind – und damit, wurde es stilvoll gemacht, ihr besonderes Engagement unter Beweis gestellt haben.

## 3.4. Job-Vertrag mit Zukunft?

Leiharbeit, Werkverträge und befristete Verträge stehen bei den Unternehmen hoch im Kurs. „Freie Beschäftigungsform" klingt jedoch meist besser, als es ist: Frei ist vor allem der Betrieb, der auf die genannten Verträge setzt: Sie sollen entweder mit Gewerbeschein oder als „freie Dienstnehmerin" werken, wünscht das Unternehmen, zuerst nur stundenweise, dann oft im Dauereinsatz. „Freie ArbeitnehmerInnen" arbeiten ohne festgelegten Mindestlohn, Kündigungsschutz und geregelte Arbeitszeiten oder Auftragssicherheit. Dazu kommt der Trend zu befristeten Verträgen und zur Leiharbeit.
Die „geringfügige Beschäftigung" kann hingegen ein „Schlupfloch" bieten für diejenigen, die z. B. aus gesundheitlichen Gründen nur wenig arbeiten können oder auf Arbeitssuche sind: Ein solches Entgelt darf auch neben der Pension, dem Arbeitslosenentgelt oder der Notstandshilfe bezogen werden. Wer ausschließlich „geringfügig" arbeitet, hat daraus aber keinen Anspruch auf die „Arbeitslose" und erwirbt keine Pensionszeiten.
Es kann nicht generell gesagt werden, dass das klassische Dienstverhältnis in jedem Fall für alle ArbeitnehmerInnen am besten ist. Sie sollten allerdings über die rechtlichen Vor- und Nachteile Ihrer Beschäftigungsform genau Bescheid wissen.

### Beispiel:

*Bettina F., 32, verdient ihr Geld als Pizza-Botin. Sie hatte für ein Unternehmen mehrere Jahre auf Werkvertragsbasis gearbeitet – bis zu einer mehrwöchigen (selbstverständlich selbst finanzierten!) Unterbrechung.*

*Dann durfte sie nicht mehr fahren, das Unternehmen hatte bereits Ersatz gefunden. Hätte sie sich in einem Dienstverhältnis befunden, wäre sie ein Fall für Kündigungsschutz, Resturlaub und Abfertigung gewesen. So kommentiert sie: „Die Firma wollte mich ständig auf reguläre Arbeitszeiten festnageln, aber gleichzeitig als ‚Freie' führen, für die möglichst wenig zu bezahlen ist."*

Bettina F. ist kein Einzelfall: Immer mehr Leute arbeiten ohne reguläres Dienstverhältnis: RegalbetreuerInnen, JournalistInnen, ZiviltechnikerInnen, WerbegrafikerInnen, Call-Center-Agents, TrainerInnen und ReiseleiterInnen, um nur einige Beispiele zu nennen, helfen ihren Unternehmen teilweise unfreiwillig beim Sparen.
Gelegentlich werden jedoch die „freien Verträge" auch von den AuftragnehmerInnen gewünscht:

## Beispiel:

*Andrea Z. betreibt eine Praxis als Lebens- und Sozialberaterin. Als solche ist sie selbständig und auch selbst versichert. Sie beschließt, neben ihrer freien Beratungsarbeit als Trainerin für eine Firma zu arbeiten, die im Auftrag des AMS Trainings für Langzeitarbeitslose durchführt. Das Trainingsprogramm soll vier Monate dauern. Frau Z. möchte mit diesem Einkommen das Sommerloch in ihrer Praxis überbrücken. Seitens des Auftraggebers wird ihr freigestellt, sich entweder für vier Monate anstellen zu lassen oder auf Honorarbasis eine Stundenabgeltung zu beziehen. Andrea Z. errechnet sich für die zweite Lösung einen wesentlich höheren Gewinn, da die Stundenabgeltung für „Freie" ungleich höher ist als der Stundenlohn im Dienstverhältnis, sie recht hohe monatliche Kosten rund um die eigene Praxis steuerlich geltend machen kann und sowieso eine Selbstversicherung läuft.*

### Warum greifen Firmen diese freien Beschäftigungsformen so gerne auf?

Die Firmen sparen damit kurzfristig viel Geld. Noch wichtiger ist ihnen jedoch oft der größere Handlungsspielraum, Arbeitskräfte genau dann einsetzen zu können, wenn sie gebraucht werden.

### Worauf genau muss ich bei freien Beschäftigungsformen achten?

Wie Sie zu einer Kranken- und Pensionsversicherung sowie Arbeitslosen-, Kranken- oder Urlaubsgeld kommen. Ist das alles allein Ihre Angelegenheit, sollte der Honorarsatz entsprechend viel (viel, viel) höher sein als der Stundensatz in einem regulären Dienstverhältnis.

### Was soll ich von einem befristeten Arbeitsvertrag halten?

Zu den problematischen Verträgen zählen auch die befristeten. Zwar erfordern gewisse Tätigkeiten wie Ernte oder saisonale Gastronomie keinen dauerhaften Einsatz. Doch schleichen sich Befristungen auch dort ein, wo es sachlich nicht gerechtfertigt ist – gerade in IT- und Telekom-

Betrieben: Die Beschäftigten bekommen Dreimonatsverträge, werden dann zwei Wochen in die Arbeitslose geschickt und müssen nachher wieder befristet arbeiten. So gibt es weder Kündigungsfrist noch Kündigungsschutz, und bei einem neuen Vertrag müssen Ansprüche, die vom Dienstalter abhängen, wieder von null auf erworben werden, z. B. längere Entgeltfortzahlungen bei Krankenstand.

### Worin besteht ein regulärer Dienstvertrag?

Arbeitsverträge müssen nicht verpflichtend schriftlich abgeschlossen werden, auch mündliche Vereinbarungen sind zulässig. In diesem Fall ist es aus ArbeitnehmerInnen-Sicht jedoch ratsam, einen Dienstzettel zu verlangen. Darauf haben Sie ein Anrecht, wenn Ihr Dienstverhältnis länger als einen Monat dauern soll. Auch in bestehenden Dienstverhältnissen können Sie einen Dienstzettel verlangen, wenn Sie keinen schriftlichen Arbeitsvertrag haben.

Folgende Punkte sollen im Dienstzettel behandelt werden:
- Arbeitsverhältnis: Wann es begonnen hat, ob eine Probezeit vereinbart wurde, ob das Arbeitsverhältnis befristet ist, ob Vordienstzeiten angerechnet werden, ob für die Kündigung Besonderes vereinbart wurde.
- Art der Tätigkeit: Welcher Kollektivvertrag anzuwenden ist, Ihre genauen Aufgaben in der Firma, Ihre Arbeitszeit.
- Entlohnung: Wie hoch Lohn oder Gehalt sind, welche Zulagen bezahlt werden, wie viele Sonderzahlungen es gibt, zu welchem Termin Lohn oder Gehalt ausbezahlt werden.

Der Dienstzettel muss nicht unterschrieben werden. Wenn Sie einen Arbeitsvertrag zur Unterschrift vorgelegt bekommen, lesen Sie diesen genau durch. Sie sollten vorsichtig sein, wenn
- eigens kurze Fristen festgelegt werden sollen, innerhalb derer ausständige Entgelte wie Lohn, Gehalt oder Überstunden verfallen oder verjähren;
- eine Konkurrenzklausel nach Beendigung des Dienstverhältnisses gelten soll;
- Ausbildungskosten rückerstattet werden sollen.

Solche Vereinbarungen sind gesetzlich zwar zulässig, für Sie aber von Nachteil.

### Fazit?

- Wenn Sie die Wahl haben, sind Sie im regulären Dienstverhältnis besser geschützt.
- Wenn es um kurzfristige Tätigkeiten geht und Sie jung, gesund und zu starkem Einsatz bereit sind, lässt sich in freien Beschäftigungsverhältnissen manchmal relativ viel Geld machen.

- Ist ein längerfristiges atypisches Arbeitsverhältnis unvermeidbar, handeln Sie ein gewisses Entgelt für Krankheit und Urlaub aus.
- Sie können Ihr freies Beschäftigungsverhältnis darauf überprüfen lassen, ob nicht doch ein verstecktes Dienstverhältnis vorliegt (z. B. bei Bindung an fixe Arbeitszeiten).
- Ein Gewerbeschein bringt bei Jobverlust den Versicherungsschutz zurück.

**Was gilt für Verträge von AbteilungsleiterInnen, top-positionierten ManagerInnen und GeschäftsführerInnen?**

Je höher die Position, desto selbstverständlicher werden variable Gehaltsbestandsanteile. Diese werden daran bemessen, inwieweit Gewinn- bzw. Umsatzziele (Erfolgsbeteiligung) oder vereinbarte persönliche Ziele im Zuständigkeitsbereich (Umsetzung neuer Unternehmensstrukturen; Durchführung von MitarbeiterInnen-Gesprächen; Einführung neuer Methoden, etwa eines speziellen Schulungsplanes für die MitarbeiterInnen etc.) erreicht wurden.
Für GeschäftsführerInnen ist ein variabler, erfolgsabhängiger Gehalts-Bestandteil von 50 Prozent nichts Ungewöhnliches.

# 4

# Stark im Team

Es gibt „nur eine Chance für einen ersten Eindruck". Menschen erfassen einander in Sekundenbruchteilen und sofort entstehen Einschätzungen. Diese Ersteindrücke sind oft besonders prägend.
Aber nicht nur der erste Tag, die ganze weitere Eingewöhnungszeit entscheidet über die Position im KollegInnenkreis. In vielen Fällen ist es schon zu spät, wenn Mobbing erst einmal aufgetreten ist. Nur unter großen Anstrengungen und Mühen kann der Arbeitsplatz dann gerettet werden. Wer jedoch von Anfang an den richtigen „Ton" unter KollegInnen trifft, betreibt gekonnt eine persönliche Anti-Mobbing-Strategie.
Nicht alle Fragestellungen und Probleme im KollegInnen-Kreis sind solche der ersten Stunde. Auch wer seinen Platz im Team gefunden hat, erlebt immer wieder angenehme oder unangenehme Veränderungen der persönlichen Position und Handlungsmöglichkeiten. Gerade fehlendes oder schwaches Durchsetzungsvermögen zeigt seine negativen Effekte erst mit der Zeit, nach einigen Monaten oder Jahren der Zusammenarbeit.
In jeder Gruppe – auch in Arbeitsgruppen – gibt es Machtpositionen, die automatisch und ganz von selbst besetzt werden. Das theoretische Konzept dahinter heißt „Rangdynamik" (Raoul Schindler), man könnte aber auch salopp von einer „Hackordnung" sprechen. „Informelle FührerInnen" nehmen unter KollegInnen eine Machtposition ein. Sie genießen den höchsten Status und allgemeines Ansehen im Team. Leider gibt es in der Teamsituation auch sehr unangenehme Rollen, etwa die des Sündenbocks am untersten Ende der Hackordnung. Die „MitläuferInnen" hingegen führen wohl das unbehelligste Leben.
„Formelle" FührerInnen wurden vom Unternehmen selbst mit Macht ausgestattet und besetzen dessen Führungspositionen. Ihnen „untergeben" zu sein kann im Falle charismatischer Führungspersönlichkeiten eine Freude, im schlechtesten Fall aber eine mühsame Last sein.
Welche persönlichen Eigenschaften schließlich zeichnen diejenigen Arbeitskräfte aus, die eine Karriere bis hin zur Führungskraft (auf Top-Ebene) realisieren?

## 4.1. Er(n)ste Chancen für einen guten Eindruck

Für den Anfang empfiehlt es sich, die informellen und meist unausgesprochenen Regeln Ihres Teams genau zu beobachten. Die anderen machen sich ein Bild von Ihnen – ebenso sollten Sie sich eines von ihren KollegInnen und Vorgesetzten machen. Orientieren Sie sich auch an Gewohnheiten im Umgang miteinander.
All dies kann für Sie hilfreich sein, wenn Sie Ihren eigenen Platz im sozialen Gefüge etablieren. Dieser Prozess ist immer eine Mischung aus Anpassen an die Umgebung und Einbringen der eigenen Persönlichkeit.

### Der allererste Arbeitstag

Firmen, die die Einführung eines/einer neuen MitarbeiterIn ernst nehmen, werden Ihnen eine/n MentorIn zur Seite stellen, der/die Ihnen am ersten Tag alles zeigt und Sie den KollegInnen vorstellt. Dies verringert für Sie die Gefahr, in Fettnäpfchen zu treten.
Sich am ersten Arbeitstag in Bezug auf das eigene Äußere wohl zu fühlen, bringt Selbstsicherheit und eine gute Ausstrahlung. Entscheidend für den erfolgreichen ersten Eindruck sind sowohl Äußerlichkeiten als auch Ihre innere Haltung.

- Ihre Kleidung soll passend sein – sowohl zum Unternehmen als auch zu Ihrer Funktion und zu Ihrer Person. Die Unternehmenskultur betreffend „Dresscode" können Sie vor dem ersten Arbeitstag ausforschen, indem Sie beispielsweise anonym am Firmenausgang Ausschau halten, was getragen wird, oder schon beim Vorstellungsgespräch die Augen diesbezüglich offen halten.
- Besser als etwas Neues ist oft „Altbewährtes", für das frau schon öfter Komplimente bekommen hat, soferne es zur neuen Stellung passt (siehe Kapitel 10.1).
- Bei den Schuhen sind guter Halt und stabiles Auftreten wichtiger als der letzte Modeschrei.
- Schmuck und Frisur halten Sie am besten dezent, mit kleinen Accessoires können Sie aber eine persönliche Note einfließen lassen.
- Sicher lernen Sie am ersten Arbeitstag viele Menschen kennen. Auch Sie sammeln viele „erste Eindrücke". Nehmen Sie eine Haltung der freundlichen Aufgeschlossenheit ein (auch wenn Ihnen alles schon zu viel wird) – und Sie werden sympathisch wirken.
- Versuchen Sie von Anfang an, unausgesprochene Regeln im Umgang unter den KollegInnen wahrzunehmen, um nicht ungewollt gegen sie zu verstoßen.

### Was gilt es in den ersten Tagen und Wochen weiters wahrzunehmen?

Fangen Sie an, unter ihren KollegInnen zu unterscheiden:

- Mit wem ist neben der Arbeitsbeziehung auch ein freundschaftliches Verhältnis möglich?
- Mit wem kann ich gut arbeiten?
- Von wem sollte ich mich möglichst fernhalten?

Prinzipiell können KollegInnen auch KonkurrentInnen sein – seien Sie diesem Faktor gegenüber nicht zu naiv, d. h. verhalten Sie sich nicht zu vertrauensselig. Natürlich entstehen gelegentlich echte Freundschaften am Arbeitsplatz, aber die Geschichte von der „großen Familie" ist häufig nur Fassade.

### Welchen Platz in der Gruppe werde ich einnehmen?

Die Entscheidung darüber fällt schon in den ersten Wochen ihrer neuen Tätigkeit. Nützen Sie diese Zeit, um sich einen guten Status im Team

zu sichern und ein Abrutschen an das unterste Ende der „Hackordnung“ (siehe Kapitel 4.3) auf jeden Fall zu verhindern.
Vermeiden Sie daher unbedingt:

- Angebereien: Stellen Sie Ihre Fachkompetenz (große Erfahrung, gute Schulen etc.) den KollegInnen gegenüber nicht ins Schaufenster. Behalten Sie es für sich, wenn Vorgesetzte besonders große Hoffnungen auf Sie setzen. Sie müssen sich sowieso erst „vor Ort“ bewähren.
- Übermäßiges Beharren auf Rechte oder „Fairness“: Nehmen Sie den „Alteingesessenen“ keine Rechte und Privilegien weg. Akzeptieren Sie, dass Sie die anderen KollegInnen zunächst eher mit unattraktiveren Aufgabenstellungen eindecken werden. Reagieren Sie darauf aufgeschlossen und freundlich. Ihre Zeit wird kommen, da Sie Ihre Aufgaben genauer definieren können.
- Missachtung unausgesprochener Regeln: Wenn das Team z. B. den Tag mit einem kurzen gemeinsamen Frühstück und einer Plauderei beginnt, schließen Sie sich nicht aus, nehmen Sie keine Sonderposition ein.
- Missachtung der Höflichkeitsregeln: Nehmen Sie anderen MitarbeiterInnen nicht ihre angestammten Parkplätze weg, nicht ihren gewohnten Platz am Mittagstisch in der Kantine, nicht ihren Raum in der Garderobe o. Ä., drängen Sie sich nirgends vor.
- Zurückweisungen: Achten Sie darauf, menschliche Annäherungen nicht lieblos zurückzuweisen. Dies gilt natürlich nicht für „Sexuelle Belästigung“ (siehe Kapitel 6).
- Einmischungen: Halten Sie sich bei Konflikten unter KollegInnen und KollegInnen-Lobbys zunächst zurück, machen Sie sich erst ein Bild. Im Laufe der Zeit werden Sie sich allerdings deklarieren müssen.
- Konflikte mit den „informellen FührerInnen“: Das sind diejenigen KollegInnen, über die nicht schlecht gesprochen wird, deren Vorschläge am häufigsten umgesetzt werden und auf deren Meinung generell gehört wird (siehe Kapitel 4.3). Vermeiden Sie Auseinandersetzungen mit diesen, insbesondere in Ihrer ersten Zeit.

**Wie frage ich richtig in der Einarbeitungsphase?**

Ein Teil des Lernprozesses läuft über das Fragen:

- Natürlich können und müssen Sie Fragen stellen. Finden Sie aber heraus, wie Sie das am besten tun und am wenigsten „nerven“.
- Lassen Sie z. B. mehrere unklare Punkte zusammenkommen und schreiben Sie die Antworten mit. Vermeiden Sie, dasselbe zweimal zu fragen.
- Finden Sie heraus, zu welchen Zeiten, mit welchen Personen oder bei welchen Gelegenheiten Ihre Fragen am besten zu klären sind.

Aber:

- Lernen Sie so viel wie möglich durch selbständige Beobachtung – manche Fragen erübrigen sich dadurch.
- Lesen Sie zu Hause nach. Das bedeutet zwar etwas Mühe, aber so erzielen Sie ein Image der Selbständigkeit!

## Was gibt es als psychologische Stütze für die Einschulungszeit zu sagen?

Ein Trost zum Thema Fehler: Gerade am Anfang dürfen Fehler passieren. Gute Kräfte erkennt frau weniger daran, dass sie absolut keine Fehler machen, als daran, dass diese denselben niemals zweimal machen. Bedenken Sie, wenn Verhaltensweisen von KollegInnen oder Vorgesetzten Sie kränken: Diese sind durch die Einschulungstätigkeit statt entlastet zunächst zusätzlich belastet. Es kann Wochen oder Monate dauern, bis eine vollwertige neue Kraft entsteht.

## Darf ich alles von mir erzählen und ganz ehrlich sein?

Ich empfehle eine „geschützte Offenheit" für den Arbeitsplatz, d. h.:

- Es ist sinnvoll, über Emotionen, die das Arbeitsleben betreffen, am Arbeitsplatz zu sprechen (z. B. auch mit Vorgesetzten): wie frustrierend ineffiziente Arbeitsabläufe sind, dass illoyales Verhalten anderer für Sie enttäuschend ist oder die Freude über gemeinsame Erfolge groß. Sie können so das Bild, das andere von Ihnen haben, aktiv mitprägen, weil niemand auf reine Spekulationen oder subjektive Eindrücke angewiesen ist: Sie selbst geben ja über sich Auskunft.
- Vermeiden sollten Sie kindliche Wutausbrüche oder andere emotionale Blößen, die als „unreif" aufgefasst würden, insbesondere übermäßige Kränkbarkeit und Eitelkeit („Mimosenhaftigkeit").
- Machen Sie kein Geheimnis aus Ihrer ganzen Person. Welchen Familienstand und ob Sie Kinder haben, welchen Hobbys Sie nachgehen etc. darf Ihr menschliches Umfeld am Arbeitsplatz wissen, denn bei der Etablierung einer charakteristischen Markenpersönlichkeit („So bin ich") spielen auch diese Faktoren eine Rolle (siehe Kapitel 12.2).
- Ihre Eheprobleme (oder familiäre, finanzielle Probleme etc.) erzählen Sie aber bitte nur ausgewählten Personen und am Beginn einer neuen Arbeitssituation am besten gar nicht.

## Wie gewinne ich die KollegInnen für mich?

- Beachten Sie die Regeln der Höflichkeit großzügig; lassen Sie lieber einmal zu oft den Vortritt als einmal zu wenig. Grüßen Sie als Neue bereitwillig zuerst.
- Stellen Sie Gemeinsamkeiten her und kommen Sie darüber ins Gespräch: ein gemeinsames Hobby, das gleiche Auto ...
- Machen Sie sich unentbehrlich: Gerade ältere MitarbeiterInnen sind z. B. mit der EDV, manchmal auch mit Statistiken oder Rechnungen überfordert. Greifen Sie ihnen hilfreich unter die Arme, Sie werden Dankbarkeit ernten.
- Teilen Sie Ihre ersten Erfolge bereitwillig, führen Sie diejenigen ins Treffen, die Ihnen dabei geholfen haben.
- Geben Sie über Ihre persönlichen Gewohnheiten und Eigenheiten Auskunft, das macht Sie einschätzbar; z. B. „Seit der Geburt meines

Sohnes bin ich notgedrungen eine richtige Frühaufsteherin geworden, deswegen bin ich immer schon so zeitig da ..."

- Erkennen Sie Kontaktangebote. Reagieren Sie auf diese immer positiv, auch wenn Sie sich gleichzeitig abgrenzen müssen. Beim Annäherungsversuch eines Kollegen z. B., sagen Sie (ehrlich freundlich): „Danke für die Einladung zum Konzert! Ich komme sehr gern, und mein Freund freut sich auch – das ist eine seiner Lieblingsbands."
- Müssen Sie sich für eine Lobby unter KollegInnen entscheiden, nehmen Sie diejenige, die im Sinne der Unternehmensziele konstruktiver und produktiver ist (d. h. den Rückhalt der Vorgesetzten hat) – zumindest, wenn Sie das kein großes persönliches Opfer kostet.
- Sichern Sie sich mit informellen FührerInnen möglichst ein gutes Einvernehmen. Fragen Sie diese öfters um Rat, nicht nur in fachlichen Belangen, sondern auch, wenn es um notwendige Einschätzungen anderer KollegInnen geht.

## 4.2. Gesund egoistisch und trotzdem beliebt

Ein ständiges Thema – weit über die Einschulungszeit hinaus – bleibt das Ausmaß der persönlichen Durchsetzung im Team. Zu viel ist schlecht für Ihre Stellung unter den KollegInnen – zu wenig ist schlecht für Sie.

### Sollte ich bei allem, was mich stört, sofort auf Veränderungen drängen?

Wägen Sie ab: Es wird immer Kleinigkeiten geben, die Sie stören, aber es wäre verkehrt, sich über alles und jedes aufzuregen. Ratsamer ist es oft, mit Witz oder auch „Galgenhumor" über kleinere Schwierigkeiten hinwegzugehen. Humor hebt das Betriebsklima und steigert Ihre Beliebtheit unter den KollegInnen.
Jedoch besteht Handlungsbedarf, wenn:

- Ihre Arbeit massiv behindert wird
- Zusagen und Abmachungen nicht eingehalten werden
- gravierende Kränkungen erfolgen, die Ihre Arbeitsmotivation schwer beeinträchtigen.

### Muss ich mich KollegInnen gegenüber mehr durchsetzen?

Versuchen Sie nicht, KollegInnen zu übervorteilen. Die negativen Emotionen, die dabei gegen Sie entstünden, würden Ihnen an anderer Stelle sehr zu schaffen machen.
Das Gefühl, in irgendeiner Weise „übervorteilt" worden zu sein, ist bei Mobbing sehr häufig auf Seiten der AngreiferInnen zu finden (siehe Kapitel 7.3). Allerdings ist diese Sicht der MobberInnen zumeist realitäts-

fern und deutet auf deren unreifen Umgang mit Neid und eigener Durchsetzung hin, denn für Talent bei der Arbeit, bessere Ausbildung oder verdienten Erfolg ist der beneideten Person ja fairerweise keine Schuld zuzuschreiben.
Es ist aber immer sinnvoll, danach zu trachten, unter KollegInnen nicht unnötig negative Gefühle gegen sich auszulösen. Wenn Sie spüren, dass Sie sowieso schon als „privilegiert" wahrgenommen werden (und sei es nur aufgrund Ihrer Talente), stapeln Sie lieber tief (siehe Kapitel 4.3) und verzichten Sie auf den einen oder anderen Vorteil den KollegInnen gegenüber.
Ganz anderes gilt für MitarbeiterInnen, die Ihren KollegInnen gegenüber sowieso immer „den Kürzeren" ziehen und aus lauter „Gutherzigkeit" (in Wirklichkeit auch: Angst vor Kritik, Ablehnung und Konflikten) stets zurückstecken.

**Beispiel:**

*Doris A., 47, ist Krankenschwester in der gynäkologischen Abteilung eines großen Krankenhauses. Ihre Arbeit gefällt ihr und mit ihren KollegInnen ist sie in gutem Einvernehmen. Doch dafür zahlt sie einen hohen Preis.*
*Frau A. hat zwei erwachsene Kinder, die schon länger in eigenem Haushalt leben. Da fast alle anderen KollegInnen kleinere Kinder haben, bleiben ihr schon seit einiger Zeit immerzu die unattraktivsten „Dienste": solche am Wochenende und zu den üblichen Feiertagen sowie in Ferienzeiten. Die Entwicklung dorthin war schleichend: Anfangs sah sie die Wünsche der KollegInnen wirklich ein – wer vermisste sie schließlich am Wochenende schon so sehr? Doch in letzter Zeit hatte die ungerechte Aufteilung solche Formen angenommen, dass sich ihre Familie schließlich beschwerte, dass sie am Wochenende praktisch nicht mehr greifbar wäre. Sie selbst vermisst die ehemaligen gemütlichen Familienessen am Sonntag ebenfalls zunehmend – schließlich bekommt sie ihre berufstätigen Kinder unter der Woche kaum zu sehen.*
*Frau A. weiß, dass sie an der Aufteilung der Dienste etwas verändern muss. Aber sie hat große Angst davor, mit Anfeindungen und Vorwürfen konfrontiert zu werden. Die Stationsschwester, die den Dienstplan letztendlich absegnet, hat selbst kleine Kinder und favorisiert Kolleginnen in derselben Situation.*

Konflikt vermeidende Personen geraten häufig in benachteiligte Positionen. Um des lieben Friedens willen wird auf eigene Vorteile verzichtet. Für den Zusammenhalt eines Teams sind solche harmonisierend wirkenden Mensch sehr wichtig und eine wertvolle Ressource. Sie binden kaum negative Emotionen an sich, sondern positive oder neutrale – und bieten damit keinen „Sprengstoff", sondern „Kitt". Nur gelegentlich wird das passive und/oder willfährige Verhalten so auffallend, dass es zu Abwertungen kommt, etwa „Mit der kann man ja alles machen".

Prüfen Sie jedoch, ob der Preis, den Sie für Frieden und Harmonie zahlen, nicht manchmal zu hoch ist und letztendlich zu untragbaren Konsequenzen für Sie persönlich führt.

**Wie kann ich mich KollegInnen gegenüber besser behaupten?**

Suchen Sie das Gespräch mit den KollegInnen bzw. der KollegInnen-Gruppe, wenn die Problemstellung alle betrifft. Fassen Sie Mut und sprechen Sie vor der Gruppe:

- Beschreiben Sie möglichst neutral den Missstand, der Ihrer Meinung nach zu ihren Ungunsten vorliegt.
- Beschreiben Sie Ihr persönliches Unbehagen und Ihre Motivation zur Veränderung. Vermeiden Sie dabei Vorwürfe (auf das obige Beispiel bezogen: „Mir geht es damit schlecht, dass ich meine Kinder kaum mehr sehe" statt „Wegen euch kann ich meine Kinder nicht mehr sehen").
- Bieten Sie ein Lösungsmodell an. Das könnte z. B. ein Stufenplan sein, um nicht von heute auf morgen große „Umstürze" zu verlangen.
- Hören Sie sich Einwände, Vorwürfe und Kritik in aller Ruhe an. Signalisieren Sie Verständnis für die Anliegen und Bedürfnisse der anderen.
- Bleiben Sie jedoch bei den Eckpfeilern Ihrer Forderungen.
- Eventuell kommen Sie den KollegInnen zum Ausgleich an anderer Stelle entgegen, wo es Sie weniger „kostet" bzw. sicher keine exorbitanten Formen annehmen kann.

Langfristig stabil ist nur ein Team, in dem sich alle weitgehend fair behandelt fühlen!

## 4.3. Leithammel, Mitläuferin oder Sündenbock? Hackordnung im Betrieb

Die klassische gruppendynamische „Hackordnung" (Rangdynamik) bildet sich in ihrer unverfälschten Form nur dort, wo nicht von vornherein eine Hierarchie durch die Organisation vorgegeben ist. Diesen Typus von Machtverteilung finden wir also z. B. unter den gleichberechtigten KollegInnen einer Arbeitsgruppe (Team, Projektgruppe, ...), soferne kein/e LeiterIn eingesetzt wurde.

**Wie schaut so eine Hackordnung bei genauerer Betrachtung aus?**

Folgende Positionen stehen in einer Gruppe zur Verfügung:

- FührerIn (Alpha): die charismatische Führungspersönlichkeit, mit natürlicher Autorität, Durchsetzungskraft und Engagement
- „Graue Eminenz" (Beta): kann zur Not oder kurzfristig auch die Füh-

rerInnenrolle übernehmen, ist aber nicht die typische Frontwoman; fungiert eher als fachliche Beraterin

- MitläuferInnen (Gammas): die oft schweigende oder unauffällige Mehrheit; oder aber die Ja-SagerInnen, die immer die herrschende Meinung unterstützen
- GegenspielerIn (Omega): kann in Bezug auf die Führung ängstlich-kontrollierend agieren („Bremse“, „MiesmacherIn“) oder auch schalkhaft („Clown“) bzw. heldenhaft („WiderstandskämpferIn“) sein; kann als Sündenbock entweder links liegen gelassen oder aktiv bekämpft werden.

Wenn z. B. die informelle Führerin eines Teams vorschlägt, ein bestimmtes Produkt auch einem anderen Kunden anzubieten, rufen die MitläuferInnen „Bravo! Gute Idee!“, während die Gegenspielerin sagt: „Nein, das ist sinnlos, dieser Kunde ist schon von der Konkurrenz eingedeckt!“

**Wie festgefahren sind Machtpositionen unter KollegInnen? Kommt es vor, dass ein/e FührerIn seine/ihre Rolle abgeben muss?**

Die Rangordnung gilt nur für eine bestimmte Gruppe. Innerhalb dieser ist eine Umkehrung der Machtverhältnisse möglich, jedoch eher selten. Für jede sich neu bildende Gruppe gilt jedoch: neues Spiel, neues Glück!

**Warum gelingt es einigen Personen so oft, FührerIn zu sein, und anderen nicht?**

Es wird immer wieder deutlich, dass eine bestimmte Person in verschiedenen Gruppen tendenziell dieselbe Rolle spielt. Häufiger als der Zufall es erlaubt, fällt ihr also ein bestimmter Platz in der „Hackordnung“ zu. Dies liegt daran, wie frau/man sich gibt, wie sie/er auf andere wirkt. Um den Mechanismus zu verstehen, müssen wir das menschliche Verhalten wie mit einer geistigen Videokamera aufnehmen und in Zeitlupe abspielen.
In jedem Gespräch mit Menschen, die wir eben erst kennen lernen, stellen wir uns unbewusst auch selbst dar: Wir erwähnen beiläufig, welche Freunde wir haben, welche Leute wir kennen, was der Ehepartner alles für uns tut, was wir tun, was wir können. Unbewusst gibt man ein bisschen an – „Hochstapeln“ könnte es genannt werden.
Zum Hochstapeln gehört aber noch mehr: aufrechter Gang, gerader Blick, feste Stimme, gute Rhetorik, zündende Ideen, Humor, Schlagfertigkeit etc.
„Tiefstapeln“ hingegen bedeutet: sich selbst zurücknehmen, sich selbst als fehlerhaft darstellen, enge Körperhaltung, unsichere Stimme, bescheiden im Hintergrund bleiben etc.
FührerInnenpersönlichkeiten, die allgemein akzeptiert werden, sind wider Erwarten nicht die geborenen „HochstaplerInnen“, vielmehr

wechseln sie diese beiden Verhaltensweisen immer wieder – sie stapeln sehr gekonnt einmal hoch, dann wieder tief.
Kann denn „Tiefstapeln“ auch Vorteile haben? Absichtlich auch „tiefzustapeln“ fördert die Sympathie, schafft Nähe. Dazu gehört, dass frau sich selbst auch menschlich allzu menschlich, mit Humor und Ironie darstellen kann. Wer nur hochstapelt, wirkt angeberisch, unglaubwürdig, distanziert, nicht sympathisch. Wer nur hochstapelt und in eine Machtposition gerät, errichtet vielleicht ein autoritäres Regiment, ist aber keine charismatische Führerinnenpersönlichkeit. Wer nur tiefstapelt, kann allerdings keine Autorität zeigen und damit nur schwer eine Führungsposition erlangen.

### Wie kann ein „Sündenbock“ eine bessere Position innerhalb der Arbeitsgruppe erreichen?

Menschen, die oft in Sündenbockrollen geraten (potenzielle Mobbing-Opfer!, siehe Kapitel 7.3), haben es oft überhaupt nicht gelernt, „hochzustapeln“. Sie sind in ihrer Körpersprache und ihrem Verhalten gehemmt, nehmen sich zu sehr zurück oder gehören einer Randgruppe (die Herkunft, Religion oder soziale Schicht betreffend) an und fühlen sich verunsichert. Sie sind damit ungeschützt gegenüber Angriffen. Andere „Sündenböcke“ sind auf ihrem persönlichen Weg zu eigensinnig, sehen weder nach links noch nach rechts und übergehen notwendige persönliche Anpassungsleistungen an die informellen Regeln der Unternehmenskultur und des KollegInnen-Kreises.
Hilfreich ist es in jedem Fall, Kontrolle über die Wirkung auf andere zu gewinnen. Dahingehend kann ein Konflikttraining, z. B. die Arbeit mit Rollenspiel und Videokamera in Coaching-Gruppen, sehr weiterhelfen.

### Ist die Chefin/der Chef automatisch immer auch die mächtigste Persönlichkeit im Betrieb?

Formelle und informelle Führungsrollen dürfen nicht verwechselt werden. Wer in einer Gruppe unter (durch die Situation) Gleichgestellten die Führungsposition einnimmt (informelle/r FührerIn), muss keineswegs beruflich eine wichtige Funktion ausüben (formelle/r FührerIn). Erinnern wir uns doch an Filme und Theaterstücke, die uns sehr erfreuten, weil der „Bettler“, der „Landstreicher“ aufgrund von Intelligenz, Humor, Schlagfertigkeit, Ironie und Situationskomik über einen „Big Boss“ oder „König“ die Oberhand gewinnt und diesen dumm aussehen lässt. Charlie Chaplin spielte in seinen Filmen oft einen Meister dieses Faches.
Tatsächlich scheint es eher ein großes und seltenes Glück zu sein, wenn formelle FührerInnen auch charismatische Persönlichkeiten sind. Für das Erreichen einer Spitzenposition sind jedoch zunächst offensichtlich andere Kriterien ausschlaggebend als „Charisma“. Sicherlich fallen auch Ihnen Beispiele für Personen ein, die Spitzenpositionen von Organisationen besetzen und weder besonders beliebt sind noch auffallend gut mit Menschen (MitarbeiterInnen, zum Teil auch Geschäfts-

partnerInnen) umgehen können. Entweder frau bekommt sie kaum zu Gesicht oder sie verhalten sich sonstwie unangreifbar, manchmal sogar hart, ungerecht und demotivierend. Dennoch umgibt sie aufgrund ihrer Funktion der Nimbus der Macht, und frau geht ihnen am liebsten aus dem Weg.
Es ist insgesamt von Vorteil, wenn sich die formelle und die informelle Führungsrolle decken: Die meisten MitarbeiterInnen arbeiten am liebsten unter einer charismatischen FührerInnenpersönlichkeit. Der Betrachterin von außen würden in einem solchen Fall zuallererst die „stark motivierten" MitarbeiterInnen ins Auge stechen, die ihrer Arbeit mit voller Tatkraft nachkommen. Charismatische Führungspersönlichkeiten strahlen natürliche Autorität aus, setzen sich ohne Gewaltakte durch, haben klare und nachvollziehbare Visionen, begeistern ihre MitarbeiterInnen für die gemeinsame Sache, schätzen und fördern die Menschen in ihrer Umgebung und verfügen über Humor und Selbstironie. Frauen werden dafür übrigens immer wieder als von Natur aus begabter beschrieben (siehe auch Kapitel 10.5).
„Charisma" ist allerdings zum Teil erlernbar, und auch Top-Führungskräften muss zuerkannt werden, dass sie sich entwickeln und durch „Training on the Job" zunehmend besser werden.

**In meiner Firma bin ich mit allen Vorgesetzten per Du, es herrscht ein sehr kollegiales Klima.**

Dennoch Achtung bei „flachen Hierarchien": Auch wenn es in Ihrer Firma üblich ist, zu den Vorgesetzten einen betont kollegialen Umgangston zu pflegen, letztendlich sind es trotzdem die Top-Positionierten, die über Gehaltserhöhungen oder Kündigungen entscheiden. Die formelle Macht bleibt also im Berufsleben immer vorhanden, auch wenn sie sich hinter partnerschaftlichem Verhalten verbirgt. Nur ganz selten kommt es vor, dass Vorgesetzte echte Freunde werden.

## 4.4. Vorgesetzte sein oder Vorgesetzte haben

Was prädisponiert zur Führungskraft? Warum steigern manche Menschen in wenigen Jahren ihren beruflichen Macht- und Handlungsspielraum um ein Vielfaches, während andere im Wesentlichen dort verbleiben, wo sie angefangen haben?

**Naturgemäß können nur wenige Arbeitskräfte in Organisationen in Führungspositionen gelangen – welche anderen Rollen gibt es?**

In der Arbeitspsychologie hat sich, wie mehrfach von verschiedenen AutorInnen dargestellt, die Unterscheidung zwischen Menschen, die in erster Linie aufgabenorientiert sind, und Menschen, die vornehmlich personenorientiert handeln, durchgesetzt. Zusätzlich kann unterschieden werden, ob diese Menschen eher offensiv oder defensiv vorgehen. Diese Ideen haben u. a. die amerikanischen Personaltrainer und Autoren Rick Brinkman und Rick Kirschner zusammengeführt. Dabei haben sie außer den FührungskandidatInnen noch drei weitere betriebliche Menschentypen beschrieben. Vielleicht finden auch Sie sich in einem der Typen wieder:

1. aufgabenorientiert + offensiv = „Macher" („FührerInnen")
2. aufgabenorientiert + defensiv = „Meister"
3. personenorientiert + offensiv = „Kumpel"
4. personenorientiert + defensiv = „Knecht"

Diese Typen gibt es natürlich nicht in Reinkultur. Sie sollen nur charakteristische Handlungstendenzen aufzeigen.
Potenzielle FührerInnen („Macher") sind oft ausgesprochen leistungs- und ergebnisorientiert und handeln dabei offensiv. Die soziale Anerkennung (die auch sie brauchen) holen sie sich über den Umweg der vollbrachten Leistung. Zuweilen fliegen dabei Späne und der tatkräftigen Erledigung muss auch einmal die Detailqualität geopfert werden. Die MacherInnen erheben formellen Führungsanspruch.
Die defensiven Leistungsorientierten versuchen hingegen, ihre Aufgaben perfekt, fehlerlos und unangreifbar zu erledigen: Sie sind die „Meister".
Personenorientierte MitarbeiterInnen, deren wichtigstes Motiv die unmittelbare soziale Anerkennung und Absicherung ist, wirken, wenn sie zusätzlich offensiv sind, als Betriebsnudel, EntertainerIn oder Kumpel. Sie sind in der Lage, andere zu inspirieren und für gute Stimmung zu sorgen. Sie sind häufig informelle FührerInnen.
Wer hingegen defensiv um soziale Kontakte bemüht ist, sich durch Anpassung beliebt machen will oder durch den Versuch, es allen recht zu machen, gehört zu den Mauerblümchen, den stillen Wassern. Diese Rolle wird mit dem Typ „Knecht" bezeichnet.

## Sind es die „MacherInnen", die automatisch Führungskräfte werden?

Auch (scheinbar) geborene FührerInnen-Typen können beruflich scheitern oder in der Entfaltung ihrer Ambitionen – zumindest in einer bestimmten Firma – massiv gehindert sein.
Zunächst gilt es zu bedenken, dass nicht jede Person, die für sich persönlich Führungsanspruch erhebt, in den Augen anderer dazu auch berechtigt ist. Sind weder überragende Durchsetzungskraft, Intelligenz und Fachkompetenz noch gut vermarktete Erfolge vorhanden, ist es offensichtlich verfehlt, den Anspruch an eine Führungsrolle in der Leitung eines Konzerns oder einer Organisation zu erheben. Dies wird im Gegenteil auf die anderen EntscheidungsträgerInnen im Betrieb befremdlich und abstoßend wirken („Wer glaubt sie, dass sie ist?").
Echte AufsteigerInnen hingegen müssen mit subversiven Aktionen, Intrigen sowie aktivem und passivem Widerstand ihrem Handlungsspiel-

raum gegenüber aus dem Kreis der KollegInnen rechnen. Nur wer solchen aus Neid gespeisten Strategien, die gegen die eigene Person gerichtet sind, geschickt ausweichen oder sie gelegentlich sogar ins Gegenteil verkehren kann, wird den Aufstieg einigermaßen reibungslos vollziehen.
Der Geschäftsführer eines großen Bauunternehmens erzählte bei einem Vortrag folgende Anekdote: „Als ich in meine Funktion von einem wesentlich älteren Mentor eingeführt wurde, sagte mir dieser: ‚Du bist hier die Kindergarten-Tante.' 80 Prozent der Probleme im Management gehen ausschließlich auf (kindische) menschliche Emotionen zurück."
In diesem Geflecht von mehr oder weniger reifen menschlichen Bedürfnissen und Motiven gilt es als Führungspersönlichkeit nicht unterzugehen.

## Was geschieht mit denjenigen Personen, die gerne FührerInnen wären, dieses Ziel aber nie erreicht haben?

Wir müssen damit rechnen, dass es in Betrieben Personen mit starkem Führungsanspruch, aber gescheiterter Durchsetzung gibt. Was wird aus diesen?
Von den oben genannten Autoren stammt die Idee, dass alle zitierten Handlungstypen in ihrer grundlegenden Wertorientierung im Betrieb erfolgreich (anerkannt, geschätzt, gelobt ...) oder nicht erfolgreich (verkannt, übergangen, „kaltgestellt" ...) sein können.

1. Frustrierte „Macher" werden so „Tyrannen".
2. Frustrierte „Meister" werden „krankhafte Perfektionisten".
3. Frustrierte „Kumpel" werden „grobe Scherzbolde".
4. Frustrierte „Knechte" werden „Intriganten".

„MacherInnen", denen zu viele Hindernisse im Weg liegen, werden zunehmend rücksichtslos. Im Betrieb sind insbesondere diejenigen MacherInnen problematisch, die einen hohen Anspruch des Machens an sich selbst haben, denen aber keine ausreichenden betrieblichen und persönlichen Ressourcen zur Verfügung stehen (Führungsschwäche, Missmanagement).
Personen, die in ihrem Führungsanspruch gescheitert sind, sind unter Umständen nicht nur persönlich schwer gekränkt, sondern auch für andere gefährlich, denn dieser frustrierte Typus bietet einen kraftvollen Ansatzpunkt für Mobbing-Handlungen. Entwickeln Sie ein Sensorium, um sich gegebenenfalls von Anfang an vor Übergriffen dieser Personen zu schützen.

## Muss ich zuerst zum Workaholic werden, um eine Führungsposition zu erreichen?

Viele Führungskräfte hatten zumindest am Beginn ihrer Karriere tatsächlich sehr arbeitsintensive Zeiten. Deswegen müssen sie noch nicht

„arbeitssüchtig“ sein. Ob ein Verhalten die innere Bedeutung einer Suchthandlung hat, sehen wir von außen nicht so leicht. Es gibt z. B. Menschen, die, obwohl sie beträchtliche Mengen an Alkohol konsumieren, nicht süchtig sind, während andere, die vielleicht sogar weniger trinken, abhängig sind.

Gerade Führungskräfte, die Jahre und Jahrzehnte in Spitzen-Positionen verbringen, erlernen spätestens in dieser Zeit einen sinnvollen Umgang mit den Gegenspielern Leistung und Erholung. Denn bei einem schnellen Verschleiß persönlicher Ressourcen können sich keine langfristigen Erfolge einstellen.

Der Umkehrschluss gilt übrigens ebenfalls selten: Echte Workaholics sind kaum für Führungspositionen geeignet. Insbesondere fehlt ihnen die Fähigkeit, Wichtiges von relativ Unwichtigem zu unterscheiden, und folgerichtig Prioritäten zu setzen. Beim Delegieren besteht ebenfalls ein Defizit: Arbeitssüchtige machen am liebsten alles selbst, sogar Kopier- und Schreibarbeiten, weil sie der Meinung sind, niemand sonst könne das zu ihrer vollen Zufriedenheit erledigen. Viele verbringen so zwar viel Zeit bei der Arbeit, sind dabei aber relativ ineffizient. Oder wirken auf andere aufgrund fehlender kreativer Ideen und Visionen und weil sie nicht delegieren bzw. niemandem etwas zutrauen, wenig motivierend und überzeugend. Viele Workaholics sind mit sich selbst nicht im Reinen und versuchen sich von ihren eigenen Problemen durch viel Arbeit abzulenken. In Top-Führungspositionen sind aber gerade Stabilität und Belastbarkeit gefragt.

## Wie kann ich eine Führungsposition erreichen?

Häufig – aber glücklicherweise nicht immer – entstammen Führungskräfte erfolgreichen Familien bzw. solchen mit einem starken positiven Bezug zu Arbeit und Leistung (z. B. Selbständige, ranghohe Beamte oder Wirtschaftsleute etc.). Oft waren sie schon als Kinder in die Arbeit der Eltern integriert, etwa durch Mithilfe im elterlichen Betrieb oder auch nur durch eindrucksvolle Besuche im väterlichen Büro. Wenn Erfolg auch nicht mit der Muttermilch aufgesaugt werden kann, so wirkt der selbstverständliche Umgang der Eltern mit Leistung, Verantwortung, sozialem Ansehen und Macht schon früh stimulierend. Kinder solcher Eltern haben oft eine gute Ausbildung absolviert, die von den Eltern wesentlich (mit)finanziert oder gefördert wurde, und können sich in dieser Hinsicht sehr glücklich schätzen.

Der „American Dream“ ist in der europäischen Arbeitswelt ebenfalls anzutreffen, auch wenn es nicht immer die Ausgangsposition der Tellerwäscherin ist, von der aus luftige Karriere-Höhen erklommen werden. Vor allem ArbeitnehmerInnen, die sich aus eigener Kraft hochgearbeitet haben und ihr Geschäft „von der Pike auf“ kennen, sind häufig besonders beliebte und allgemein akzeptierte Führungskräfte.

Bei allen strategischen Überlegungen, die beim Aufstieg helfen können (siehe insbesondere Kapitel 12) – die meisten Führungsverantwortlichen haben ihre Position unter Einsatz enormer Energie und persönlicher Arbeitsleistung erreicht. „Überstunden“ (die meisten sind früher oder später „pauschaliert“ und verbringen also einfach viel Zeit in Erfüllung ihrer Position) sind selbstverständlich. Allerdings hat sich schon vor längerer Zeit ein starker Trend zur „Nachhaltigkeit“ im Umgang mit den eigenen Ressourcen eingestellt – es wird wieder auf genügend Schlaf und Wochenenden ohne Arbeit geachtet. Urlaube, die Erlebnisse sind und einen echten Ausgleich zum Alltag schaffen (z. B. tagelange Wanderungen, Segelboot-Romantik mit der Familie, Besinnung im Kloster etc.), stehen hoch im Kurs.

Auffallend ist der positive Bezug dieser „geborenen“ formellen FührerInnen zur Leistung: Es macht ihnen Spaß, etwas entstehen zu lassen, und es stört sie nicht, einen Großteil ihrer Lebenszeit „schaffend“ zu verbringen. Ihr Bedürfnis nach Leistung scheint aus der Mitte ihres Seins zu stammen. Sie brauchen wenig Pausen, um sich zu erholen und um ihre Regeneration sicherzustellen. Haben sie zu lange keine konkreten Ziele oder interessante Begegnungen mit anderen Menschen, aus denen heraus neue Vorhaben und Projekte entstehen, laufen sie bald „unrund“.

Überprüfen Sie also, ob Ihnen eine solche Lebensführung wirklich „schmeckt“. Wenn ja, dann läuft Ihre Karriere wahrscheinlich sowieso schon prächtig oder sie wird einen starken Start haben.

# 5

# In der Höhle des Löwen

Erfolgreiche Gesprächsführung mit Vorgesetzten wird im modernen Berufsleben immer wichtiger. In letzter Zeit ist von „MitarbeiterInnen-Gesprächen" viel die Rede. Allerdings verstehen verschiedene Firmen, Vereine oder staatliche Einrichtungen darunter auch sehr Unterschiedliches. Manchmal sind MitarbeiterInnengespräche eine echte Bereicherung, gelegentlich verkommen sie zur Farce, insbesondere bei fehlender Gesprächsführungskompetenz der Vorgesetzten.
Vorgesetzten gegenüber ist frau in einer unterlegenen Position, aus der heraus immer wieder nur Vorschläge für Veränderungen und Verbesserungen gemacht werden können. Sind diese Vorschläge jedoch gut und werden sie geschickt „verkauft", ergibt sich nicht nur ein Zugewinn für die aktuellen persönlichen Entfaltungsmöglichkeiten als Mitarbeiterin, sondern auch – über das Wohlwollen der Vorgesetzten – Aussicht auf eine äußerst erfolgreiche Karriere (siehe Kapitel 12.2).
Mehr Geld! Wer will das nicht? Auch dieses Anliegen muss im Gespräch mit Vorgesetzten gekonnt platziert werden. Mitunter ist im Zuge des MitarbeiterInnengesprächs dafür Raum. In jedem Fall sollte bei Gehaltsverhandlungen immer strategisch vorgegangen werden.
Was tun, wenn frau bei Chef oder Chefin immer nur auf Granit beißt? Anstatt ständig Ärger in sich hineinzufressen, sollte sie sich Hilfe für die Durchsetzung ihrer berechtigten Anliegen beschaffen.

## 5.1. MitarbeiterInnengespräche

Regelmäßige MitarbeiterInnengespräche sind für die Führungsebene Instrumente, um mit ihren MitarbeiterInnen Kontakt zu halten, Erwartungen und Ziele zu besprechen sowie die Leistung zu kontrollieren.

### Was kommt auf mich zu, wenn mich Vorgesetzte zu einem MitarbeiterInnengespräch bitten?

Nichts Schlimmes, zumindest nicht notwendigerweise! Für Sie als Mitarbeiterin kann es einerseits bedeuten, von ihren Vorgesetzten Feedback zu bekommen, andererseits die Möglichkeit bieten, Ihre persönlichen Karrierewünsche mit der Chefin oder dem Chef zu besprechen. Im Idealfall kann es echte Förderung durch MentorInnen bedeuten.

1. In manchen Firmen gibt es regelmäßig vorgesehene MitarbeiterInnengespräche, z. B.:
- bei Aufstieg in höhere Gehaltsstufen
- bei Auszahlung von Prämien
- nach dem ersten Arbeitsjahr eines/einer MitarbeiterIn
- an sich jedes Jahr.

2. Es gibt auch MitarbeiterInnengespräche aus aktuellem Anlass, z. B. bei
- Überstellung in eine neue Verwendungsgruppe

- Veränderung der Verantwortlichkeit und Aufgabengebiete
- Wechsel von Abteilungen, dann zumeist mit beiden relevanten Vorgesetzten;
- persönlichen Weiterentwicklungsplänen (z. B. Job-Rotation oder Zusatzausbildungen)
- personellen Problemen
- Kündigung: z. B. wenn die Firma die Mitarbeiterin nicht gehen lassen möchte und mit ihr einen neuen persönlichen Entwicklungsplan (neue Aufgaben, mehr Verantwortung, mehr Gehalt, Prämien, Fortbildungen, Dienstwagen etc.) verhandeln will.

### Kann ich als Mitarbeiterin um ein solches Gespräch ansuchen?

Ja, wenn Sie das MitarbeiterInnengespräch als Möglichkeit betrachten, aktiv Ihre Karriere zu gestalten. Sicher haben Sie beobachtet, wohin sich die Firma entwickelt. Vielleicht gibt es für die nahe Zukunft reizvolle Positionen und Aufgabenbereiche, für die Sie sich geeignet halten. Schlagen Sie Ihren Vorgesetzten doch sich selbst für eine solche Position vor – viele schätzen Eigeninitiative bei MitarbeiterInnen ganz besonders!
Das MitarbeiterInnengespräch kann ein guter Moment sein, den Wunsch nach neuen/anderen Aufgaben und mehr Verantwortung (d. h. auch: mehr Geld, siehe Kapitel 5.3) zu deponieren. Stellen Sie Ihre Leistungen der Vergangenheit dabei immer sachlich und gut argumentiert dar (nicht nach dem Motto: „Ich opfere mich doch für die Firma so auf!“). Das MitarbeiterInnengespräch bietet aber auch die Chance, eigene Projekte und Vorhaben vorzustellen und sich das eine oder andere Okay zu holen.

### Kann ich dann auch endlich frei von der Leber weg meine Kritik an meinen Vorgesetzten und KollegInnen loswerden?

- Bitte gehen Sie strategisch vor und sagen Sie nichts, was Ihnen schaden kann! Zum Frustablassen sind liebe, geduldige FreundInnen besser geeignet.
- Gehen Sie gut vorbereitet in das MitarbeiterInnengespräch. Dazu gehört es, Schwierigkeiten ganz klar und konkret, jedoch möglichst ohne plumpe Schuldzuweisungen anzusprechen.
- Betrachten Sie jedes MitarbeiterInnengespräch als Anlass zur Beziehungspflege mit Ihren Vorgesetzten. Sie haben allen Grund, ein positives Verhältnis zu ihren Vorgesetzten zu wollen. Das heißt nicht, diesen „schön zu tun“, sondern meint ein echtes Bemühen um eine gute Gesprächsatmosphäre.
- Andernfalls macht das MitarbeiterInnengespräch vielleicht auch unüberbrückbare Differenzen deutlich. Dann liegt es an Ihnen, die Konsequenzen zu ziehen.

### Muss ich unbequeme Neuerungen einfach hinnehmen?

Signalisieren Sie im Laufe des Gespräches jedenfalls Engagement und persönliche Beteiligung für Wohl und Wehe der Firma. Zeigen Sie sich offen für alle Veränderungen, die der Firma oder ihren persönlichen Arbeitserfolgen in dieser zugute kommen, auch wenn es für Sie zunächst eine Umstellung gewohnter Abläufe bedeutet. Geben Sie der Führungskraft das Gefühl, dass sie auf Sie zählen kann. Auf dieser Basis können Sie jedoch auch persönliche Bedenken und Verbesserungsvorschläge einbringen.

### Wie soll ich mich verhalten, wenn ich Feedback zu hören bekomme?

1. Nehmen Sie Kritik gelassen zur Kenntnis. Rechtfertigen Sie sich zunächst überhaupt nicht, das wird in jedem Fall als „Ausreden" aufgefasst.
2. Hören Sie zu und fragen Sie nur nach, um zu den Kritikpunkten eventuell konkrete Beispiele zu erfahren.
3. Beenden Sie den Rückmeldungsteil mit einer Zusammenfassung in eigenen Worten und
4. beziehen Sie erst danach Stellung.
5. Freuen Sie sich über positive Rückmeldungen. Winken Sie nicht bescheiden ab und führen Sie nicht andere ins Treffen, auf die der Erfolg zurückzuführen sei.

## 5.2. Ideen-Verkauf bei Chef oder Chefin

Zu Beginn eines Arbeitsverhältnisses ist frau oft berechtigterweise vorsichtig und zurückhaltend – noch fällt es schwer, den eigenen Wert richtig einzuschätzen. Doch viele Arbeitnehmerinnen fassen innerhalb kurzer Zeit Zutrauen zu Ihren Kompetenzen, Einschätzungen und Ansichten im neuen Unternehmen. Daraus entsteht häufig der Wunsch, an gegebenen Bedingungen etwas zu verbessern.

### Wie kann ich meine Vorschläge bei Vorgesetzten gezielt ansprechen?

Wenn Sie eigene Ideen und Interessen durchsetzen wollen oder es in Ihrem Arbeitsbereich Schwierigkeiten gibt, bitten Sie Ihre/n Vorgesetzte/n um einen persönlichen Gesprächstermin.

- Rechnen Sie damit, kaum mehr Zeit zu haben als ein paar Minuten: Sprechen Sie kurz und prägnant. In Amerika ist der Begriff „Aufzugs-Gespräche" bekannt: Frau erwischt ChefIn zufällig im Lift und hat, z. B. von der siebten bis zur zwanzigsten Etage Zeit, Probleme zu skizzieren, Lösungen darzustellen oder Ideen zu verkaufen.
- Benennen Sie eventuelle Schwierigkeiten möglichst genau, Abläufe, die nicht funktionieren, und welcher Ihrer Aufgabenbereiche dadurch behindert wird. Dies bedarf einer klaren Analyse im Vorfeld: Sie selbst sollten sich möglichst genau auskennen und sich bereits ein

klares Bild gemacht haben. Auch auf eventuelle Zwischenfragen sollten Sie vorbereitet sein.

- Vermeiden Sie plumpe Schuldzuweisungen und Vorwürfe (Frau/Herr X ist an allem schuld).
- Benennen Sie in wenigen Sätzen Ihre persönlich favorisierten Verbesserungsvorschläge. Welche Veränderungen sind nötig, warum wird dies zum Erfolg führen, wer wird davon betroffen sein?
- Wenn Sie Ihre Vorgesetzten niemals persönlich erreichen, schreiben Sie ihnen ein E-Mail.
- Sogar mit sehr schwierigen Vorgesetzten kann frau reden, wenn sie für die Firma (oder die betreffenden Vorgesetzten direkt) prestigeträchtige oder einträgliche Ideen liefern kann. Im Zuge solcher Vorschläge kann die eigene Situation eher angesprochen und verbessert werden.

**Meine räumliche Umgebung schafft mir Unbehagen – ich möchte sie verändern.**

Umsichtige ChefInnen wissen, dass eine angenehme Arbeitsumgebung die Arbeitszufriedenheit der MitarbeiterInnen und das „Commitment" (die „Selbstverpflichtung" der Firma gegenüber) nachhaltig erhöht. Dieser motivierende Faktor ist wesentlich effizienter als „Incentives" (also „Zuckerln" wie Prämien oder schöne Tage im Seminar-Hotel etc.) bzw. sogar Gehaltserhöhungen!
Lässt Ihre Arbeitsumgebung zu wünschen übrig, ist Ihre einzige Chance allerdings, sich mit anderen KollegInnen zusammenzutun und den Vorgesetzten als Gruppe konkrete Verbesserungsvorschläge Mobiliar, Inventar und Arbeitsmittel betreffend zu unterbreiten (etwa bezüglich der Aktualität der EDV-Ausstattung, Qualität der Bildschirme etc.)
Bringen Sie in Erfahrung, wie viel Handlungsspielraum Sie als Mitarbeiterin für die Umgestaltung Ihres Arbeitsbereiches haben: Im Notfall können einige Blumen und hübsche Bilder einen Raum sehr positiv verändern, wenn schon eine Veränderung des Mobiliars oder ein Zimmerwechsel nicht möglich ist.
Veränderungen räumlicher Gegebenheiten können insbesondere dann sehr heikel sein, wenn neue Zimmeraufteilungen vorgenommen werden sollen. Viele Vorgesetzte meiden dies „wie der Teufel das Weihwasser", weil sie wissen, welche Flut an Beschwerden und Klagen über Ungerechtigkeiten auf sie zukommen würde.

**Wie kann ich mich gedanklich auf ein solches Gespräch vorbereiten?**

Wenn Sie etwas verändern wollen, dann:

- Sagen Sie klar und unmissverständlich, was Sie wollen und was Ihre Vorschläge sind. Zeigen Sie eine klare und möglichst verlockende Zielvision auf.
- Sorgen Sie dafür, schlagkräftige Argumente auf Ihrer Seite zu haben. Durchsetzen werden Sie sich nicht, weil man Ihnen einen Gefallen tun will, sondern weil Sie auch andere überzeugen.
- In Verhandlungen ist statt der Brechstange allerdings oft diplomati-

sche Geschicklichkeit angesagt: Zeigen Sie sich z. B. im Sinne von Selbstreflexion auch selbstkritisch oder räumen Sie die Möglichkeit ein, dass Sie persönlich mit etwas weniger gut zurechtkommen. Zeigen Sie Verständnis für die bestehenden Umstände. Kommen Sie den Wünschen anderer entgegen. Nehmen Sie Ihr Gefühl als Kompass dafür, wie viele solcher Konzessionen sinnvoll sind!

## 5.3. Keine falsche Scheu vor Gehaltsverhandlungen

Kann frau einfach hingehen und mehr Geld verlangen? Meistens gibt es mehr Geld – von Erhöhungen, die automatisch mit den Dienstjahren einhergehen, einmal abgesehen – nur in Zusammenhang mit neuen Aufgaben und mehr Verantwortung. Kündigt sich ein Karrieresprung an bzw. wird Ihnen eine verantwortungsvollere Position angeboten, sollten Sie im Zuge der Gespräche Ihre Forderungen (mehr Gehalt, Dienstauto, Prämien, Weiterbildung auf Kosten des Betriebes etc.) ganz selbstverständlich mit einfließen lassen.
Bedenken Sie: Mit der Verantwortung steigt der Leistungsdruck und oftmals auch die psychische Belastung. Wer vorhat, über eine Gehaltserhöhung zu verhandeln, sollte mit sich selbst klären, wie gut es sich mit der neuen Verantwortung leben wird. Ein vorzeitiger Abgang aus einer neu errungenen Position kann einen starken Karriereknick verursachen.

### Wie finde ich heraus, was meine Arbeit objektiv wert ist?

Zur besseren Einschätzung helfen Vergleiche mit anderen Firmen innerhalb derselben Branche. Ein Recht auf höheres Gehalt entsteht daraus nicht, außer bei kollektivvertraglichen Verstößen.
Wie weit frau sich bei Gehaltsverhandlungen „aus dem Fenster lehnen kann", wird wesentlich vom eigenen Marktwert als Arbeitskraft bzw. Know-how-Trägerin der Firma abhängen. Um Ihren Marktwert zu ermitteln, können Sie sich bei anderen Unternehmen bewerben, auch wenn Sie gar nicht die Absicht haben, die eigene Firma zu verlassen. Aber es verhandelt sich deutlich besser mit einigen attraktiven Alternativangeboten in der Tasche.
Es ist nicht notwendig, bei den Verhandlungen mit diesen Alternativen zu drohen. Es genügt, dass frau selbst darum weiß und zunächst entschieden bei ihren Forderungen bleibt – auch wenn die endgültige Lösung meist ein Kompromiss sein wird.

### Gibt es eine bewährte Taktik bei der Gehaltsverhandlung?

1. Stellen Sie Ihre Leistungen in der Vergangenheit sachlich dar (z. B. Verkaufszahlen gesteigert, besondere Kundenzufriedenheit erreicht, Beitrag zur Verbesserung der internen Organisation geleistet) Zeigen

Sie auf, wie Sie zum Erfolg der Firma beigetragen haben. Sie müssen Ihre Qualitäten selbst vermarkten! Ein geschicktes Eigenmarketing ist ebenso wichtig wie die Leistung als solche. Stellen Sie sich vor, Sie müssten eine Marketing-Kampagne für sich selbst entwerfen.
2. Beziffern Sie konkrete Gehaltsvorstellungen, nennen Sie zunächst eher die Obergrenze, damit Sie noch einen Spielraum für Verhandlungen haben.
3. Nennen Sie im gleichen Zuge das Mehr an Verantwortung, das Sie übernehmen möchten oder Ihrer Meinung nach bereits übernommen haben (z. B. Aufbau und Leitung einer Abteilung, Einschulung neuer MitarbeiterInnen).
4. Sie können keine sofortige Entscheidung erwarten, aber Sie können einen Termin für ein weiterführendes Gespräch vereinbaren.
5. Seien Sie offen für alternative Bonussysteme, bis die Gehaltserhöhung umgesetzt werden kann: Firmenwagen, Übernahme der Handyrechnung, Übernahme der Rechnung vom Baby-Hotel im Familien-Urlaub, Weiterbildung auf Firmenkosten und in der Dienstzeit etc. Zuweilen kommen Vorgesetzte nicht von selbst auf die Idee, können derartige Kosten in ihrem Budget aber weitaus leichter unterbringen als eine Gehaltserhöhung.

**Was ist speziell den Frauen für Gehaltsverhandlungen zu raten?**

Frauen sind es nicht gewohnt, Forderungen zu stellen, indem sie auf ihre Leistungen aufmerksam machen.

## Beispiel:

*Miriam S., 34, ist Sachbearbeiterin in einem Großhandelsbetrieb. Sie selbst meint, sich im Job niemals besonders hervorgetan zu haben. In Wirklichkeit ist sie jedoch eine äußerst gewissenhafte und zuverlässige Mitarbeiterin. Sie machte in jahrelanger Tätigkeit zahlreiche Überstunden, ohne auf eine finanzielle Abgeltung dieser zu bestehen, und ließ sich, als der Firma ein Ausgleichsverfahren drohte, für ein paar Monate auf 20 Wochenbeschäftigungsstunden zurückstellen (bei entsprechend geringerer Entlohnung). Sie selbst nennt ihre Strategie „abwarten und hoffen“, so sei sie auch erzogen worden. Nach sieben Jahren wird der Geschäftsführer wie durch ein Wunder auf den Fleiß der jungen Frau aufmerksam und bietet ihr wahlweise eine Gehaltserhöhung oder eine Prämie an. Frau S. entscheidet sich für Ersteres und fühlt sich bestätigt: „Nur durch Bescheidenheit kann frau etwas erreichen.“*

Im Gegenteil! *Miriam S.* hat einfach nur „Glück gehabt“. Bestehen bleibt jedoch auch bei ihr – symptomatisch für viele Frauen – eine völlig unangemessene Selbstunterschätzung sowie der Widerwillen, aber auch das Unvermögen, sich selbst „gut zu verkaufen“.

- Wenn frau wartet, dass andere ihren Wert erkennen, wartet frau immer zu lange oder ganz vergeblich.
- Viele Frauen lassen sich allzu leicht abwimmeln: Informieren Sie sich

über die Bedingungen, zu denen eine Prämie oder eine Gehaltserhöhung möglich wäre.
- Vereinbaren Sie einen Zeitraum, in dem ein weiteres Gespräch stattfinden kann. Wenn Sie von Ihrer Leistung überzeugt sind, kommen Sie hartnäckig immer wieder.

**Wann sollte ich es nicht riskieren, mehr Geld zu verlangen?**

- Wenn die Firma in finanziellen Schwierigkeiten und im Personalabbauen begriffen ist,
- wenn Sie den Eindruck haben, dass (mehrere) relevante Vorgesetzte bereits jetzt mit Ihren Leistungen nicht zufrieden sind.
- Verhandeln Sie vorsichtig, wenn die Konkurrenz um Ihren Job groß ist.

**Welche Fehler muss ich bei Gehaltsverhandlungen vermeiden?**

- Verhandeln Sie niemals zwischen Tür und Angel oder bei der Betriebsfeier.
- Stehlen Sie den Vorgesetzten nicht die Zeit durch umständliche Erklärungen.

## 5.4. Mit heilem Kopf durch die Wand

Manche Vorgesetzte betreiben absichtlich einen autoritären Führungsstil, der ihre MitarbeiterInnen in eine Situation der deutlich verspürten Hilflosigkeit versetzen soll. Andere sind sich der Härten oder Schwierigkeiten, die ihre eigenen Entscheidungen verursachen, nicht vollends bewusst und lassen sich bei entsprechend geschicktem „Einspruch" von MitarbeiterInnen auch eines Besseren belehren. Und dann gibt es solche, die in der Fülle der Erledigungen ihre eigenen Zusagen „vergessen", sich aber wieder erinnern, wenn sie freundlich und vorwurfsfrei daran erinnert werden.
Es gibt also kein Rezept für den Umgang mit Vorgesetzten: Wie viel freundliche Hartnäckigkeit, kampfbereiten „Gegendruck" oder kluge (Gegen-)Argumentation diese von Ihnen brauchen, müssen Sie durch schrittweises Vorgehen und genaues Beobachten eruieren.

**Am Anfang habe ich den Vorgesetzten gegenüber Konzessionen gemacht. Wie kann ich in bessere Bedingungen wechseln?**

*Geld:* Wenn eine Probefrist vereinbart war, in der ein niedrigeres Gehalt bezogen wurde, so ist am Ende dieser eine neue Vereinbarung zu treffen bzw. in die neue Abmachung zu wechseln.
- Eventuell müssen Sie Ihre Vorgesetzten an die ursprüngliche Abmachung „erinnern".
- Gehälter müssen den Vereinbarungen entsprechen. Wenn dies nicht der Fall ist, nehmen Sie Rechtsberatung in Anspruch (z. B. über das Telefon-Service der Arbeiterkammer).

*Arbeitszeiten:* Ursprünglich vereinbarte Arbeitszeiten sind beiderseits einzuhalten.

- Natürlich wird es Ihnen die Sympathie der Vorgesetzten einbringen – insbesondere wichtig, wenn Sie „neu“ sind –, wenn Sie Engagement zeigen und eine Zeit lang früher kommen oder später gehen als ausgemacht, insbesondere wenn es um die dringende Erledigung von Auftragsarbeiten geht. Für Frauen ohne Kinder ist das oft kein großes Problem.
- Trotzdem ist es keine Dauerlösung – achten Sie auf Ihre Grenzen! Es soll auch wieder ruhigere Phasen geben, in denen die vereinbarten Zeiten eingehalten werden oder Zeitausgleich genommen werden kann. Untersuchungen zeigen: Langfristig leistungsfähig ist nur, wer ein balanciertes Leben zwischen Leistung und Erholung führt – und ausreichend zu schlafen ist neuerdings wieder im Trend!
- Wenn Sie Fixtermine in Bezug auf Ihre Kinder haben – diese z. B. von Tagesmutter, Kindergarten oder Schule abholen müssen –, die Sie nicht gelegentlich auf den Vater oder die Großmütter abwälzen können (was für Ihre Karriere günstig wäre), sollten Sie sich auf ein Überschreiten der Arbeitszeiten am besten gar nicht erst einlassen. Grenzen Sie sich – auch den Wünschen Vorgesetzter gegenüber – klar ab, sonst macht das Beispiel Schule und Sie müssen ewig darum kämpfen, pünktlich aus der Firma zu kommen.

*Einsatzbereich:* Der Aufgabenbereich sollte den Vereinbarungen entsprechen.

- Ist dies nicht der Fall, fragen Sie, ob das mit Ihrer Einschulungszeit zusammenhängt und ab wann Ihr Einsatzbereich den Vereinbarungen entsprechen wird.
- Lassen Sie sich nie längerfristig unhinterfragt auf andere als vereinbarte Tätigkeiten ein. Zuweilen werden Arbeitskräfte für unattraktivere oder unangemessen verantwortungsvolle Aufgaben, die zu ihrer Position und ihrem Gehalt nicht passen, herangezogen.
- Ändert sich auch nach einem diesbezüglichen Gespräch mit den Vorgesetzten nichts, so informieren Sie nächsthöhere Vorgesetzte Ihres Vertrauens oder den Betriebsrat.

## Zu welchen Mitteln kann ich Vorgesetzten gegenüber im äußersten Notfall greifen?

Stoßen Sie bei Ihren Vorgesetzten auf Unverständnis und Ablehnung, so müssen Sie Ihre Interessen erneut auf Angemessenheit überprüfen. Vielleicht haben Sie Gelegenheit, mit KollegInnnen, Ihrem Partner oder FreundInnen darüber zu sprechen. Erweisen sich Ihre Anliegen auch hier als berechtigt, sollten Sie sich Hilfe zu ihrer Durchsetzung holen. Diese ist gelegentlich in der KollegInnenschaft zu finden, da manche Angelegenheiten ganze Teams oder Abteilungen betreffen – gemeinsam sind Sie stärker.

Hilfreich sind persönliche MentorInnen im Betrieb. Sie können Ihnen nicht nur persönliche Verhaltenstipps geben, sondern kennen auch das

betriebliche Umfeld und die beteiligten Personen ganz genau; sie sind daher die strategisch besten AnsprechpartnerInnen. MentorInnen können auch anderen Abteilungen oder Geschäftsstellen zugeordnet sein. Im Idealfall sind sie charismatische Führungsverantwortliche (siehe Kapitel 4.3) mit hohem Motivierungspotenzial und viel Menschenkenntnis.
Nicht jede Mitarbeiterin findet solche persönlichen FörderInnen. Dann hilft es, sich an externe Coaches zu wenden.
Gelegentlich ist Unterstützung bei nächsthöheren Vorgesetzten zu finden. Aber seien Sie gefasst: Ihre unmittelbaren Vorgesetzten werden sich übergangen fühlen und möglicherweise verärgert reagieren.
Geht es um Ihre Rechte, Ihre Würde oder Gleichbehandlung als Frau, ist die betriebliche Interessenvertretung oder weiterführend die Gleichbehandlungskommission für Sie zuständig.

## Beispiel:

*Die Sozialarbeiterin Ines P. leitet innerhalb eines gemeinnnützigen Vereins eine Geschäftsstelle und bewirbt sich um eine intern ausgeschriebene Referatsleitung. Einer ihrer männlichen Mitarbeiter bewirbt sich ebenfalls – und erhält die Position. Ines P. erhält ein Schreiben, in dem ihr der Geschäftsführer mitteilt, dass der Posten mit jemand anderem besetzt wird. Er halte sie zwar für ebenfalls qualifiziert, allerdings mangele es an „Akzeptanz ihrer Person“. Frau P. liest dies mit großem Erstaunen. Sie gilt unter ihren MitarbeiterInnen als beliebte Chefin, und der Geschäftsführer hatte ihr in der Vergangenheit mehrfach ausdrücklich versichert, wie sehr er ihre Arbeit auf allen Ebenen schätze.*
*Die Entscheidung des Geschäftsführers über die Postenbesetzung war ohne Mitwirkung des Betriebsrats erfolgt. Die Bewerberin war wesentlich länger in der Sozialarbeit tätig als ihr Mitbewerber und seit Jahren dessen Vorgesetzte. Auch hatte sie zwei Geschäftsstellen aufgebaut.*
*Hinsichtlich der persönlichen Qualifikation erscheint sie dem Geschäftsführer weniger geeignet, da ihr seiner Meinung nach Dialog- und Konfliktfähigkeit fehlten. Für die Leitung des Referates aber sei in erster Linie die Fähigkeit zur Teamarbeit wichtig. Die Betriebsräte sowie KollegInnen, die sowohl den Bewerber als auch die Bewerberin aufgrund persönlicher Zusammenarbeit kennen, können dies nicht bestätigen. Ganz im Gegenteil. Sie erklären: Die Bewerberin habe nicht nur ihre fachliche Qualifikation, sondern auch ihre Team- und Konfliktfähigkeit immer wieder unter Beweis gestellt.*
*Es kommt zu einem Verfahren der Gleichbehandlungskommission. Diese stellt fest, dass die Antragstellerin beim beruflichen Aufstieg diskriminiert wird. Zur Verwirklichung der Gleichbehandlung schlägt die Kommission dem Verein als Arbeitgeber vor, der Bewerberin eine vergleichbare Position anzubieten oder eine andere geeignete Form der Kompensation zu finden. Auf diesem Weg kommt die Sozialarbeiterin mit ihrem Verein zu einer Einigung.*

# 6

# Lust im Büro

Gut genützt bereichert ein Schuss Erotik so manche Teamsituation, fördert Einfallsreichtum und Kreativität, steigert Lust und Vergnügen an der Arbeit. Doch wo sind die Grenzen von Lust, Spiel und Spaß?
Sexuelle Übergriffe am Arbeitsplatz sind für viele Frauen raue Wirklichkeit im Berufsalltag. Diese sind ein Phänomen der Macht, und nicht nur eines der reinen Sexualität. Sie kommen gehäuft dort vor, wo es ein starkes Machtgefälle gibt, und haben oft genug zum Ziel „Frauen auf ihren Platz zu verweisen". Manche Frauen belächeln milde, die Männer seien eben so „dumm" bzw. „triebhaft", und überhaupt könne frau dagegen „gar nichts tun": Es seien eben die Männer „an der Macht" und frau füge sich drein.
Wie massiv muss sexuelle Belästigung werden, sodass Frauen nicht mehr mitspielen?
Hier einige Auszüge aus Fallbeispielen, die im Coaching behandelt werden: Da ist die attraktive Unternehmerin, die von ihrem Mann und Firmeninhaber auf berufliche Meetings als Blickfang mitgenommen wird und sich anstarren lassen muss. Da findet sich plötzlich die Hand des Vorgesetzten auf dem Knie der Mitarbeiterin beim abendlichen MitarbeiterInnengespräch, das zugunsten einer „ungestörten und angenehmen Gesprächsatmosphäre" ins Restaurant verlegt wurde. Da ist die Versicherungs-Außendienstmitarbeiterin, der über Schlafzimmer-Umwege verlockende Vertragsabschlüsse in Aussicht gestellt werden.
Die defensiven Reaktionen der betroffenen Frauen sind mitunter erstaunlich. Versetzt frau sich in die – machtlose – Lage der Betroffenen, wird jedoch nachvollziehbar, was vor sich geht. Häufig wird lächelnd-diplomatisch agiert, zwar „nein" gesagt, aber sehr im Bemühen, den Belästiger nicht zu beleidigen und ihm auch ja das gute Gefühl zu geben, er sei „ein toller Hecht". Dies v. a. dann, wenn es sich um einen Vorgesetzten handelt, der die persönliche Karriere maßgeblich mitbestimmen kann. Gerade in diesem Fall scheinen die Belästiger zumeist völlig ungeschoren davonzukommen und mit keinerlei Beschwerden zu rechnen zu haben.
Daher erhebt sich die Frage: Kann frau sich überhaupt wehren?

## 6.1. Sinn und Unsinn von Erotik am Arbeitsplatz

Erotik spielt überall dort eine Rolle, wo Menschen zusammenkommen – die berufliche Situation nicht ausgenommen.

### Hilft es, im Job Charme und Minirock einzusetzen?

Charme hat mit sozialer Intelligenz zu tun, diese ist im Job immer hilfreich.
Was den Minirock betrifft: Der reicht im wahrsten Sinne zu kurz. Sie signalisieren mit dem Minirock, dass es Ihnen um die Selbstdarstellung

als Frau geht, nicht um die Sache. Gerade Männer nehmen solche Selbstdarstellungen persönlich und denken sich: „Die sucht einen Mann“, oder, noch persönlicher: „Die will mir gefallen.“ Dahinter werden Sie als kompetente Fachkraft gar nicht mehr wahrgenommen. Wir werden von den anderen so gesehen, wie wir uns präsentieren. Wer im beruflichen Leben vor allem seinen Sex-Appeal ausspielt, muss damit rechnen, dass ihm oder ihr vielleicht diesbezüglich Kompetenzen zugetraut werden, auf der fachlichen Ebene aber umso weniger.
Sollten zudem Kompetenz und Erfahrung für die angestrebte Funktion wirklich fehlen, hilft ein ästhetischer Anblick maximal beim Vorstellungsgespräch oder während der ersten Tage, dann wird die Unzufriedenheit mit der Arbeitsleistung überhand nehmen.

### Soll ich es ausnützen, dass ich meinem Vorgesetzten gefalle?

Wenn Sie spüren, dass Sie einem Vorgesetzten sympathisch sind oder als Frau gefallen, und dieser bereit ist, Sie deshalb mehr zu fördern als andere, die vielleicht ebenso qualifiziert sind – so ist das eine Chance. Zum anderen verbergen sich auch Gefahren dahinter.
Überlegen Sie, ob Sie dann lange Zeit für einen „Gefallen“ bezahlen müssen (und sei es nur im Sinne verpflichtender Loyalität) oder ob es möglich sein wird, ihre neu gewonnene Position rasch selbständig abzusichern. Trachten Sie, sich vom reinen „Goodwill“ einer Person möglichst wieder freizuspielen: Sie sollen eigene Persönlichkeit zeigen, nicht als jemandes „Beiwagerl“ auftreten.
Wundern Sie sich auch nicht über scheinbar „grundlose“ Angriffe aus dem KollegInnen-Kreis. Neid ist ein guter Nährboden für Abwertungen. Es wird einiges an Stärke bedürfen, den Ruf als „Darling vom Chef“ zu korrigieren und eigenes fachliches Profil zu gewinnen.

### Sind Affären im Job gefährlich?

Affären und auch längerfristige Partnerschaften oder spätere Ehen unter Kolleginnen und Kollegen sind recht häufig. Der Hintergrund dafür ist, dass in der Firma viel Zeit miteinander verbracht wird und die gemeinsame Jobsituation zusammenschweißen kann. Das Paar muss sich allerdings überlegen, ob und wann es diese Beziehung in der Firma offen legen möchte – manchmal nimmt dies allerdings schon die „Gerüchteküche“ vorweg. Schwieriger ist das Ende der Beziehungen, da eine gute weitere Zusammenarbeit nur in den seltensten Fällen möglich ist.
Affären zwischen Mitarbeiterinnen und Vorgesetzten – und natürlich auch zwischen Chefinnen und Mitarbeitern – sind an sich problematischer: Die Frage ist sicherlich anders zu behandeln, wenn Liebe und Zuneigung das Motiv sind, als wenn es um Machtausübung seitens des Vorgesetzten (siehe „sexuelle Belästigung“, Kapitel 6.2) oder um erhoffte Karrierevorteile seitens der Mitarbeiterin geht.
Bei Letzterem ist allerdings die Frage, ob das, was frau sich karriere-

mäßig erwartet hat, tatsächlich geschieht, wenn der Vorgesetzte z. B. selbst dem Abstellgleis zusteuert oder einfach gewisse Versprechungen nicht einhält.
In jedem Fall kann ein ganzer Wust von Problemen auf das Paar zukommen, z. B. die schon erwähnte Gerüchteküche. Bedenken Sie auch den Faktor der Erpressbarkeit, wenn im Privatleben andere Partner oder Familien vorhanden sind, die von der Affäre nichts erfahren sollen.

**Beispiel:**

*Cornelia K., 30, arbeitet im Marketing-Bereich eines weltweiten Handelsunternehmens. Nach ihrer Scheidung und in einer Zeit persönlicher Schwierigkeiten lässt sie sich auf eine Affäre mit ihrem Abteilungsleiter ein, der ihr schon lange schöne Augen machte. Dieser ist verheiratet und hat zwei Kinder. Seine Familie darf von der Affäre selbstverständlich nichts erfahren.*
*Für Cornelia K. ändert sich an ihrer Arbeitssituation nicht viel, darauf hatte sie es auch nicht angelegt. Die anderen MitarbeiterInnen bemerken und belächeln zwar die bevorzugte Stellung, die sie bei ihrem gemeinsamen Vorgesetzten nun genießt. Da Cornelia K. ein äußerst angenehmes und sympathisches Wesen hat, bei ihren KollegInnen hohe Beliebtheit genießt und auch keine offensichtlichen Besserstellungen wie Aufstiege oder Gehaltserhöhungen erfährt, unterbleiben jedoch Attacken ihrer Person gegenüber. Sie selbst ist mit der Liaison und ihrer Stellung als „Nebenfrau" aber zunehmend unzufrieden. Als sie sich neuerlich verliebt (in einen Mann außerhalb der Firma) trennt sie sich von ihrem Abteilungsleiter als Privatmenschen. Obwohl dieser nie bereit war, sich auf eine fixe Bindung mit ihr einzulassen, reagiert er erstaunlich gekränkt und beleidigt. Cornelia K. wird von ihm auf einmal geschnitten oder abwertend behandelt. Gerade als sie überlegt, ihre Stelle aufzugeben, um ihrem ehemaligen Geliebten nicht immer wieder begegnen zu müssen, ersucht dieser um eine Versetzung. Er arbeitet nunmehr in einer anderen Geschäftsstelle des Großkonzerns.*

## 6.2. Sexuelle Belästigung im Job

Sehr viele Frauen haben persönliche Erfahrungen mit sexuellen Übergriffen am Arbeitsplatz. Liest frau die statistischen Zahlen nach, finden sich etwas unterschiedliche Angaben. Es scheinen jedoch bis zu 70 Prozent aller berufstätigen Frauen von deutlichen Formen sexueller Belästigung betroffen zu sein. Werden auch „leichtere" Übergriffe wie anzügliche Bemerkungen und taxierende Blicke mit einbezogen, könnten es sogar an die 90 Prozent sein. Die Zahlen machen deutlich, dass sexuelle Übergriffe im Arbeitsleben fast alle Frauen betreffen und damit ein gesellschaftliches Thema sind. Keinesfalls handelt es sich hier um ein Randproblem.

**Was ist sexuelle Belästigung am Arbeitsplatz?**

Sexuelle Belästigung am Arbeitsplatz ist – wie Mobbing – kein neues Phänomen, aber erst seit einigen Jahren von Interesse für ExpertInnen, die sich mit der Arbeitssituation im Betrieb befassen. Das Problem der sexuellen Belästigung wurde offen gelegt und auch für gewerkschaftliche und betriebliche Interessenvertretungen zum Bestandteil ihrer Arbeit gemacht. Sexuelle Belästigung meint nicht den Flirt am Arbeitsplatz, der auf gegenseitigem Einvernehmen beruht. Flirts, die von beiden Seiten gewünscht sind, können Spaß machen und die Freude an der Arbeit erhöhen.
Sexuelle Belästigung ist ein Verhalten mit sexuellem Inhalt oder auch nur einem sexuellen „Unterton", durch das eine Frau sich bedroht, belästigt oder erniedrigt fühlt. Sexuelle Übergriffe sind:

- so genannte „Witze" und Sprüche
- pornographische Bilder
- anzügliche oder beleidigende Bemerkungen
- taxierende Blicke
- aufgedrängte Küsse
- scheinbar zufällige Berührungen, jedes unerwünschte Berühren, Betätscheln und Befingern
- obszöne und kompromittierende Aufforderungen
- Aufforderungen zu sexuellen Gefälligkeiten oder Handlungen
- tätliche Bedrohung und Vergewaltigung.

Besonders verwerflich ist sexuelle Belästigung dann, wenn ein Abhängigkeitsverhältnis ausgenutzt wird, insbesondere wenn berufliche Vorteile versprochen oder bei Verweigerung Nachteile angedroht werden.

**Wer sind die belästigenden Personen?**

Es sind u. a. Kollegen, Vorgesetzte, Kunden, die auf diese Weise am Arbeitsplatz die körperlichen oder psychischen Grenzen einer Frau überschreiten. Der Vollständigkeit halber sei an dieser Stelle gesagt, dass gelegentlich auch Frauen Täterinnen und Männer Opfer sind. Auch homosexuelle Belästigung beiderlei Geschlechts (häufiger unter Männern) gibt es.
Im Betrieb sind die Belästiger zumeist in einer mächtigeren, jedenfalls in einer gesicherten Position, da sie dort schon länger beschäftigt sind. Die meisten Täter sind zwischen 40 und 50 Jahre alt, verheiratet und „ganz normale Männer". Oft nehmen diese Männer Frauen im Betrieb nicht als gleichwertige Kolleginnen ernst. Sie setzen Sexualität gezielt als Mittel ein, um Macht zu demonstrieren und ihre berufliche Vorrangstellung zu behaupten. Sie versuchen damit, die Frau in eine unterlegene Position zu zwingen. Altersunterschied und Dauer der Betriebszugehörigkeit festigen ihre Macht in der Unternehmenshierarchie, die es den Opfern massiv erschwert, sich gegen sexuelle Übergriffe zu wehren. So sie beim Mobbing manifestiert sich sexuelle Belästigung sowohl auf horizontaler als auch auf vertikaler Ebene, d. h., Kollegen belästigen

Kolleginnen, Vorgesetzte belästigen Untergebene und Untergebene belästigen Vorgesetzte, wobei Letzteres aber seltener der Fall ist.
Frauen werden häufig zu Mittäterinnen, indem sie sich schweigend oder billigend auf die Seite der Täter schlagen.

**Wer wird besonders oft belästigt?**

Manche Gruppen sind ganz besonders anfällig für sexuelle Belästigungen. Beschäftigte, die scheinbar leichter angreifbar sind, sind besonders häufig betroffen, und zwar unabhängig von Aussehen, Kleidung und Verhalten:

- geschiedene und getrennt lebende Frauen
- junge Frauen und Frauen, die erst seit kurzem im Arbeitsleben sind
- Frauen in klassischen Männerberufen
- Auszubildende und Beschäftigte mit ungesicherten Arbeitsverträgen
- behinderte Menschen
- schwule Männer und lesbische Frauen
- Angehörige ethnischer und nationaler Minderheiten.

Anmache und Belästigung funktionieren, weil die Betroffenen oft völlig überrascht und unvorbereitet sind und die Umgebung mit Übersehen und Totschweigen reagiert oder sich aus Angst, Bequemlichkeit und Gesinnungsbrüderschaft auf die Seite der belästigenden Personen schlägt.

**Gibt es eine österreichische Untersuchung zu diesem Thema?**

Ja, aber leider keine aus jüngster Zeit. Eine österreichische Untersuchung aus dem Jahre 1988 nennt 81 Prozent der arbeitenden Frauen als betroffen (einmal oder mehrmals mit unerwünschten sexuellen Annäherungen konfrontiert).
Besonders gravierend wird die Belästigung empfunden, wenn es sich bei den Belästigern um Vorgesetzte handelt. Kollegen belästigen häufiger, im Falle der Vorgesetzten stellen sich jedoch stärkere Gefühle von Angst, Zorn und Verwirrung ein. Frauen greifen hier viel öfter zur Kündigung als bei sexueller Belästigung durch Kollegen.
Frauen, die allein unter lauter Männern – in einem Männerbetrieb oder Männerberuf – arbeiten, sind auffallend oft betroffen.
Die Befragten empfinden die Vorfälle durchwegs als demütigend, beängstigend und nicht schmeichelhaft. Der Großteil der Belästiger „verfolgt“ auch andere Frauen (so 90 Prozent der befragten Frauen der Untersuchung!). Die diesbezügliche Dunkelziffer könnte noch höher liegen, weil die Opfer nur zu einem Drittel mit anderen Personen über die Vorfälle sprachen.
Das Verhalten der Belästiger ist also kaum Ausdruck ihrer Anziehung zu einer bestimmten Frau, sondern fixer Bestandteil ihres Verhaltensrepertoires.
(Aus: Hopfgartner, A., Zeichen, M. M.: *Sexuelle Belästigung am Arbeitsplatz.* Bundesministerium für Arbeit und Soziales, Frauenreferat 1988)

**Können die „Ziele" eines Belästigers nicht sehr unterschiedlich sein?**

1. „Öffentliche" sexuelle Belästigung wird als Einschüchterungstaktik verwendet, um Frauen davon abzuhalten, sich in traditionell männlichen Arbeitsfeldern aufzuhalten. Die Belästigung kann auch als Mittel eingesetzt werden, um die Autorität von weiblichen Vorgesetzten zu untergraben. Ziel der öffentlichen Belästigung ist dann nicht sexueller Kontakt, sondern die Genugtuung über die Verunsicherung der Frau in ihrer Arbeitsumgebung.
2. „Heimliche" sexuelle Belästigung hat das Ziel, tatsächlich sexuellen Kontakt herzustellen. Sexuelle Forderungen werden häufig aufgrund einer betriebshierarchischen Machtposition gestellt. Im Falle der Ablehnung durch die Frauen drohen diesen berufliche Nachteile.

## 6.3. Belastungsfaktor: Sex-Objekt wider Willen

Sexuelle Belästigung am Arbeitsplatz ist ein ungebrochenes Tabu mit enormem Belastungsfaktor. Sie wird jedoch vielfach nicht als Arbeitsbelastung anerkannt, insbesondere nicht seitens der Männer. Maßnahmen zur Verringerung dieser liegen v. a. in einer wirksamen Gegenwehr der betroffenen Frauen durch Überwindung der zunächst stark empfundenen subjektiven Hilflosigkeit.

**Was sind die Auswirkungen sexueller Belästigung?**

Die Folgen für Betroffene sind vielschichtig. Es können sowohl seelische als auch körperliche Probleme auftreten. Betroffene fühlen sich insgesamt:
- unwohl
- angespannt und
- ausgeliefert.

Symptome reichen z. B. von:
- Schlaf- und Konzentrationsstörungen
- Kopfschmerzen
- bis hin zu massiven Ängsten und Selbstwertproblemen.

Die erfahrene Demütigung und die Angst vor Wiederholung machen:
- niedergeschlagen
- misstrauisch oder
- aggressiv.

Die Freude am Beruf kann zerstört werden, der tägliche Gang zur Arbeit, schon der Gedanke an die Arbeitssituation, wird zur Qual. Leider reagieren viele Frauen auto-aggressiv und beginnen an ihrer eigenen beruflichen Belastbarkeit und Kompetenz zu zweifeln.

**Was macht Frauen wehrlos?**

- Der Umstand, dass andere oft dem Opfer die Schuld zuschreiben
- die eigene Unsicherheit
- die Angst, die Arbeitsatmosphäre zu verschlechtern und den Arbeitsplatz zu verlieren
- der innere Zwang vieler Frauen zu entsprechen und nicht aus den Geleisen zu scheren.

Aus vielen Gründen verhalten sich die betroffenen Frauen zu passiv oder defensiv, um keine Konsequenzen zu provozieren.

## Ich werde in der Firma sexuell belästigt. Habe ich keinen anderen Ausweg als zu kündigen?

Breiten Sie nicht den „Mantel des Schweigens“ über die Vorkommnisse. Versuchen Sie den Belästiger vor anderen mit seinen Verhaltensweisen zu konfrontieren und ihn damit bloßzustellen. Verbünden Sie sich mit anderen Frauen gegen ihn. Wenden Sie sich an (nächsthöhere) Vorgesetzte, den Betriebsrat, externe Beratungsstellen und an die Anwaltschaft für Gleichbehandlungsfragen.
Manchmal bleibt nach so negativen Vorkommnissen dennoch nur eine Auflösung des Dienstverhältnisses, um sich selbst zu schützen. Betroffene, die sexuelle Übergriffe in den Betrieben ansprechen, werden von Vorgesetzten und KollegInnen oft genug nicht mit offenen Armen aufgenommen. Opfern von Belästigungen wird im Gegenteil vielfach Mitschuld unterstellt. Sie sind es meist noch immer, die den Arbeitsplatz wechseln (müssen). Während die Täter in den meisten Fällen ungestraft davonkommen, werden Betroffene zu zweifachen Opfern: einmal durch die Belästigung und ein zweites Mal, wenn sie die Übergriffe öffentlich machen und die Folgen davon wieder selbst tragen müssen.
Hier zeigt sich eine Beziehung zwischen sexueller Belästigung und Mobbing. Sexuelle Belästigung kann als eigenständiges Problem betrachtet werden, hat dabei aber vergleichbare Folgen für die Opfer. Manchmal zeigt sich die sexuelle Belästigung als eine Varianten von Mobbing-Handlungen.
Die Erfahrungen der Anwaltschaft für Gleichbehandlungsfragen haben gezeigt, dass ArbeitgeberInnen beim Tatbestand „sexuelle Belästigung“ eher als bei anderen Formen der Verletzung des Gleichbehandlungsgebotes bereit waren, einzulenken, sprich: zumindest finanzielle Ansprüche abzugelten. Damit sollte offenbar verhindert werden, dass der Tatbestand öffentlich wird. Frauen haben im Falle sexueller Belästigung Chancen, zumindest ihre arbeitsrechtlichen Ansprüche abgegolten zu bekommen und eventuell auch eine finanzielle Entschädigung zu erhalten.

## Ich wurde schon mehrmals zum Opfer sexueller Gewalt oder sexueller Übergriffe. Was kann ich tun?

Auch heute noch sind viele Frauen in ihrem natürlichen Aggressions-, Notwehr- und Durchsetzungsverhalten gehemmt. Sie glauben, ihre einzige Chance, halbwegs erfolgreich durchs Leben zu kommen, sei, sich den Wünschen anderer gegenüber willfährig zu verhalten. Durch diese innere Haltung laden sie zu Übergriffen neigende Personen leider geradezu ein, diese Grenzüberschreitungen auch ihnen gegenüber vorzunehmen.

Eine solche Psychodynamik kann sehr weit reichen – oft berichten die Betroffenen von einer langen Liste an beruflichen Enttäuschungen. Zielpersonen der Übergriffe sind auch potenzielle Mobbing-Opfer, wehrlose Mauerblümchen, die nie die ihnen zustehende Anerkennung finden und bei Beförderungen übersehen werden. Gelegentlich wurden die Betroffenen bereits Opfer von Gewalt und Erpressung im Betrieb.

Frauen mit einer derartig verängstigten Persönlichkeitsstruktur neigen dazu, Abhängigkeitsbeziehungen einzugehen. Eine solche Abhängigkeit kann gleichermaßen zu Lebenspartnern wie zu Vorgesetzten (genau genommen auch weiblichen) bestehen. Die Betroffene verbleibt im Schatten einer als mächtig wahrgenommenen Person. Das Zeigen von Eigenständigkeit oder gar Auflehnung würde starke Ängste auslösen und wird daher nicht gewagt. Persönliche Initiativen sind dadurch so stark reduziert, dass die Betroffenen tatsächlich niemals in bemerkenswertem Ausmaß eigenes Profil zeigen. Der Teufelskreis der leidvollen Unauffälligkeit ist damit perfekt.

Durch ihr schlechtes Selbstbild empfinden es die betroffenen Frauen zudem unbewusst als berechtigt, wenn andere Menschen sich ihrer – auch sexuell – bedienen.

Frauen, die (sexuelle) Übergriffe mehrfach oder auch aus ihrem Privatleben kennen, sei dringend geraten, psychotherapeutische Betreuung in Anspruch zu nehmen. Ziel dieser ist – abgesehen von der Verarbeitung der Traumata – eine neue Definition der Beziehung zu sich selbst zu ermöglichen. Dazu wird insbesondere gehören, die eigene Person von der Umgebung besser abzugrenzen und schützen zu lernen. Darüber hinaus soll ein positiveres, liebenswertes Selbstbild entstehen können.

Eine PsychotherapeutInnen-Plattform im Internet erleichtert die Suche nach fachkundiger Betreuung. Unter www.psyonline.at können PsychotherapeutInnen nach ihren fachlichen Schwerpunkten sowie nach dem Standort ihrer Praxis ausfindig gemacht werden.

Der ÖBVP (Österreichische Bundesverband für Psychotherapie) führt in seinen Landesstellen kostenlose telefonische Erstberatungen für Psychotherapie-Interessierte durch.

## 6.4. Frauen: Gemeinsam stark!

Aus der oben genannten österreichischen Untersuchung wird deutlich, dass die belästigenden Männer ihr Verhalten im seltensten Fall nur auf eine Frau beschränken. Daher liegt eine große Chance für wirkungsvolles Vorgehen in der Verbündung mehrerer betroffener Frauen.

### Habe ich als einzelne Person im Kampf gegen sexuelle Belästigung überhaupt eine reale Chance?

Nützen Sie jede Möglichkeit zur Verbündung:
- Sprechen Sie – sich vorsichtig an das Thema herantastend – mit anderen Frauen im Betrieb, die ebenfalls Opfer des Belästigers geworden sein könnten.
- Fragen Sie (betriebs)ältere Mitarbeiterinnen Ihres Vertrauens nach dem einschlägigen „Ruf" des Belästigers.
- Nehmen Sie Kontakt zu Frauen auf, die mittlerweile gekündigt haben oder an andere Geschäftsstellen versetzt wurden, die (vermutlich) ebenfalls von ihm belästigt wurden.
- Gewinnen Sie stumm beobachtende KollegInnen als ZeugInnen, auch wenn es im Beisein anderer nur zu milden Formen der Belästigung kommt.

Mehrere Frauen gemeinsam können in jedem Fall wenigstens eine Versetzung (womit das Problem natürlich nicht tatsächlich gelöst ist) oder vorzeitige Pensionierung von belästigenden Männern erreichen.

### An welche Stellen kann ich mich als Betroffene wenden?

Gibt es keine betriebsinterne Hilfe, organisieren Sie sich externe Unterstützung, z. B. bei:
- den Arbeiterkammern
- der Frauenabteilung des Österreichischen Gewerkschaftsbundes
- dem Bundesministerium für soziale Sicherheit und Generationen.

Weitere AnsprechpartnerInnen, auch im Bereich psychologischer Beratung, finden Sie unter: www.help.gv.at.

### Wie können Frauen sich wehren?

Frauen hoffen oft, dass der Angreifer sie in Ruhe lassen wird, wenn sie den Übergriff ignorieren. Da diese Hoffnung sich in der Regel nicht erfüllt, sollten Sie offensiv reagieren. Persönlichkeiten, die Klartext sprechen und ihre Verärgerung deutlich artikulieren können, sind gegenüber verschüchterten Frauen eindeutig im Vorteil.
In der Regel ist es noch immer leichter, bei einer weiblichen Vorgesetzten Gehör zu finden als bei männlichen Chefs. Aktuelle Untersuchungen zeigen auch, dass in Abteilungen, die von Frauen geführt werden, weniger sexuelle Übergriffe stattfinden.
Trotzdem: Auch männliche Chefs haben ein Interesse daran, dass Teams gut harmonieren. Sobald – unter Umständen anfangs ignorante – Vorgesetzte zur Überzeugung kommen, dass wegen sexueller Übergriffe das Betriebsklima leidet, werden schnell Aktionen folgen.
Planen Sie also eine gezielte Gegenwehr:
- Nehmen Sie die eigenen Gefühle und Wahrnehmungen ernst: Es kommt auf Ihr subjektives Empfinden an, ob es sich um sexuelle Belästigung handelt!

- Machen Sie dem Angreifer – auch vor ZeugInnen – deutlich, dass sein Verhalten unerwünscht ist, und fordern Sie ihn unmissverständlich auf, die Übergriffe zu unterlassen.
- Machen Sie den Belästiger öffentlich lächerlich, indem Sie ihn vor anderen bloßstellen.
- Platzieren Sie entsprechende Aufkleber, kritische Zeitungsartikel oder erfolgreiche Gerichtsurteile am Arbeitsplatz des Täters.
- Sichern Sie Beweise! Letztlich ist alles eine Frage der Beweisbarkeit. Fertigen Sie ein Protokoll der Vorfälle an, ähnlich einem Mobbing-Tagebuch (siehe Kapitel 7.4).
- Sie brauchen Verbündete! Holen Sie sich Unterstützung im privaten und beruflichen Umfeld. Sprechen Sie mit Personen Ihres Vertrauens, aber achten Sie darauf, dass die Informationen auf Wunsch vertraulich behandelt werden.
- Informieren Sie die Frauenbeauftragte, den Betriebsrat oder eine/n Vorgesetzte/n Ihres Vertrauens. Diese können den Belästiger – eventuell auch ohne Nennung Ihres Namens – zur Rede stellen.
- Wenn Sie das Verhalten des Belästigers öffentlich machen, ist es wichtig, rechtzeitig eine geeignete Strategie zu entwerfen, für den Fall, dass dieser die Vorwürfe von sich weist.
- Männer, die mit dem Vorwurf der sexuellen Belästigung konfrontiert werden, neigen dazu, zurückzuschlagen. Klagen wegen übler Nachrede können folgen. Suchen Sie daher rechtzeitig Verbündete und informieren Sie den Betriebsrat von Ihrer Vorgehensweise.
- Als Angestellte der Privatwirtschaft erhalten Sie Hilfe von der Anwaltschaft für Gleichbehandlungsfragen. Sie werden kostenlos informiert, beraten und unterstützt.
- Als Bundes-, Landes- und Gemeindebedienstete wenden Sie sich an die Gleichbehandlungsbeauftragte Ihres Ressorts.

Weitere Informationen finden Sie auf der Homepage des Bundesministeriums für soziale Sicherheit und Generationen (www.bmsg.gv.at).

### Welche rechtlichen Möglichkeiten stehen zur Verfügung?

Die rechtlichen Grundlagen, die vor sexueller Belästigung schützen, sind deutlich umfangreicher und eindeutiger als z. B. bei Mobbing. Im Zuge der Novellierung des Gleichbehandlungsgesetzes 1992 wurde ein ausdrückliches Verbot der sexuellen Belästigung aufgenommen. Nach diesem Gesetz liegt sexuelle Belästigung dann vor, wenn:

- ein der sexuellen Sphäre zugehöriges Verhalten gesetzt wird, das die Wünsche der Person beeinträchtigt
- das für die betroffene Person unerwünscht, unangebracht oder anstößig ist und
- eine einschüchternde, feindselige oder demütigende Arbeitsumwelt schafft oder
- andere nachteilige Folgen nach sich zieht.

Bei sexueller Belästigung am Arbeitsplatz haben Sie Anspruch auf Schadenersatz. Diese Schadenersatzansprüche bestehen gegenüber:

- der Person, die Sie belästigt
- den ArbeitgeberInnen, wenn sie es schuldhaft unterlassen, angemessene Abhilfe zu schaffen, d. h. wenn sie es unterlassen, die Belästigung durch Dritte (z. B. durch Ermahnung, Versetzung oder Kündigung) zu unterbinden;
- dem Bund, wenn die DienstgebervertreterInnen es schuldhaft unterlassen haben, eine angemessene Abhilfe zu schaffen.

Massive Übergriffe können auch strafrechtlich verfolgt werden. Sie sollten sich jedoch auf jeden Fall bei einer Rechtsanwältin beraten lassen, bevor Sie diese Schritte einleiten.

## Beispiel:

(aus den Anträgen an die Gleichbehandlungskommission)
*Eine Neunzehnjährige arbeitet während der Sommerferien in einem Hotel als Serviererin. Ihr Chef macht ihr gegenüber wiederholt anzügliche und herabsetzende Bemerkungen; einmal öffnet er ihr, als sie an der Schank steht, von hinten den Büstenhalter. Ein andermal, als die junge Frau vom Regen durchnässt ins Hotel kommt, schickt er sie mit Fön und Handtüchern ins Badezimmer, bringt ihr eine trockene Bluse seiner Frau und trägt an, ihr beim Abtrocknen behilflich zu sein.*
*Die junge Frau wendet sich nach Beendigung des Dienstverhältnisses an die Arbeiterkammer, die einen Antrag an die Gleichbehandlungskommission stellt.*
*Der Arbeitgeber halte, so heißt es in der schriftlichen Stellungnahme, die dessen Anwalt abgibt, die Vorwürfe der Serviererin für lächerlich. Er empfinde sie als Rufmord. Die Serviererin sei noch unreif, die Anschuldigungen seien frei erfunden und gingen auf ihre übersteigerten jugendlich-erotischen Vorstellungen zurück.*
*Das Angebot, der Serviererin beim Abtrocknen zu helfen, sei Ausdruck seiner Hilfsbereitschaft gewesen. Er habe sie – entgegen ihren Behauptungen – auch nie „Patsch“ genannt, er habe nur gesagt, sie sei patschert, was angesichts ihrer Ungeschicklichkeit taktvoll gewesen sei. Den BH hätte er ihr einmal aus Spaß, ganz ohne böse Absicht, aufgemacht. Auf Befragen bestätigte er, damals gesagt zu haben, wenn der BH aufginge, werde sie Schaden an den Knien erleiden.*
*Die Gleichbehandlungskommission gelangt zu folgender Auffassung:*
*Die Arbeitnehmerin ist von ihrem Arbeitgeber durch sexuelle Belästigung diskriminiert worden. Unter Hinweis auf die geltende Rechtslage fordert die Gleichbehandlungskommission den Arbeitgeber auf, jede Form von sexueller Belästigung von Arbeitnehmerinnen und Arbeitnehmern in Zusammenhang mit dem Arbeitsverhältnis zu unterlassen.*
*Der Arbeitgeber ist – auf Intervention der Arbeiterkammer – bereit, Schadenersatz zu zahlen, bevor noch der Anspruch bei Gericht geltend gemacht worden ist.*

# 7

# Ganz normaler Konflikt oder Mobbing?

Mitmenschliche Schwierigkeiten am Arbeitsplatz kennt wohl jede/r ArbeitnehmerIn. Manchmal gibt es „von oben“ – der Führungsebene – einiges an Herabsetzungen und Kränkungen zu schlucken und dann wieder Ärger mit den KollegInnen. Manche zwischenmenschlichen Spannungen sind so negativer Natur, dass sie ein hohes Ausmaß an Energien (die sonst produktiv genützt werden könnten) binden und die betroffenen ArbeitnehmerInnen emotional sehr belasten. Eine Entlastung kann dann eintreten, wenn ein Teil der Konflikte bereinigt ist oder wenn frau selbst einen neuen persönlichen Umgang mit den Problemen gefunden hat.
Der „Begriff „Mobbing“ ist heutzutage in aller Munde. Oft wird damit – fälschlicherweise – jedwede Unstimmigkeit im Betrieb bezeichnet. Wann wird ein Konflikt im beruflichen Umfeld jedoch tatsächlich zum Mobbing-Konflikt? MobberInnen möchten ihre Interessen unbedingt zu 100 Prozent durchsetzen. Das Ziel ihrer Aktionen ist Ausgrenzung, nicht gemeinsam mit dem Mobbing-Opfer zu konstruktiven Lösungen oder Kompromissen zu gelangen. Bei Mobbing-Konflikten bleibt das zugrunde liegende Problem meist im Hintergrund, während die angegriffene Person als „das Problem“ in den Vordergrund gerückt wird. Der Kern von Mobbing ist also auch die personalisierte Problemsicht: „Eine Person, die das Problem ist, muss weg!“ Das für Außenstehende oft nicht klar erkennbare Problem ist aus Sicht der MobberInnen gravierend genug, um Unterdrückung, Schikane, Rufmord und Ausgrenzung zu rechtfertigen. Die (scheinbare) Hartnäckigkeit der Mobbing-Betroffenen, die Arbeitsplatz und Selbstwertgefühl bewahren wollen, legitimiert aus Sicht der MobberInnen die weitere Eskalation und Willkür bei der Wahl der Methoden.
Bei genauerer Betrachtung hat etwa ein Betriebsrat ausgesprochen viele Möglichkeiten, bei Mobbing sinnvoll einzugreifen. Welche Möglichkeiten er ergreifen möchte, hängt von der Stärke des Interesses und von der Unterstützung der Belegschaft sowie der ArbeitgeberInnen ab. Leider verhalten sich viele Gewerkschaftsfunktionäre falsch, abwartend und abweisend gegenüber Mobbing-Problemen.
Unterstützung können Vertrauenspersonen im Betrieb (einzelne Vorgesetzte, wohlgesonnene KollegInnen, MentorInnen) sowie externe Beratungsstellen und Coaches bieten.
Schwerpunkt soll das Entwickeln gezielter Strategien sein, die es ermöglichen, sich wirkungsvoll zur Wehr zu setzen. Auf diese Weise kann der Arbeitsplatz gerettet werden oder es werden bei den Betroffenen so starke Lernprozesse angeregt, dass sie bei der nächsten Arbeitsstelle Mobbing gezielt vorzubeugen wissen.

## 7.1. Wenn die Chemie nicht stimmt

Viele ArbeitnehmerInnen spüren ihre Unzufriedenheit mit der derzeitigen Arbeitssituation zuerst als diffuses, noch nicht zuordenbares Unwohlsein.

### Muss ich den Spannungen unbedingt auf den Grund gehen?

Finden Sie heraus, warum Sie sich in Ihrer Arbeitssituation unwohl fühlen und warum diese „angegespannt“ ist? Sind es Schwierigkeiten mit:
1) MitarbeiterInnen
2) KollegInnen
3) Vorgesetzten?
Die Fragen, die frau sich stellen muss, sowie die anzupeilenden Lösungen, sind jeweils unterschiedlich.

### Soll ich bei Schwierigkeiten mit MitarbeiterInnen nach Gründen fragen?

Bei Schwierigkeiten mit MitarbeiterInnen können Sie nicht nur, sondern sollen Sie unverzüglich handeln. Probleme können sich darauf beziehen, dass Ihre Anordnungen als Vorgesetzte nicht erfüllt werden oder die Arbeitsleistung insgesamt zu wünschen übrig lässt.

- Vereinbaren Sie einen Gesprächstermin mit dem/der MitarbeiterIn.
- Klären Sie kurz die Ursachen für die Missstände und erarbeiten Sie gemeinsam konkrete Lösungen.
- Bestimmen Sie eine Deadline, bis wann die Lösungsstrategie sichtbar zu greifen hat.
- Stellen Sie klar, dass Sie nächsthöhere Vorgesetzte zu informieren bzw. selbst Konsequenzen zu ziehen haben, wenn die neue Vereinbarung wieder nicht erfüllt wird.
- Vereinbaren Sie eventuell gleich einen Termin für ein zweites Bewertungsgespräch.

### Was sind Gründe für Spannungen mit KollegInnen?

Im Falle der KollegInnen geht es häufig um Neid und Konkurrenz. Gerade sehr erfolgreiche MitarbeiterInnen sind Angriffen von KollegInnen ausgesetzt, weil sich niemand gerne „die Show stehlen lässt“. So könnte es sein, dass sich jemand Ihnen gegenüber zurückgesetzt fühlt oder glaubt, Sie stünden ihm/ihr im Wege. Denkbar wäre auch, dass sich jemandes Situation wegen Ihnen verschlechtert hat, ohne dass Ihnen das aufgefallen wäre. Dies geschieht, wenn z. B. bestimmte Befugnisse oder Privilegien auf einmal – mit neuen MitarbeiterInnen – geteilt werden müssen. Selbstkritisch sollten Sie sich aber fragen, ob es nicht vielleicht auch berechtigte Gründe für den Unmut gegen Sie gibt. Haben Sie Kritik nicht ernst genommen, wirken Sie arrogant, gelingt Ihnen keine Eingliederung in die Arbeitsgruppe oder behindern Sie andere bei deren Arbeit?

### Sollte ich solche Spannungen auch bewusst in Kauf nehmen, um etwas zu erreichen oder durchzusetzen?

Ja, denn das ebenfalls negative Gegenstück zu aufreibenden Konflikten wäre die Scheinharmonie. Insbesondere Frauen neigen dazu, die Firma als „große Familie“ aufzufassen, wo sich alle mögen sollen und sie geliebt und gebraucht werden. Das ist meist völlig unrealistisch. Frau muss nicht von allen geliebt werden! Dieser übersteigerte innere Wunsch geht auf Kosten der persönlichen Durchsetzung und der eigenen Karrieremöglichkeiten.

**Was sind Gründe für Spannungen mit Vorgesetzten?**

Im Falle der Vorgesetzten geht es darum, ob Sie die Hoffnungen und Erwartungen, die in Sie gesetzt werden, erfüllen können. Vielleicht haben Sie auch die Chefposition nicht gewürdigt und sind Ihren Vorgesetzten unabsichtlich „auf die Zehen gestiegen". Möglich wäre ferner, dass Sie sich von Ihren Vorgesetzten ausgenützt fühlen und immer verdrießlicher werden, anstatt mit ihnen bezüglich gewisser Probleme das Gespräch zu suchen.

**Kann ich überhaupt etwas zum Spannungsabbau mit Vorgesetzten beitragen?**

Vorgesetzten gegenüber gibt es weniger Möglichkeiten zum aktiven Spannungsabbau als etwa im KollegInnen-Kreis. Sie können oft nur herausfinden, wie Sie es besser aushalten werden, unter Ihren Vorgesetzten weiterzuarbeiten – oder sich selbst verändern. Gehen Sie davon aus, Vorgesetzte nicht ändern zu können.
Gelegentlich helfen aber auch hier klärende Gespräche (z. B. im Rahmen des MitarbeiterInnengespräches, siehe Kapitel 5.1). Das klärende Gespräch ist nur dann sinnvoll, wenn Sie bei sich selbst und bei Ihrem Gegenüber ein Minimum an Kooperation und Interesse an der Konfliktlösung voraussetzen können. Überlegen Sie vorher:

- Wie offen kann ich sein?
- Mit welchen Reaktionen muss ich rechnen?

**Kränkt mich die Chefin/der Chef absichtlich so?**

Manchen Frauen hilft es schlichtweg, die eigenen Ansprüche an Harmonie und Geborgenheit in der Firma etwas herunterzuschrauben. Sie selbst und die anderen machen – menschliche – Fehler. Sie selbst und die anderen haben schlechte Tage, an denen persönliche Launen und Missstimmungen am Umfeld „ausgelassen" werden. Vorgesetzte, die selbst unter starkem Druck und Anspannung stehen, wirken ihren MitarbeiterInnen gegenüber oft besonders herablassend, arrogant und unhöflich. Zuweilen tut frau sich selbst den größten Gefallen damit, derartige Verhaltensweisen so unwichtig wie möglich zu nehmen und vor allem den eigenen Wert nicht daran zu bemessen. Allerdings soll die persönliche Schmerzgrenze nicht ständig überschritten werden, denn sonst leiden Körper und Seele!

## Beispiel:

*Magdalena S., 32, leidet unter den Kränkungen, die sie vonseiten ihres Vorgesetzten erlebt. Er sagt ihr beispielsweise, dass sie viel zu weich*

*sei und sich zu viel einreden ließe und macht sich über diese Schwäche gelegentlich lustig.*
*Die gelernte kaufmännische Angestellte arbeitet als Sachbearbeiterin in einer Computerfirma, einer von Männern dominierten Welt, wie sie selbst sagt. Ein eigentlich ihr untergebener Kollege lässt sich von ihr nichts sagen, was den Vorgesetzten zu süffisanten Meldungen wie „Frau S. hat eben überhaupt kein Selbstbewusstsein“ animiert. Probleme gibt es auch, wenn Magdalena S. mit Lieferanten spricht, die etwas falsch oder zu spät geliefert haben. Auch hier hat sie laut Meinung ihres Chefs „null Durchsetzungskraft“. Frau S. sagt: „Eine Frau hat es im Berufsleben wirklich schwer. Ist sie hübsch, wird sie ständig angemacht und nie ernst genommen. Ist sie weniger hübsch, dann wird sie etwas ernster genommen, aber hinterrücks macht mann sich über sie lustig.“*
*Während die Kritik an ihrer Durchsetzungskraft teilweise berechtigt ist (Magdalena S. wünscht sich selbst, etwas härter im Nehmen und Geben sein zu können), kommt es auch zu ungerechtfertigten Herabsetzungen ihrer Person.*
*Als der Vorgesetzte einmal einen wichtigen Kunden zu Gast hat, wird Frau S. für das Besorgen von Frühstück (Wurst, Käse, Gebäck) und Kaffeekochen abgestellt, da die Kollegin, die normalerweise Kaffee kocht, nicht anwesend ist. Frau S. erledigt die für sie unüblichen Tätigkeiten (an ihrem tatsächlichen Arbeitsplatz stapelt sich derweilen die Arbeit). Beim Decken des Tisches unterläuft ihr ein Fehler: Sie deckt zwei verschiedene Teller auf. Ihr Vorgesetzter sagt – vor dem wichtigen Kunden – mit arrogantem Blick und scharfer Stimme: „Frau S., das kann doch nicht sein, dass wir nicht zwei gleiche Teller haben.“ Frau S. ist sprachlos über diese Bloßstellung vor dem Kunden, mit dem sie persönlich oft zu tun hat, sie wird rot und die Tränen schießen ihr in die Augen. Diese ist jedoch nur eine von vielen Kränkungen, denen die sensible Frau schon ausgesetzt war.*
*Obwohl Frau S. bei anderen KollegInnen beobachtet, dass die schroffe Art ihres Vorgesetzten den Vorteil hat, dass er über schnippische oder schlagfertige Reaktionen seiner MitarbeiterInnen im Gegenzug nicht böse ist, schafft sie es nicht, ihr eigenes Verhalten diesbezüglich umzustellen. Sie schluckt alles in sich hinein, wodurch sie ihren Arbeitsalltag als ständige Belastung erlebt.*

## 7.2. Gezielter Spannungsabbau oder „Loslassen“

Wenn gezielter Spannungsabbau nicht möglich ist, hilft es, eine gelassenere innere Haltung einzunehmen.

**Beispiel:**

*Alina M., 28, Moderatorin eines Fernseh-Senders, leidet unter dem autoritären und distanzierten Führungsstil ihres Vorgesetzten. Sie war*

*von ihrer früheren Arbeitsstelle einen sehr kollegialen Umgangston mit Vorgesetzten und weitgehend freie Hand bei der Arbeit gewohnt. Während sie früher die Interviews mit Persönlichkeiten aus Kunst und Gesellschaft, die sie live auf Sendung führt, ganz eigenverantwortlich gestalten konnte, besteht ihr jetziger Vorgesetzter auf die Einsichtnahme in ein detailliert vorbereitetes Konzept. Nach längerem „Hadern“ mit ihrer Situation tröstet sie sich schließlich mit folgender Aussage über das kontrollierende Verhalten ihres Vorgesetzten hinweg:*
*„Er funktioniert so. Er braucht das eben zu seiner Sicherheit – und meint es wohl nicht beleidigend. Außer einer gewissen Umstellung kostet es mich eigentlich nicht so viel.“*

## Hilft Ursachen-Forschung etwas?

Einen gezielten Spannungsabbau im Gespräch anzustreben ist auch dann nicht sinnvoll, wenn Sie spüren, dass die Person, mit der es Probleme gibt, Sie an jemanden aus Ihrer Vergangenheit erinnert. Das könnten z. B. ehemalige unsympathische SchulkollegInnen sein (an die Sie heutige KollegInnen erinnern) oder auch sehr nahe stehende Menschen aus Ihrer Geschichte.
Die Beziehungssituation mit Vorgesetzten appelliert für viele MitarbeiterInnen unbewusst an ihr Verhältnis zu früheren Autoritätspersonen, insbesondere zu den eigenen Eltern und ehemaligen LehrerInnen. Manchmal entstehen so bei den Betroffenen unangemessen starke Gefühle der Hilflosigkeit und des Ausgeliefertseins.
Es ist hilfreich, die Dinge wieder voneinander zu trennen, um der aktuellen Situation eine neue Chance zu geben! Insbesondere spannungsgeladene Situationen mit Vorgesetzten lassen sich auf diese Weise etwas entschärfen, denn mit den Autoritätspersonen Ihres heutigen Lebens können Sie auf einer „Erwachsenen-Ebene“ sprechen und verhandeln.

## Hilft es, an mir selbst zu arbeiten?

Eine kritische Selbstanalyse ist immer wieder hilfreich. Vielleicht entdecken Sie eine der folgenden Verhaltensweisen an sich selbst:
- Ich kränke andere Menschen mit meinen Äußerungen.
- Mein Humor wird falsch verstanden.
- Meine Kleidung, meine Einstellungen und Überzeugungen passen grundlegend nicht zur Firmen-Philosophie und zum KollegInnen-Kreis.
- Ich fühle mich unsicher und verberge mich hinter einer Fassade, die mich arrogant wirken lässt.
- Ich verhalte mich in meiner Rolle als Chefin/Mitarbeiterin unpassend. Beispiele dazu: eine Abteilungsleiterin, die mit ihren männlichen Mitarbeitern kokett flirtet; eine Mitarbeiterin, die sich ihren Vorgesetzten gegenüber unkooperativ und patzig verhält.

Manchmal erkennt frau solche ungünstigen persönlichen Verhaltensweisen leider nicht selbst und findet auch im Bekannten- oder KollegInnen-Kreis niemanden, mit dem/der sie darüber offen reden kann. Eine ratsame Alternative ist das Coaching bei einem qualifizierten Karriere- und Persönlichkeitscoach. Darüber können Ihre blinden Flecken erhellt und Ihre persönlichen Verhaltensweisen verbessert werden.

### Wie funktioniert gezielter Spannungsabbau mit KollegInnen?

Zunächst kann ein klärendes Gespräch hilfreich sein. Dabei ist es wesentlich, über eigene Gefühle und Eindrücke in Bezug auf die andere Person vorwurfsfrei zu sprechen: „Ich habe das Gefühl, dass ..." Ausschlaggebend dafür, wie weit Sie sich einem/einer KollegIn gegenüber öffnen können, ist das Ausmaß an Konkurrenz, Eifersucht und Neid, das möglicherweise im Spiel ist. Andererseits kommt es auf die Konfliktfähigkeit beider KonfliktpartnerInnen an sowie auf den beidseitigen Wunsch, zu einer Lösung zu kommen. Analysieren Sie die Situation und vertrauen Sie auch auf Ihre Intuition.
Es gibt verschiedenste Formen der Konfliktbewältigung mit KollegInnen – den offenen oder den verdeckten Kampf eingeschlossen. Diese Wege sollten jedoch erst nach anderen Versuchen der Konfliktbereinigung beschritten werden und auch nur so lange, bis Gespräche möglich sind (siehe Kapitel 10.5 zum Thema „kontrollierter Kampf").
KollegInnen, die zu keinerlei Kompromiss bereit sind, aber stark auf die Durchsetzung der Eigeninteressen pochen, schrecken unter Umständen. auch vor Mobbing nicht zurück (siehe Kapitel 7.3). In diesem Fall ist es wichtig, sich zu schützen und abzugrenzen. Bestehen Sie darauf, dass Ihnen im üblichen Rahmen Respekt entgegengebracht wird. Solche KollegInnen werden Sie niemals „zur Einsicht" bringen können oder dazu, dass sie Ihnen gegenüber Verständnis zeigen. Auf einen angemessen höflichen Umgangston sollten Sie allerdings bestehen. Verteidigen Sie stets und unmittelbar Ihre menschliche Würde, wenn diese von KollegInnen angegriffen wird, sonst signalisieren Sie, dass Sie unangemessene Verhaltensformen Ihnen gegenüber dulden.

### Wie soll ich am besten mit Übergriffen von KollegInnen umgehen?

Bei KollegInnen, die sich Ihnen gegenüber im Ton vergreifen, können Sie humorvoll reagieren oder sich sehr ernsthaft gewisse Äußerungen und Handlungsweisen verbitten – das hängt von der jeweiligen Situation und Ihrem persönlichen Stil ab. Manchmal ist auch ein bisschen „Theaterdonner" hilfreich, also noch empörter zu reagieren als frau eigentlich ist, um unmissverständlich eine Grenze zu signalisieren. Es ist sinnvoll, Handlungsweisen der KollegInnen, die Sie nicht wünschen, bereits im Keim zu ersticken.

## Beispiel:

*Die junge Mitarbeiterin einer Zeitungsredaktion fährt nach einer Abteilungsfeier ihren ziemlich angeheiterten Vorgesetzten mit ihrem Auto nach Hause, da dieser sonst mit dem eigenen Wagen gefahren wäre.*

*Am nächsten Tag ist sie an ihrer Arbeitsstelle mit grinsenden Gesichtern konfrontiert. Ein Kollege mutmaßt witzelnd darüber, was wohl letzte Nacht zwischen den beiden vorgefallen sei. Die Journalistin, die eine junge Ehe führt und auch aus Karrieregründen keinerlei Lust auf Gerüchte rund um ihre Person hat, steigt auf die amikal-witzelnde Stimmung nicht ein. Sie brüllt ihren Kollegen an, er solle sich überlegen, was er da eigentlich rede und spricht von einer „Frechheit sondergleichen". Damit gilt sie zwar für diesen Arbeitstag als Spaßverderberin, hat aber klargestellt, mit welchen Äußerungen „man ihr nicht kommen darf", solange Wert auf ein gutes Arbeitsverhältnis gelegt wird.*

**Was kann ich für mich tun, wenn die Chemie nicht stimmt?**

Zusammenarbeit, wenn die Chemie nicht stimmt, kostet Kraft. Sie können aber Folgendes für sich tun:

- Setzen Sie auf räumliche Trennung (Zimmer-, Team- oder Abteilungswechsel). Vermeiden Sie Begegnungen. Aber Achtung: Diese Strategie ist bei Mobbing (siehe Kapitel 7.4) nicht ausreichend wirksam! Echte Übergriffe müssen mit gezielten Gegenstrategien pariert werden.
- Steigern Sie sich nicht hinein, versuchen Sie, mit neutraler Erwartungshaltung in die nächste Begegnung hineinzugehen.
- Konzentrieren Sie sich auf die positiven, schätzenswerten Seiten schwieriger Persönlichkeiten und auf die gemeinsame Sache.
- Führen Sie sich die positiven Aspekte Ihres Jobs bewusst vor Augen oder machen Sie sich eine Liste. Überlegen Sie, ob die Plus-Punkte es wert sind, z. B. diese „schwierigen" Vorgesetzten zu ertragen. Malen Sie sich genau aus, welche Vorteile es für Sie in der Zukunft haben wird, die unangenehme (Team-)Situation jetzt durchzusitzen.

# 7.3. Mobbing: alle gegen eine/n

Wir müssen uns verdeutlichen, dass Mobbing-Betroffenen sozusagen die Grundlage des üblichen menschlichen Miteinanders entzogen wird: „Du bist nichts wert, eine Unperson, ein Untermensch!" Entsprechend groß ist das Leid und das Gefühl der Hilflosigkeit, das auf Seiten der Betroffenen ausgelöst wird.
Einer solchen „Unperson" gegenüber fühlen die AngreiferInnen die innere Berechtigung, ihr mit allen zur Verfügung stehenden Mitteln zu schaden. Diese Gefühle der Geringschätzung und des Ekels machen es möglich, die moralischen Grenzen und die eigene Furcht zu überwinden, und zu aggressiven Handlungen überzugehen.
In dem Buch *Mobbing – Der Ratgeber für Betroffene* (Esser, Wolmerath und Niedl, 1999), das zum Thema vielfach zitiert wird, wird von etwa 300.000 Mobbing-Betroffenen in Österreich ausgegangen. Laut der ersten deutschen Repräsentativstudie zum Mobbing sind 2,7 Prozent aller erwerbstätigen Deutschen davon betroffen. Diese Untersuchung

brachte auch ein überraschendes Ergebnis: Das Risiko gemobbt zu werden ist für Frauen um 75 Prozent größer als für Männer. Frauen würden im Berufsleben weniger respektiert als die Männer, wird gefolgert, insbesondere von männlichen Kollegen, die ihnen unterstellt sind.

### Seit wann gibt es den Begriff Mobbing und wie wurde er ursprünglich definiert?

Vier Eckpunkte sind für den Tatbestand wesentlich. Sie wurden schon vom Schöpfer des Begriffs „Mobbing“, dem schwedischen Arbeitswissenschaftler Heinz Leymann, 1993 festgelegt:
- feindselige Kommunikation
- systematisch und mindestens über ein halbes Jahr
- eine Person ist in die Unterlegenheit geraten
- der Ausschluss droht.

Im Wesentlichen können zwei Angriffsformen unterschieden werden:
1. Angriffe gegen die Person mit ihrem Selbstwertgefühl, ihrer Sicherheit und ihren Entfaltungsmöglichkeiten
2. Angriffe gegen das soziale Ansehen der Person, ihren Status in der Gruppe und ihre Zugehörigkeit.

### Was macht Mobbing-Konflikte so schwer lösbar?

Dem ursprünglichen Interesse „Der/die soll weg“ stehen gesetzliche Vorschriften, z. B. der Kündigungsschutz, im Wege bzw. verfügen MobberInnen nicht über tatsächliche Befugnisse. Daher wird verdeckt und indirekt über „Psychoterror“ agiert. Wenn Mobbing erkannt und beim Namen genannt wird, verlieren die MobberInnen augenblicklich ihr Gesicht: Sie werden ihr Betreiben deshalb niemals eingestehen, auch deswegen nicht, weil sie meistens von unmoralischen, egoistischen oder peinlichen Motiven (Neid, Konkurrenzgefühlen, Angst vor Entdeckung persönlicher Machenschaften) getrieben werden.

### Wie werden Menschen zu MobberInnen?

Die persönlichen Voraussetzungen für Mobbing sind folgende:
- Der/die MobberIn fühlt sich beeinträchtigt.
- Die offene und faire Austragung des Konfliktes wird als Risiko empfunden.
- Das Eigeninteresse ist massiver als etwaige moralische Bedenken.
- Die personalisierende Problemsicht: „Die Person X ist das einzige Problem.“

Die Handlungsgründe der MobberInnen haben rationale und emotionale Wurzeln. Die tatsächliche Beeinträchtigung muss für die MobberInnen gravierend sein, so gravierend, dass ihnen Mobbing gerechtfertigt erscheint.

**Beispiel:**

*Herta K., 56, arbeitet seit 30 Jahren als Sekretärin und Assistentin ihres Chefs in der Zentrale eines Handelsunternehmens. Sie ist partner- und kinderlos geblieben, umso mehr engagierte sie sich stets im Beruf. Sie ist sehr bemüht, alle ihr gestellten Aufgaben perfekt zu erledigen. Zwar hat sich Frau K. schon öfter in ihrem Leben benachteiligt gefühlt, doch niemals mehr als gegenwärtig, da ihr eine 20-jährige, sehr attraktive Kollegin zur Seite gestellt wird. Sie kann sich über die „Entlastung", die die Kollegin erbringen soll, nicht freuen. Im Gegenteil: Sie hat das Gefühl, dass sie wohl vorzeitig ausgebootet werden solle. Herta K. beschwert sich im Kolleginnen-Kreis, in dem sie hohes Ansehen genießt, ausgiebig über die „Dummheit" und „Ungeschicklichkeit" der Neuen, die nichts könne außer Fingernägel lackieren und Kaffee kochen (selbst den koche sie schlecht). Auch über den Chef äußert sie sich enttäuscht – wie der auf das „junge Trutscherl" hereinfallen konnte.*

*Herta K. weist die junge, sehr unsichere Kollegin unablässig auch auf deren kleinste Fehler hin. Die junge Frau erfährt aufgrund Frau K.s Verunglimpfungen im gesamten KollegInnen-Kreis (der hauptsächlich aus älteren Frauen besteht) keinerlei Rückhalt. So ist z. B. niemand bereit, ihr auf offene Fragen Antwort zu geben – der Chef selbst hat dafür selbstverständlich keine Zeit. Dadurch verbleibt die Qualität ihrer Arbeit tatsächlich auf einem schlechten Niveau, ihre Probezeit wird nicht verlängert, das Unternehmen trennt sich von ihr. Herta K. und ihre KollegInnen feiern einen Erfolg.*

Die verborgenen Motive von MobberInnen können sein:

- „Mein soziales Ansehen, mein Status ist gefährdet." „Keiner achtet mehr auf mich."
- „Mein Arbeitsplatz ist gefährdet." „Ich könnte ausgebootet werden."
- „Meine Handlungsfreiheit ist gefährdet." „Andere könnten mir auf gewisse Schliche kommen."
- „Ich will mich sicher und anerkannt fühlen." „Lieber treten als getreten werden."

So kann es z. B. sein, dass Vorgesetzte ältere MitarbeiterInnen deshalb loswerden wollen (wenn Vorgesetzte in beschriebener Weise MitarbeiterInnen attackieren, wird von „Bossing" gesprochen), weil sie ihrem Image als „jung-dynamisch" schaden könnten. KollegInnen, die häufig krank sind, provozieren oftmals, ohne das im Mindesten zu wollen, diejenigen, die sie mit noch mehr Arbeit zurücklassen. Neu eingestellte oder einzuschulende KollegInnen aus anderen Branchen können Mobbing-Opfer werden, weil ihre Einarbeitung Anstrengung verursacht oder Einkommensverluste seitens der alt eingesessenen Belegschaft befürchtet werden. Paradoxerweise wird dann viel Energie verbraucht, um die Neuen fertig zu machen, anstatt eine wirkliche Verbesserung der Situation für alle anzustreben.

## Was kann die betriebliche Interessenvertretung gegen Mobbing tun?

Der Betriebsrat kann selbst eingreifen oder dafür sorgen, dass andere (z. B. aus der Personalabteilung) für Mobbing zuständig erklärt werden. Insbesondere das Arbeitsverfassungsgesetz bildet die rechtliche Grundlage für den Betriebsrat, aktiv gegen Mobbing vorzugehen. Es scheint jedoch, dass manche Betriebsräte die Belange eines/einer Einzelnen opfern würden, um mit der Mehrheit der Beschäftigten in Einklang zu bleiben (um wieder gewählt zu werden). Um solchen Loyalitätskonflikten auszuweichen, erscheint es sinnvoll, sich in der Prävention verstärkt zu engagieren. Wenn der Betriebsrat selbst die Weichen stellt, behält er auch die Initiative und kann verhindern, von unliebsamen Ereignissen überrascht zu werden.

So könnte der prinzipielle Umgang mit Mobbing als Tagesordnungspunkt der Betriebsratssitzung vorgesehen werden. Ferner sollte eine Mobbing-Sprechstunde eingerichtet werden, um Unterstützung für den Einzelfall anbieten zu können, falls Bedarf angemeldet wird. Eine Mobbing-Sprechstunde kann im Rahmen der normalen Sprechstunde des Betriebsrates integriert sein, wobei mehrere Mitglieder in die Mobbing-Thematik hineinwachsen und Kompetenz erlangen können.

Es muss allerdings entschieden werden, wie tief der Betriebsrat in die Problematik einsteigen will. Es kann im Rahmen der Sprechstunde eine Beschränkung auf persönliche Unterstützung und Information geben. Eine Adressenliste mit Ansprechpartnern aus dem nahen Umfeld ist daher bereit- und aktuell zu halten. Der Betriebsrat kann einzelnen Betroffenen aber auch eine Diagnose der Situation und sogar Unterstützung in der Austragung des Konfliktes anbieten.

## Bringt Mobbing-Aufklärung im Betrieb wirklich etwas?

Mit Mobbing-Aufklärung werden weniger die MobberInnen, sondern mit größter Wahrscheinlichkeit Mobbing-Betroffene erreicht. Diesen kann am ehesten verdeutlicht werden, dass sie sich in einem abwärts gerichteten Strudel befinden und sie sich zum Selbstschutz dringend Unterstützung suchen müssen.

Es ist zielführend, im ganzen Betrieb Mobbing-Aufklärung zu betreiben, nicht nur in eventuell problematischen Abteilungen. Es sollte versucht werden, über einen längeren Zeitraum und mit verschiedenen Mitteln wirklich alle Betriebsangehörigen zu erreichen. Über Mobbing zu sprechen wird Gewinn bringender sein, als gegen Mobbing anzuschreiben.

Der Betriebsrat sollte Folgendes für die Mobbing-Prävention unternehmen:

- Bücher und Broschüren zum Ausleihen anbieten
- Kontakte zu kompetenten externen PartnerInnen pflegen
- diese zu Vorträgen und Referaten einladen
- feste Termine für einschlägige Anfragen anbieten.

**Nicht alle ArbeitgeberInnen werden von Mobbing-Aufklärung begeistert sein!**

Beabsichtigt ein Betriebsrat, mit dem/der ArbeitgeberIn in Verhandlungen zur Verbesserung des Betriebsklimas zu kommen, wäre es taktisch unklug, mit Vorwürfen über bisherige Versäumnisse einzusteigen. Wenn Vorgesetzte selbst mit Bossing reagieren oder Mobbing billigend in Kauf nehmen, hat der Betriebsrat zunächst sowieso keine Chance auf eine gemeinsame Strategie. Die erforderlichen Maßnahmen müssen dann im Alleingang, unter Ausnützung aller rechtlichen Möglichkeiten, geplant werden. Bei der Umsetzung solcher Maßnahmen (z. B. „Mobbing-Büro") sollten ArbeitgeberInnen stets informiert werden; diesen sollte jederzeit die Möglichkeit für eigenes Engagement offen stehen.
Hilfreich ist es, an den Eigeninteressen der ArbeitgeberInnen anzuknüpfen. Das sind: Qualität, Tempo, Image, Flexibilität, Kosten und Profit. Wissenschaftliche Studien belegen auf jeden Fall, dass durch Mobbing Krankenstände sowie MitarbeiterInnen-Fluktuationstendenzen steigen. Kalkulieren Sie als Betriebsrätin konkret und betriebsnah und legen Sie dem/der ArbeitgeberIn eine betriebliche Kostenrechnung für Mobbing vor (Fehlzeiten, Fehlentscheidungen, Kosten wegen Kündigung, Neueinstellung und Einarbeitung).

## 7.4. Tipps fürs Durchtauchen und Überleben

Es gelingt nur selten, Mobbing im Alleingang zu bewältigen. Die größten moralischen Stützen für Mobbing-Betroffene sind oft Familienmitglieder und Freunde. Allerdings bedarf es hier auch wieder einer gewissen Zurückhaltung: Keine Familie, kein Freundeskreis will ständig mit den Arbeitsplatzproblemen eines ihrer Mitglieder belastet sein. Sinnvoll wäre es, bestimmte Zeiten in der Woche festzulegen, in denen intensiv und zielgerichtet über die Problematik gesprochen und diskutiert wird, während das Thema zu anderen Zeiten tabu ist.

**Ich bin Mobbing-Betroffene. Soll ich mich zunächst an meine Vorgesetzten wenden?**

In sehr vielen Mobbing-Fällen wird es sinnvoll bzw. unumgänglich sein, Vorgesetzte einzuschalten. Sie können sich beglückwünschen, wenn Ihre Führungskräfte selbst Interesse an einem guten Betriebsklima haben und für das Thema sensibilisiert sind.
Der Weg über die unmittelbaren Vorgesetzten kann aber auch zusätzliche Probleme schaffen – z. B. wenn diese selbst am Mobbing beteiligt sind. Nicht wenige Vorgesetzte sind mit der Problematik auch schlichtweg überfordert – sowohl bezüglich ihrer Zeit als auch ihrer sozialen Kompetenz. Insbesondere zurückhaltend sollten Sie sein, wenn die betreffenden Vorgesetzen im Betrieb:

- neu sind und sich erst orientieren
- mit den MobberInnen persönlich verbunden sind
- (einzelne) MobberInnen für den Betrieb unersetzlich halten bzw. Sie für leichter ersetzlich halten
- es allen recht machen wollen und Konflikte scheuen
- kein Geschick im Umgang mit Menschen haben
- nur die „Holzhammer-Methode“ der Konfliktbearbeitung kennen.

Sind keine Mobbing-AnsprechpartnerInnen vonseiten der ArbeitgeberInnen benannt, können die Betroffenen sowie der Betriebsrat eine ihnen kompetent erscheinende vorgesetzte Person direkt auf das Mobbing-Problem ansprechen und um Hilfe bitten.

**Wie kann ich Vorgesetzte am besten in meine Mobbing-Problematik involvieren?**

- Definieren Sie genau, was Sie von Ihren Vorgesetzten wollen. Die Vorgesetzten können dann zwar im Zuge ihrer Vorgehensweise von Ihren Erwartungen abweichen, werden dies Ihnen gegenüber allerdings begründen müssen.
- Arbeiten Sie den Vorgesetzten zu. Unterbreiten Sie die bestehende Mobbing-Analyse (siehe Kapitel 7.4 unten), eigene Ideen zur Überwindung des Konfliktes und rechtliche Informationen, die Sie eingeholt haben.
- Formulieren Sie einen Forderungskatalog an die MobberInnen. Dabei genügt es oft nicht zu sagen: „Das Mobbing soll aufhören.“ Formulieren Sie positiv und verlangen Sie einen höflichen, respekt- und achtungsvollen Umgangston.
- Nennen Sie ZeugInnen und andere Beweismittel.
- Erarbeiten Sie Vorschläge für möglicherweise erforderliche Sanktionen.

**Ich bekomme keine Unterstützung von Vorgesetzten. Wer sonst kann mir helfen?**

Einzelne BündnispartnerInnen im Betrieb sind besonders wertvoll, wobei dies alle wohlgesonnenen KollegInnen und Führungskräfte sein können, auch wenn sie in einer anderen Abteilung oder Filiale tätig sind. Das Gefühl, von jemandem verstanden zu werden, der die missliche Lage konkret nachvollziehen kann, hilft sehr.
Darüber hinaus finden Sie Unterstützung bei externen Beratungsstellen (z. B. des ÖGB), Selbsthilfegruppen und/oder spezialisierten PsychotherapeutInnen, ÄrztInnen und Karriere-Coaches.

**Mein/e Mobbing-BeraterIn will mit mir eine Mobbing-Analyse durchführen ...**

... ich will mich mit den Motiven meiner PeinigerInnen aber gar nicht auseinander setzen!

Aus Sicht der Mobbing-Beratung gilt jedoch: Bevor Sie eingreifen können, müssen Sie begreifen. Die Motive der MobberInnen zu verstehen kann sehr hilfreich dabei sein, eine persönliche Strategie gegen die Mobbing-Vorgänge zu entwickeln. Außerdem tragen die Methoden der Mobbing-Analyse auch Wesentliches zur Beweissicherung bei.
Für eine Mobbing-Analyse können verschiedene Vorgehensweisen und Dokumentationsformen sinnvoll sein:

- Berichte von unbeteiligten Dritten
- „zufälliges" Auftreten der beratenden Betriebsrätin in Vereinbarung mit dem Mobbing-Opfer in einer bestimmten Situation, in der bisher erfahrungsgemäß Mobbing aufgetreten ist
- Beweismittel wie ärztliche Atteste und Zeugenaussagen;
- das Mobbing-Tagebuch
- der Mobbing-Kalender
- die Mobbing-Landkarte.

Das Mobbing-Tagebuch dient der Beweissicherung und der Mobbing-Analyse zugleich. Der Vorfälle werden mit Datum, Zeit und Hergang genau beschrieben, ebenso wie die jeweilige Gefühlslage der Mobbing-Betroffenen im Zuge der Attacken. Wichtig ist auch, das vermutliche Angriffsziel der jeweiligen Attacke zu benennen (z. B. die Zusammenarbeit, meine Selbstachtung, mein Wohlbefinden, mein soziales Ansehen etc.).
Der Mobbing-Kalender ermöglicht es dem/der BeraterIn und der Betroffenen, das Geschehen systematisch auszuwerten. Es geht um den zeitlichen Verlauf der Attacken, Schwankungen, Höhepunkte, Zeiten geringerer Intensität oder des Stillstandes.
Die Mobbing-Landkarte ist eine Skizze zur Situation des Mobbings: Wer „reitet" die Attacken? In Anwesenheit welcher anderen (beobachtenden oder still befürwortenden) Personen finden diese statt? Möglicherweise sind die Personen, die das Mobbing initiieren, nicht dieselben wie die, die es ausführen.

## Was steht am Ende der Mobbing-Beratung für mich als Betroffene?

Der Appell an die MobberInnen „Lasst mich doch endlich in Ruhe!" hilft erfahrungsgemäß nicht. Sie kommen nicht umhin, eine Strategie zu entwickeln, die der Situation und Ihnen selbst als Person angemessen ist.
Wenn Sie eine Strategie für Ihr Vorgehen entwickelt haben, werden Sie merken, dass sich Ihr Verhalten und Erleben deutlich von ihren spontanen Reaktionen unterscheiden. Hatten Sie bei Beginn des Mobbings z. B. versucht, Ihren PeinigerInnen möglichst aus dem Weg zu gehen, so stellen Sie sich nunmehr der Konfrontation, um die Vorkommnisse in Ihr Mobbing-Tagebuch einzutragen und die Beweissicherung zu gewährleisten. Oder Sie suchen die Konfrontation, weil Sie KollegInnen gefunden haben, die sich Ihnen als ZeugInnen zur Verfügung stellen.

Manchmal ist es eine gute Strategie, die Mobbing-Angriffe zu ignorieren und durchzusitzen. Andere Strategien zielen darauf ab, das Sanktionsrisiko für MobberInnen zu erhöhen oder die soziale Basis des Mobbings (heimliche BefürworterInnen) zu zerstören. Ebenso erfolgreich kann es sein, das den/die MobberIn bei einem seiner Manöver in der Betriebsöffentlichkeit bloßzustellen.

**Wie kann ich mich persönlich besser wehren?**

Oft sind Mobbing-Betroffene in einer Situation und psychischen Verfassung, dass sie eigentlich nichts mehr zu verlieren haben (weil sie unmittelbar vor einer Versetzung oder Kündigung stehen). Dennoch haben sie oft große Scheu davor, sich den MobberInnen persönlich in den Weg zu stellen. Der Erfolg persönlicher Gegenwehr ist nicht unbedingt darin zu suchen, dass die Angriffe erfolgreich abgestellt werden können. Der Erfolg besteht bereits darin, dass Gegenwehr das Selbstbewusstsein der Betroffenen stärkt. Auf der Seite des/der MobberIn soll der Eindruck entstehen, dass die Phase des „leichten Spiels" zu Ende geht. Die Anzeichen der Gegenwehr sind für den/die MobberIn bedrohlich. Eine Eskalation oder Veränderung der Angriffe ist jetzt wahrscheinlich.
Die Gegenwehr auf verbale Mobbing-Attacken kann in unerwartet schlagfertigen Antworten bestehen, auf die sich die Betroffenen in der Beratung vorbereitet haben. Sie kann darin bestehen, dass auf jeden ungerechtfertigten Vorwurf sofort eine knappe schriftliche Klärung des Sachstands an MobberIn und Vorgesetzte erfolgt. Sie kann in der ironischen Aufdeckung der Manöver des/der MobberIn oder in unerwarteter sozialer Unterstützung bestehen. Für eine erfolgreiche Gegenwehr können gerade unkonventionelle Ideen entscheidend sein, die den/die MobberIn unangenehm überraschen.
Manche Mobbing-Betroffene verstehen unter „Gegenwehr", dass sie dem/der MobberIn gegenüber ihre eigene Betroffenheit zum Ausdruck bringen. Sie wollen Verständnis und Rücksichtnahme erreichen. Hier sind unerfüllbare Wünsche nach Harmonie und Eintracht im Spiel. Es ist weitaus ratsamer, bei dem/der MobberIn auf Respekt abzuzielen anstatt auf Verständnis.

Folgende Formen der Gegenwehr sind für Mobbing-Betroffene möglich:

- Grenzen setzen: auf Anschreien symbolisch reagieren (z. B. Ohren zuhalten) oder nach einer Schreiattacke sich das Schreien verbitten und eine sachliche Äußerung verlangen.
- Entmutigen: Verbale Angriffe schlagfertig zurückweisen oder den/die MobberIn dafür auslachen.
- Versachlichen: Motive des/der MobberIn erkennen, ein sachliches Problem definieren und einen Kompromiss vorschlagen (z. B: „Meine Einschulung macht Ihnen wirklich viel Mühe. Vielleicht können wir mit den Vorgesetzten klären, welche Unterlagen ich lesen kann, um nicht mit allen Fragen zu Ihnen zu kommen").
- Verunsichern: z. B. die Ihnen zunehmend entgegengebrachte soziale Unterstützung durch KollegInnen demonstrieren.

- Isolieren: dafür sorgen, dass sich der/die MobberIn selbst blamiert, z. B. bei klar widerlegbaren Vorwürfen in Gegenwart von ZeugInnen.
- Einschüchtern: straf-, zivil- oder arbeitsrechtliche Schritte konkret benennen und ihre Durchführung glaubhaft ankündigen.

### Ich werde gemobbt. Soll ich besser kündigen?

Erst nach Nutzung aller sonstigen Mittel und Entwicklung einer persönlichen Strategie.
In ausweglosen Situationen kann die beste Strategie allerdings in der Kündigung des Arbeitsverhältnisses bestehen. Denn leider hat es sich in der Vergangenheit immer wieder gezeigt, dass es für Betroffene nicht leicht ist, aus einer Mobbing-Situation wieder herauszukommen, insbesondere wenn diese schon lange andauert oder wenn mehrere MobberInnen am Werk sind. Weder die Hilfe Dritter noch der Rechtsweg, für den vor Gericht verwertbare Dokumente oder ZeugInnen-Aussagen oft fehlen, können Erfolg gewährleisten. Dass die MobberInnen mit ihrem üblen Vorgehen den Sieg davontragen, ist für alle Betroffenen und jede/n gerecht denkende BeobachterIn eine bittere Pille. Hier standzuhalten ist ehrenvoll, kann aber auch die eigenen Kräfte vollends überfordern. Wer sich entschließt zu gehen, sollte dies erhobenen Hauptes tun und nicht wie ein geprügelter Hund verschwinden.
Treffen Sie jedoch keine Panikentscheidung in einer Stresssituation („Ich halte das nicht mehr aus, ich lass alles stehen und liegen und gehe!“). Nehmen Sie sich stattdessen eine „Auszeit“, z. B. Resturlaub, und überlegen Sie gründlich mit externen BeraterInnen, was zu tun ist. Oftmals wird die Flinte zu früh ins Korn geworfen: Viele Mobbing-Situationen erscheinen unlösbar, doch eine genaue Analyse ermöglicht entschiedenes Zugreifen an der richtigen Stelle.

### Wie kann ich an einer neuen Arbeitsstelle aktiv dem Mobbing vorbeugen?

Frau kann zu Beginn eines neuen Arbeitsverhältnisses Strategien anwenden, um die Entstehung von Mobbing zu verhindern. In vielen Fällen beginnen die Übergriffe nämlich schon in den ersten Wochen und Monaten nach Antritt einer neuen Stelle. Insbesondere wichtig ist Ihre anfängliche Positionierung im KollegInnen-Kreis (siehe Kapitel 4.1).

# 8

# Wenn die Arbeit zur Mühsal wird

Stress entsteht aus der Persönlichkeitsstruktur, dem Lebensstil und in weiterer Folge auch aus diversen *life events* bzw. aus dem persönlichen Umgang mit diesen schicksalhaften Ereignissen. Doch während die einen schon stresskrank sind, bleiben die anderen noch „cool" – was ist deren Geheimnis?

Im Bereich des Arbeitslebens ist Stress ebenfalls oft „hausgemacht". Schlechte Arbeitsorganisation, die Unfähigkeit zu delegieren oder fehlender Mut, sich von Unwichtigem ganz zu verabschieden, sind schlechte Gewohnheiten, die das tagtägliche Stress-Level hinaufschrauben.

Jahrelanger Stress, Überbelastung und das ständige Gefühl, die eigenen Ansprüchen nicht genügend erfüllen zu können, bilden die Quelle des Burn-out-Syndroms. Oft genug sind gerade ArbeitnehmerInnen betroffen, die sich früher mit besonders viel Engagement, Begeisterung und Lebendigkeit in die Arbeit stürzten. Über die Jahre kommt es dann zu starken Erschöpfungszuständen, die in ein solches inneres „Ausgebranntsein" führen können.

Wenn am Arbeitsplatz schon alles völlig „wurscht" und die Freude an der Arbeit lange dahin ist – dann hat frau innerlich vielleicht schon gekündigt. Dieses Phänomen steht für die Resignation, die jahrelangen inneren Kämpfen nachfolgt.

Je nach individueller Persönlichkeit und Schwere der erlebten Kränkungen und Missstände beschränkt frau ihre Arbeitsaktivitäten auf das unterste Minimum, gerade genug, um nicht in einen offenen Machtkampf mit den Vorgesetzten und nachfolgender Kündigung zu geraten. Gelegentlich werden sogar Firmenziele mit Mitteln des „passiven Widerstandes" bewusst unterlaufen. Wünschenswert sind diese Zustände naturgemäß weder für das Unternehmen noch für betroffene ArbeitnehmerInnen – jede/r braucht sinnvolle Aufgaben für seine/ihre Lebenszufriedenheit. Welche Wege gibt es also aus dem „Totstell-Reflex" am Arbeitsplatz?

Gezieltes Selbst-Management hilft bei der gesamten Lebens- und Arbeitsführung und beugt negativen Erscheinungen wie Burn-out oder innerer Kündigung vor.

Selbst-Organisation unterstützt dabei, Prioritäten zu setzen, sich selbst immer wieder neu zu motivieren und zu einer vernünftigen Zeitplanung zu finden.

## 8.1. Stress – Krankheit unserer Zeit

Lange Zeit wurde in der wissenschaftlichen Welt angenommen, dass so genannte „kritische Lebensereignisse" (Tod von Angehörigen, Scheidung, Umzug, Kündigung etc.) besonders gefährliche Stressoren seien. Heute wissen StressforscherInnen, dass auch die kleinen Nadelstiche, denen wir täglich unterliegen, viel Stress auslösen: Verlegen oder Verlieren von Gegenständen, lästige Arbeiten im Haushalt, unangenehme Wortwechsel und Begegnungen, Schlangen an der Kasse,

Wartezeit bei ÄrztInnen, Stau im Straßenverkehr, Ärger mit KollegInnen, Vorgesetzten, KundInnen oder AuftraggeberInnen etc. Die Zahl der Beispiele mag unendlich sein. Das Leben in unserer Zeit ist einfach „stressig".

## Was passiert, wenn Menschen über lange Zeit unter Stress stehen?

Stress ist an sich eine natürliche, physiologische Reaktion auf Gefahr. Nehmen wir etwas als gefährlich wahr, geraten wir in einen Alarmzustand. Stress führt zu körperlichen, aber nicht zu geistigen Hochleistungen, weil durch die Ausschüttung von Hormonen alle Kräfte im Sinne der körperlichen Mechanismen Kampf oder Flucht *(fight-flight)* mobilisiert werden. Das Gehirn setzt aus, der Körper reagiert automatisch.

Dieser Erregungszustand ist nur durch Bewegung abbaubar und endet im Idealfall in einer Erholungsphase („sich verkriechen", „wieder zu Kräften kommen").

Ganz ohne Stress zu leben wäre allerdings ganz besonders „stressig". Wir brauchen gewisse Herausforderungen (Eustress = gesunder Stress), um Leistungen zu erbringen, die uns wiederum Anlass geben, auf uns stolz und mit uns selbst zufrieden zu sein.

Stress wird dann zum Risiko, wenn es nicht mehr gelingt, die Stressreaktion des Körpers wieder auszuschalten. Hierzu gehören auch quälende Selbstvorwürfe und endlose Grübeleien um Geschehenes, die als sehr aufreibend empfunden werden. Wenn wir im Alltag von „Stress" sprechen meinen wir diesen ungesunden Zustand, den „Disstress".

- Meist fehlt sowohl das Abarbeiten der hohen Energie durch Bewegung als auch die nachfolgende Ruhephase: Schädigende Dauerbelastung ist die Folge.
- Andauernder Stress kann in einem Zustand der Erschöpfung gipfeln, in welchem ein Mensch leichter und häufiger erkrankt (z. B. Infektions- und Autoimmunerkrankungen, Krebs, Herzinfarkt, Magengeschwür) bzw. Genesungsprozesse erschwert sind.
- Der leicht gestresste „Nervöse" zeigt einen deutlich schwächeren Immunstatus als emotional stabilere und ausgeglichenere Personen. Nach jüngsten Untersuchungen scheint die Persönlichkeit das Immunsystem stärker zu beeinflussen als bisher angenommen.

## Frauen stehen durch Mehrfachbelastung oft unter besonderem Druck. Sind sie gefährdeter, infolge von Stress zu erkranken?

Während die typischen Stressfolgeerkrankungen in der Vergangenheit bei Männern häufiger waren, holen die Frauen heute auf. Unter ihnen steigen die Erkrankungsfälle im Herz-Kreislauf-Bereich.

Insbesondere für Brustkrebs werden in letzter Zeit Zusammenhänge mit Dauerstress vermutet. Auch daraus ergibt sich die besondere Bedeutung von Stressvermeidung für Frauen.

### Warum sind manche Menschen stressanfälliger als andere?

Das persönliche „Aktivierungsniveau" und damit auch das Stressverhalten ist individuell verschieden. Gerade diejenigen, über die wir manchmal lächeln, weil sie langsam, umständlich und so schwer in Gang zu bringen sind, halten Stress besser aus. Wer schon vom Aufstehen weg auf 180 ist, mag in kurzer Zeit viel erreichen – wenn keine zusätzliche Stressquelle hinzukommt. Ist dies jedoch der Fall, schlägt das zur Persönlichkeit gehörende erhöhte Grundtempo in unfruchtbare Hektik um. Das Gehirn ist wie leergefegt, es kann kein klarer Gedanke mehr gefasst werden, die Effizienz der eigenen Handlungen strebt gegen null. Ein Beispiel dafür sind Prüfungsängste.
Interessante Ergebnisse der Stressforschung lieferte in jüngster Zeit die Beschäftigung mit Hochkreativen, von Stressfolgeerkrankungen praktisch nicht betroffenen Bevölkerungsgruppen wie KünstlerInnen (Scheer, 2001) und ExzentrikerInnen (Weeks & James, 1998).
Die Angehörigen dieser Bevölkerungsgruppen sind Stress-Drosselungs-ExpertInnen, da kreative Leistungen und dauerhafte Stressbelastung einander ausschließen. Sie scheinen Mechanismen entwickelt zu haben, die ihnen das „Abschalten" jederzeit ermöglichen. Dabei wird das Gehirn mit seinen Aufmerksamkeits- und Verarbeitungsleistungen auf Sparflamme gestellt (Scheer). Von ihnen sollten wir uns etwas abschauen.

### Was machen „StresskünstlerInnen" anders und im Sinne der Stressvermeidung besser?

1. Sie arbeiten häufig in absoluter Ruhe (z. B. nachts) ohne Ablenkung, haben dann allerdings ausreichend Zeit, um auszuschlafen. Ihre Arbeitszeiten folgen dem eigenen Biorhythmus. Menschen haben ihre persönlichen kreativen Zeiten; es scheint ideal zu sein, den Tag-Nacht-Rhythmus variabel zu halten. Gelegentlich können Kinder im Zustand absoluter Ruhe, Versunkenheit und Konzentration auf eine Tätigkeit beobachtet werden – ein heilsamer Zustand für die Seele, auch für Erwachsene! Maria Montessori sprach bei diesem Phänomen von der „Polarisation der Aufmerksamkeit".
   Viele Frauen hingegen sind „allzeit bereit", sie zeigen sich ständig ansprechbar: Die Tür zum Büro ist stets offen oder die Kinder dürfen jederzeit ins Arbeitszimmer kommen. Der Tag-Nacht-Rhythmus ist starr, weil er sich nach den Bedürfnissen und Notwendigkeiten anderer richtet, z. B. von Job oder Familie.
   Schaffen Sie sich also die Möglichkeit, zumindest Teile Ihrer Arbeit in absoluter Ruhe erledigen zu können.
2. „StresskünstlerInnen" sind in Bewegung, sitzen nicht gern, v. a. nicht in schlechter Gesellschaft. Sie spüren, dass belastende Einflüsse, unter denen sie ausgeharrt haben, in den Folgetagen durch viele Tricks bekämpft werden müssen, bis sie wieder frei für ihre Arbeit sind.
   Im Gegensatz dazu „verhaken" sich Frauen oft genug in leidvollen Situationen, aus denen sie anderen heraushelfen wollen – meist

aber sowieso nicht können –, und spüren die daraus entstehende Belastung für sich selbst nicht. Regelmäßige körperliche Bewegung hingegen wird von ihnen zumeist vernachlässigt.

Sie müssen nicht für alle da sein, denen es schlecht geht! Grenzen Sie sich gegenüber den Problemen anderer ab!

Tun Sie statt dessen etwas für sich, machen Sie mehrmals die Woche Bewegung, und sei es nur eine halbe Stunde schnelleren Gehens.

3. „StresskünstlerInnen" sind immer wieder anscheinend nicht aufmerksam und nicht interessiert. Sie driften in Gesprächen innerlich ab, wirken abwesend und unhöflich. Aus der Biografie von Johann Nestroy etwa wissen wir, dass er in Gesellschaft langsam und wortkarg war – wer nicht wusste, wer er war, hielt ihn für dumm.

   Den meisten Frauen verbietet ihre Erziehung ein solches inneres Abdriften in Gesellschaft. Wenn andere da sind, „darf" frau sich nicht auf die eigene Innenwelt konzentrieren.

4. „StresskünstlerInnen" kümmern sich wenig um gesellschaftliche Normen oder verstoßen bewusst gegen sie. Sie sind von Lob und sozialer Akzeptanz nur wenig abhängig.

   Das oft allzu anpassungsbereite weibliche Geschlecht bezieht seine Selbstachtung wesentlich vom Gefühl, geliebt und gebraucht zu werden, in der Gesellschaft anerkannt und geachtet zu sein. Für ein paar schmeichelhafte Rückmeldungen aus der Umgebung (oder auch nur zur Vermeidung von Kritik!) vollziehen Frauen ungesunde Anpassungsleistungen im Spagat zwischen verschiedenen ehrgeizigen Ansprüchen an sich selbst.

   Machen Sie sich von der Anerkennung anderer so unabhängig wie Sie nur können!

5. „StresskünstlerInnen" vernachlässigen andere Menschen eher. Viele Frauen hingegen sind tief in Pflegetätigkeiten involviert (Kinder, alte Eltern oder Schwiegereltern).

   Ein Beispiel dafür ist die starke emotionale Erpressbarkeit von Frauen, wenn es um das Wohl der Kinder geht. Während Väter abends lang gestreckt vor dem Fernseher ausspannen, haben Mütter für ihre Kinder, die jetzt spielen wollen, trotz totaler eigener Erschöpfung noch eher ein Herz. Eigene Freizeitaktivitäten werden gar nicht mehr in Anspruch genommen – frau „darf" ja schon arbeiten gehen.

   Riskieren Sie mit Ihrem Partner einen Konflikt, um zu einer fairen Aufteilung von Kinderbetreuungs- und Erholungszeiten zu kommen. Nehmen Sie Ihre eigenen Gedanken, Wünsche und Impulse ernst – auch betreffend Erholung oder kreativem Ausgleich.

6. „StresskünstlerInnen" nehmen sich selbst nicht zu ernst.

   Viele Frauen verlieren aufgrund ihrer Überbelastung Lockerheit und Humor.

7. „StresskünstlerInnen" setzen sich vielen Reizen – z. B. Fernsehen, Zeitungen und diversen Konsumartikeln – gar nicht erst aus.

   Für viele Frauen ist Fernsehen oft die einzige akzeptierte (Schein-) Entspannung.

## 8.2. Gut Bewährtes und Unbrauchbares gegen Stress

Was, außer einem gewissen Umdenken und einer Umstellung der Lebensführung, kann noch getan werden, um dem Stress zu entkommen?

### Was hilft wirklich gegen Stress?

Eine Entspannungstechnik zu erlernen ist in diesem Zusammenhang sehr wertvoll (siehe Kapitel 13.4). Entwickeln Sie aber auch insgesamt ein Gefühl für „Anspannung" und „Entspannung" („ruhig werden", „an nichts mehr denken müssen"). Schaffen Sie sich eine möglichst große Bandbreite von Möglichkeiten, sich zu entspannen.

- Entspannungsphasen nach Stress sollen spezifisch sein: Nach einer zehnstündigen Klausur und geistiger Arbeit im Sitzen ist Sport oder ein längerer Spaziergang ein optimaler Ausgleich. Wenn Sie hingegen eine körperlich anstrengende Arbeit haben, könnten Sie mit einer bequemen Couch und einem guten Buch oder Fernsehfilm am besten beraten sein.
- Nützen Sie Urlauszeiten auch dazu, die Gegenspieler „Stress" und „Entspannung" bewusst zu trainieren. Die sportlichen Tätigkeiten beispielsweise, denen Sie im Urlaub vielleicht nachgehen (Tauch- oder Segelkurs, Laufen, Radfahren oder Schwimmen etc.) stellen durchaus starke Stressoren dar (wenn auch von Ihnen erwünschte). Spüren Sie in sich hinein und werden Sie erfinderisch: Was ist der optimale Ausgleich zur jeweiligen Tagesbeschäftigung?
- Bemühen Sie sich um den Abbau des nervösen Persönlichkeitstyps durch Situationsanalyse und Hinterfragen der eigenen Reaktion – hier hilft ein wenig Selbstdisziplin. Lassen Sie sich selbst den Zustand gereizter Unruhe oder unerträglicher Spannung nicht mehr ohne weiteres durchgehen.
- Schaffen Sie sich persönliche Freiräume und Erholungsmöglichkeiten (z. B.: gute Musik hören; sich einen Theaterbesuch leisten; sich Zeit fürs Basteln nehmen). Lebenszufriedenheit besteht weniger darin, möglichst viel zu leisten, als darin, sich selbst gewisse Anstrengungen und Mühen immer wieder bewusst zu ersparen und in der gewonnenen Zeit „die Batterie wieder aufzuladen".
- Glauben Sie an sich selbst: Wer der Überzeugung ist „Das schaffe ich schon" und auf seine eigenen Fähigkeiten und Einflussmöglichkeiten vertraut, ist stärker im Kampf gegen den Stress. Denn das Auftreten von kritischen Ereignissen alleine führt noch nicht zur chronischen Belastung. Diese entsteht erst dann, wenn eine Person keine Möglichkeiten mehr erkennt, aus eigener Kraft zu einer Wendung zum Guten beizutragen.
- Erlernen Sie den „Abschalte-Mechanismus" (siehe oben), etwa über eine Meditationsmethode oder eine Entspannungstechnik.
- Machen Sie, wenn möglich, mehrmals wöchentlich gleichmäßige, nicht wettkampforientierte Bewegung.

**Beispiel:**

*Helene F. nützt Leerlauf-Zeiten, die vorhersehbar sind, immer sehr systematisch.*
*Als sie einen Arztbesuch vor sich hat und weiß, dass sie mit einer unangenehm langen Wartezeit zu rechnen hat, nimmt sie sich „sinnvolle" Arbeit mit: die Post des Tages und einen Bericht, den sie sowieso lesen muss – statt nervös in Heften zu blättern oder minütlich auf die Uhr zu sehen.*
*Außerdem hat sie ein spannendes Buch eingesteckt. Als sie mit ihrem Bericht fertig ist, hat sie jedoch auf weiteres Lesen keine Lust mehr. Sie klärt mit der Ordinationsassistentin, dass Sie nochmals weggeht – unter Hinweis auf ihre Doppelbelastung durch Kind und Beruf –, um in der Wartezeit einige Einkäufe zu erledigen. Sie bittet sie um eine möglichst genaue Einschätzung, wie viel Zeit Ihr verbleibt, bis Sie drankommen wird.*

**Welche der vielen Empfehlungen helfen nicht wirklich gegen Stress?**

- „Positives Denken" verführt zu einer Verflachung der Gefühle und zu reduzierter Wahrnehmung („Wie geht es mir jetzt wirklich?"). Wer sich immer zwingt positiv zu denken, verleugnet seine Gefühle. Oft genug gibt das Leben Anlass zu echter Wut, Traurigkeit oder emotionalen Krisenzuständen. Wer mit sich und seinen Gefühlen im Einklang lebt, sich diese eingesteht und auch einmal Tränen fließen lässt, verfügt über wesentlich mehr positive Energie als Menschen, die zwanghaft positiv denken.
- Oberflächliche Entspannungsfloskeln wie „Ich rege mich jetzt nicht auf" ohne zugrunde liegende persönliche Entspannungserfahrungen (Entspannung ist ein körperlich messbarer, muskulärer Zustand!) greifen zu kurz.
- Bewegung im Sinne von wettkampforientiertem Sport führt zu neuerlich belastendem Stress.

# 8.3. Innere Kündigung und Burn-out

Der Zustand der „inneren Kündigung" ist gekennzeichnet durch „Aufgeben", „Nicht-mehr-Kämpfen". Eine der möglichen Ursachen ist das Burn-out-Syndrom. Es gibt jedoch auch „rationale Gründe" dafür, über Jahre im Totstell-Reflex zu verharren. Manche Arbeitnehmerinnen verbleiben etwa in einem ungeliebten oder belasteten Arbeitsverhältnis, weil sie kurz vor der Pensionierung stehen oder Aussicht auf Frühpensionierung haben und sich vorgenommen haben, die übrigen Jährchen irgendwie durchzusitzen. Andere, weil sie die Befürchtung haben, am Arbeitsmarkt keinen gleichwertigen Job für sich zu finden, oder weil die Macht der Gewohnheit sie an die gegebenen Umstände bindet.

### Was sind Ursachen für die „innere Kündigung“?

- Erschöpfungszustände aller Art, z. B. durch jahrelange Überforderung bzw. Beschäftigung in Bereichen, in denen frau wenig Anerkennung bekommen hat.
- Vielfach erlebte Kränkungen, Frustrationen und Enttäuschungen, oft durch andauernde Konflikte mit Vorgesetzten und KollegInnen.
- Verlust der persönlichen Freude an der Arbeit, z. B. wegen Interesselosigkeit der Vorgesetzten oder mangelndem eigenen Entscheidungsspielraum.

### Kann frau mit ihrer „inneren Kündigung“ über lange Zeit zurechtkommen?

Nicht jeder „inneren Kündigung“ liegt das behandlungsbedürftige Burn-out-Syndrom zugrunde. Dann ist diese als „Provisorium“, um eine gewisse Zeit im Job zu überbrücken, für die Betroffenen eher vertretbar.

### Worin besteht das Burn-out-Syndrom?

Paradoxerweise sind mitunter ehemals hoch engagierte Arbeitskräfte von dem inneren Ausgebranntsein betroffen. Was ist geschehen?
Ursprünglich wurde die Arbeit als starke Quelle der Selbstbestätigung erlebt. Dann aber führen jahrelanges Überengagement und Selbstausbeutung zum „Burn-out“. Ursache dafür ist nicht notwendigerweise ein real messbarer Arbeitsüberschuss, sondern eine ungesunde, übermäßige Leistungsorientierung der Betroffenen: Persönliche Ziele sind für die eigenen Ressourcen zu hoch gesteckt oder sollen in unrealistisch kurzer Zeit erreicht werden. Manche dieser Ziele sind den Betroffenen auch nicht bewusst (Perfektion und Unfehlbarkeit in der Arbeit, Macht, Ansehen, sich für andere „opfern“ wollen), treiben diese aber in eine starke Ruhelosigkeit. Sie stehen unter dem Zwang, sich zu beweisen. Dabei werden – gut nachvollziehbare – eigene körperliche und psychische Bedürfnisse übergangen und unterdrückt. Chronische Erschöpfung ist die Folge.
Zum übermäßigen Einsatz und zur starken Leistungsbezogenheit kommen unter Umständen private Belastungen und Schuldgefühle (z. B. bei alleinerziehenden Müttern oder Frauen, die in der Familie Pflegeaufgaben übernommen haben). So kommt es zu einem Zustand genereller Überforderung.
Das Burn-out-Syndrom wird insbesondere helfenden Berufen und dem Management zugeschrieben, aber auch in anderen Berufsgruppen ist es regelmäßig anzutreffen, sogar, handelt es sich doch v. a. um das Grundproblem unmäßiger Ansprüche an sich selbst, unter arbeitslosen Personen.
Das klinische Vollbild eines Burn-out-Syndrom betrifft keineswegs nur die Haltung zur Arbeit, sondern auch das Privatleben. Es bedeutet einen sozialen Rückzug, der Freundeskreis und oft auch Hobbys werden aufgegeben.

Die Betroffenen fühlen sich insgesamt lustlos, erschöpft und deprimiert. Das Selbstwertgefühl ist schlecht (was oft gut getarnt wird!). Dazu kommen Symptome wie Müdigkeit oder aufgedrehte Hektik, die auch gleichzeitig auftreten können und dann von quälender innerer Unruhe begleitet werden.

Das Burn-out-Syndrom kann das Ausmaß einer schweren psychischen Krise erreichen, die psychotherapeutisch und gelegentlich sogar klinisch behandelt werden muss.
Auch die chronische Überreizung unserer Zeit trägt dazu bei, dass mehr und mehr Menschen ein Burn-out-Syndrom erleiden. Ständig wird von uns erwartet, mit neuen Anforderungen umzugehen, mit Fluten von Briefsendungen und E-Mails, mit neuen Geräten und Computersystemen etc. Diese Belastungen kommen zu den alltäglichen Strapazen dazu, ohne einkalkuliert worden zu sein, und können der „Tropfen sein, der das Fass zum Überlaufen bringt".

## Beispiel:

*Elisabeth S. ist 50 Jahre alt und hat keinen erlernten Beruf. Sie ist mit Recht stolz auf ihre drei erwachsenen Kinder, die sie ganz alleine, praktisch ohne die Unterstützung ihres alkoholkranken Mannes, nunmehr Ex-Mannes, aufgezogen hat.*
*Frau S. hat eine lange Geschichte von kurzfristigen Dienstverhältnissen hinter sich. Kaum jemals blieb sie länger als ein Jahr bei einer Firma. Manchmal wurde sie „eingespart", einmal verunglimpfte sie ihr Mann mit seinen Eifersuchtsanfällen und verbalen Gewaltattacken. Meistens kündigte sie aber aus eigenem Entschluss, „weil sie es nicht mehr aushielt". Warum, das ist ihr selbst nicht ganz klar.*
*Am deutlichsten wurde dies bei ihrer Tätigkeit als Altenpflegerin: Sie ging in ganz besonderer Weise auf die alten Menschen ein, obwohl sie nur für niedrige Pflege- und Reinigungsdienste eingestellt worden war. Aus diesem Grund erhielt sie natürlich in keiner Weise Supervision oder seelische Unterstützung für den Job. Sie hörte zu, nahm sich Zeit, und die alten Menschen fühlten sich von ihr verstanden und schätzten sie sehr. Seitens des Heimes wurde ihr Engagement weder erkannt noch gewürdigt.*
*Die sympathische und bescheidene Frau, die schon immer ein offenes Ohr für die Probleme anderer hatte, fühlte sich von ihrer Arbeit zunehmend zermürbt. Kaum konnte sie es mehr verkraften, wenn eine/r der PatientInnen starb, und sie hatte auch niemanden, mit dem sie darüber reden konnte. Ihre Trauer konnte sie weder im privaten noch im beruflichen Rahmen verarbeiten.*
*Es stellten sich Schlafstörungen ein, eine sowieso vorhandene Neigung zur Depression verstärkte sich. Frau S wurde immer müder und lustloser. Dennoch litt sie unter quälender innerer Unruhe, die sich z. B. darin äußerte, dass sie die Möbel in ihrer Wohnung ständig umstellte und einen Putzzwang entwickelte. Von den Menschen in ihrer Umgebung*

*zog sie sich zunehmend zurück; da sie von sich selbst keine hohe Meinung hatte, benutzte sie das Argument, sie wolle niemandem zur Last fallen.*
*Die ungenügende Abgrenzung zu den Nöten anderer, und zu hohe Anforderungen an sich selbst, verunmöglichten es ihr, die Tätigkeit in der Altenpflege fortzusetzen. Elisabeth S. war in ein bedrohliches Burn-out-Syndrom hineingeraten. Ihre Arbeitsleistung verschlechterte sich. Von KollegInnen zog sie sich immer mehr zurück. Das Dienstverhältnis wurde aufgelöst.*
*Mittels professioneller Hilfe erlernt Frau S. in den folgenden Jahren, eigene Bedürfnisse zu erkennen und wichtig zu nehmen. Sie lernt auch, sich von fremden Bedürfnissen abzugrenzen und „nein" zu sagen. Ihre Genuss- und Erlebensfähigkeit können verbessert werden. Frau S. bleibt jedoch vorerst beruflich wenig belastbar. Sie ist derzeit geringfügig als Reinigungskraft beschäftigt.*

### Das Verhalten meiner Vorgesetzten und KollegInnen ist schuld an meiner inneren Kündigung

Wichtig ist, wie sich Vorgesetzte durchsetzen und wie sie mit ihren MitarbeiterInnen umgehen. Leider gibt es zu wenige charismatische Führungskräfte (siehe Kapitel 4.3), die sich aufgrund ihrer natürlichen Autorität durchsetzen können und ihre MitarbeiterInnen nachhaltig für deren Job begeistern. Den Zustand der „inneren Kündigung" trifft man vermehrt bei MitarbeiterInnen von schlecht geführten Unternehmen oder Abteilungen an.

- Menschen sind motiviert, wenn es ihnen gut geht. Es ist wesentlich, dass sich Vorgesetzte durchsetzen können, aber sie sollen keine „Vernichtungskämpfe" führen, bei denen sich ihre MitarbeiterInnen geschlagen und gedemütigt aus dem Feld zurückziehen müssen. Denn der innere Groll, den die MitarbeiterInnen dann hegen, wird sich früher oder später gegen die Vorgesetzten oder die Firmenziele wenden. Andernfalls kommt es zu Kündigungen oder Krankenständen.
- Ohne jegliches Feedback auskommen zu müssen ist für viele ArbeitnehmerInnen sehr belastend. Gerade am Beginn eines Arbeitsverhältnisses ist es wichtig, MitarbeiterInnen Erfolge rückzumelden und sie dadurch zu motivieren. Fehler und Schwächen hingegen sind Anhaltspunkte für notwendige Lernprozesse. Durch das MitarbeiterInnengespräch z. B. vermittelt sich auch ein menschlicher Bezug, und damit entsteht oft erst eine persönliche Bindung der MitarbeiterInnen an das Unternehmen.
- Ständige aufreibende Konflikte mit KollegInnen sind sehr belastend.

Dennoch: „Keine Ausreden!": Sie sind für Ihre innere Kündigung (mit)verantwortlich.

- Viele Animositäten entstehen nur aufgrund zu großer Angst voreinander und einer ungesunden Distanziertheit: Suchen Sie das Gespräch!

- Setzen Sie sich aktiv für Ihre Ziele ein. Lernen Sie, Ihren Vorgesetzten Ideen und Verbesserungsvorschläge zu verkaufen. Die wenigsten sind konstruktiven Veränderungsvorschlägen gegenüber gänzlich verschlossen! (siehe Kapitel 5.2).
- Lernen Sie, in vernünftigem Maß Forderungen zu stellen, um sich auch unter KollegInnen besser durchzusetzen und Ihren Tätigkeitsbereich aktiv attraktiver zu gestalten (siehe Kapitel 4.2).
- Oft stärkt es schon Ihre Motivation, an Ihrer bestehenden Situation Kleinigkeiten zu verbessern (z. B. mehr Tagdienste statt Nachtdienste, flexiblere Arbeitszeiten).

**Und was können Vorgesetzte besser machen?**

Eigenständig für etwas verantwortlich sein zu dürfen, ist für manche MitarbeiterInnen der Stoff, aus dem die Arbeitsmotivation ist (Sprenger 1997). Vorgesetzte, die schlecht delegieren können, ständig im Arbeitsbereich ihrer MitarbeiterInnen mitmischen, diese kontrollieren und alle wichtigen Entscheidungen zur Sicherheit selbst treffen wollen, vermiesen diesem MitarbeiterInnen-Typus den Spaß am Job.
Andere Arbeitskräfte wollen lieber enge Vorgaben und Kontrolle. Für sie ist qualifiziertes Feedback durch die Vorgesetzten sehr wichtig.

## 8.4. Tipps für Selbst-Organisation und Selbst-Management

Werden Sie Herrin über Ihre Arbeit, anstatt Ihre Arbeit Herrin über Sie sein zu lassen. Greifen Sie gekonnt, mit Kraft und Geschick, bei den wahren Angelpunkten zu – und sparen Sie sonst Energie oder achten Sie darauf wieder „aufzutanken".

**Was ist Selbst-Management, was bringt es?**

Gutes Selbst-Management bringt die Möglichkeit, Energie so einzusetzen, dass ein Maximum an Erfolg erreicht wird.

*1. „Anti-Perfektionismus-Training"*
Das in der Wirtschaft bekannte Pareto-Prinzip besagt, dass 80 Prozent der Gesamtleistung mit 20 Prozent des Gesamtaufwandes erreicht werden können. Um die letzten 20 Ergebnisprozent zu realisieren, müsste frau hingegen 80 Aufwandsprozent(!) einsetzen. Daraus ergibt sich: Es genügt, sehr gut zu sein. Das Bestreben, die Beste sein zu wollen, würde ein unglaubliches Ausmaß an Energien in Beschlag nehmen – und über all dem vergessen lassen, dass Erfolge auch vermarktet werden müssen, um von den anderen gesehen zu werden (siehe Kapitel 12.2). Zwar ist die 100-Prozent-Messlatte für die ideale Zielvorstellung wichtig, wir müssen aber lernen, es auszuhalten, diese nie oder immer nur kurz tatsächlich zu erreichen – ansonsten kommen innere Konsolidierungsprozesse zu kurz, Dauerstress und Burn-out sind vorprogrammiert.

*2. Arbeits- und Lebensziele*
Geben Sie in Entscheidungssituationen oder bei Arbeitsüberschuss immer wieder bewusst denjenigen Angelegenheiten Priorität, die zur Erreichung Ihrer konkreten Ziele beitragen. Die Klarheit über die wichtigsten persönlichen Ziele ermöglicht einen zielgerichteten Einsatz von Energie. Dadurch ist mit jedem Erfolg auch tatsächlich ein starker Belohnungseffekt gegeben – so macht die Arbeit Spaß.
Viele sehr erfolgreiche Menschen schwören darauf, langfristig auf von ihnen selbst niedergeschriebene Lebens- und Arbeitsziele hinzuarbeiten. Bringen auch Sie Ihre Ziele zu Papier:
- Zwingen Sie sich dabei zur Reduktion. Beschränken Sie sich auf drei bis fünf wichtige Arbeits- bzw. Lebensziele.
- Geben Sie auch einen Zeitrahmen an: Bis wann wollen Sie diese Ziele erreichen?
- Überlegen Sie genau, ob Sie davon den von Ihnen gewünschten Nutzen haben werden.
- Welche Hindernisse werden sich Ihnen in den Weg stellen?
- Wer oder was wird Ihnen helfen?
- Legen Sie auch konkrete Kriterien fest, an denen Sie schlüssig erkennen werden, dass Ihr Ziel erreicht ist.

**Worin besteht optimale Arbeitsorganisation?**

*1. Wahre Prioritäten finden*
Gelungene Organisation der eigenen Arbeit bedeutet etwa, sich vom Tagesgeschäft nicht völlig überrollen zu lassen. Wenn sich das so eingeschliffen hat, problematisieren Sie die Situation mit Ihren Vorgesetzten. Wer den ganzen Tag nur noch sehr dringende und sehr wichtige Angelegenheiten regelt, anstatt sich auch Zeit für wichtige, aber weniger dringende Aufgaben zu nehmen (etwa die Entwicklung übergreifender Konzepte), arbeitet weder schöpferisch noch wirklich effizient („Eisenhower-Prinzip"). Insbesondere fehlt es so an energetischen „Tankstellen", durch die die Arbeit wieder lustvoll neu belebt wird.

*2. Ordnen und delegieren*
Steht frau vor einem einzigen Wust an unerledigter Arbeit, sinkt die Motivation.
- Ordnen Sie zuerst!
- Streichen Sie Unwichtiges komplett und geben Sie Aufgaben, an denen man (frau) Sie messen wird, Priorität. Dringende, aber nicht so wichtige Aufgaben können oft gut abgegeben werden.
- Delegieren Sie, trauen Sie anderen etwas zu, überlassen Sie geeigneten Personen mehr Verantwortung.

*3. Zeitplanung*
Führen Sie einen übersichtlichen Terminkalender – nur einen!
- Streichen Sie Pausen- und Wegzeiten aus, sodass Ihnen hier keine zusätzlichen Terminvergaben passieren.

- Dasselbe gilt für Termine, die Ihre Freizeitplanung betreffen: Ist Ihnen eine Aktivität (z. B. Squash mit FreundInnen) wichtig, tragen Sie diese als unverrückbaren Fixtermin in Ihren Kalender ein.

**Was kann ich als Betroffene von Burn-out außerdem für mich tun?**

- Nehmen Sie Ihren Zwang, sich zu beweisen, kritisch unter die Lupe. Korrigieren Sie Ihre Ziele realistischerweise nach unten.
- Hinterfragen Sie Ihre bisherigen Lebenswerte. Öffnen Sie Ihren Blick für Dinge jenseits von Leistung und Leistungssteigerung.

## Beispiel:

*Paula H., 40, arbeitet als Chirurgin an der urologischen Abteilung eines Krankenhauses. Wegen starker Erschöpfungzustände nimmt sie Coaching in Anspruch. Sie macht sich Sorgen über ihr Befinden. Abends kann sie, nach mehrstündigen Operationen im Spital und intensivem Studium von Fachliteratur zu Hause, nur noch nach dem Genuss einiger Gläser Wein abschalten und einschlafen. Im betrunkenen Zustand verursachte sie mit dem Auto einen Verkehrsunfall, zum Glück ohne Personenschaden, aber der nachfolgende Führerscheinentzug gibt ihr sehr zu denken.*
*Frau H. erkennt im Zuge des Coachings ihr Defizit im Bereich Entspannung und Erholung. Sie schreibt sich für einen Kurs in autogenem Training ein und beginnt, die dort erlernte Technik in ihrem Alltag regelmäßig anzuwenden. Im Coaching wird sie gefragt, was sie sonst zu ihrem Ausgleich tue.*
*Darauf weiß Frau H. keine Antwort. Als sie sich einmal in der Zeit irrt und viel zu früh zur Stunde kommt, schlägt der Coach ihr vor, bei dem schönen Wetter doch über die Fußgängerzone zu promenieren und den StraßenmusikantInnen zuzuhören. Frau H. reagiert äußerst befremdet. Wenn sie in die Innenstadt kommt, dann üblicherweise nur, um eine medizinische Fachbuchhandlung aufzusuchen und sich dort die neueste Literatur zu besorgen.*
*Aber der Vorschlag beschäftigt sie und ist Thema der Coaching-Stunde: Was bringt es, einem solch sinnlosen Zeitvertreib nachzugehen? Im Laufe des Coaching-Prozesses entdeckt Paula H. nach und nach den enormen Erholungswert von Lebensmomenten ohne Leistungsanspruch und sie lernt, diese – auf ihre ganz persönliche Art und Weise – zunehmend in ihr Leben zu integrieren.*

- Nehmen Sie eine Auszeit (siehe Kapitel 11.1, 11.2).
- Nehmen Sie die warnenden Signale ihres Körpers ernst. Echte Krankheitssymptome müssen Sie medizinisch abklären lassen.
- Verbessern Sie Ihre Beziehungen. Nehmen Sie wieder Kontakt zu alten FreundInnen auf.
- Tun Sie sich selbst etwas Gutes und gönnen Sie sich Freude und Entspannung.

**Was kann ich als Betroffene der inneren Kündigung für mich tun?**

Wenn Sie von innerer Kündigung betroffen sind, dann haben Sie es – vielleicht schon vor langer Zeit – verabsäumt, eine Verbesserung Ihrer Arbeitsbedingungen zu initiieren oder die entsprechenden Konsequenzen aus einer negativen stagnierenden Situation zu ziehen. Wahrscheinlich hatten Sie damals gute Gründe für Ihre Entscheidung zur Passivität. Vielleicht war es für Ihre gesamte Lebenssituation zu heikel, einen Job-Verlust zu riskieren, oder Sie waren sich der enormen Belastung durch die frustrierende Situation zunächst gar nicht bewusst.
Für Veränderungen ist es nie zu spät; sehen Sie jetzt der Realität ins Auge! Es ist hilfreich, eine Strategie festzulegen – auch wenn die Strategie heißt, nichts zu verändern. Wenn Sie z. B. kurz vor der Pensionierung stehen, ist eine sinnvolle Zähigkeit angebracht. „Durchsitzen", gepaart mit einer gewissen „Bauernschläue", ist dann eine gute Vorgangsweise.

## Beispiel:

*Rosemarie G., 58, ist Biochemikerin in einer Forschungs- und Versuchsanstalt. Sie ist in den Bereichen Forschung und Dokumentation tätig. Während sie die Forschungsarbeit gerne macht, war ihr die akribische Dokumentation, mit der sie stets viel Zeit verbringen musste, immer ein Gräuel. Müde und frustriert, innerlich „abgeschaltet", schob sie jedoch über viele Jahre „Dienst nach Vorschrift".*
*In den letzten Jahren vor ihrer Pensionierung beginnt sie, sich dieser ungeliebten Aufgabenstellung zu verweigern. „Das sollen jetzt die Jungen machen, die müssen das sowieso lernen." „Ständig übersehe ich etwas, mein Hirn ist schon zu löchrig dafür", sagt sie. Zu ihrem großen Erstaunen akzeptieren Vorgesetzte und KollegInnen ihre Verweigerung, zumindest teilweise. Rosemarie G. kann ihr Glück kaum fassen und verbringt die letzten Jahre in ihrem Job in weitaus höherer Lebensqualität als zuvor.*

Für jüngere ArbeitnehmerInnen geht es darum, sich aus – in Wirklichkeit oft gar nicht bestehenden – Abhängigkeiten zu lösen und sich in eine Aufbruchphase zu begeben (siehe Kapitel 1 und Kapitel 13). Denn ein jahrelanger leidvoller Zustand kann krank machen.
Im Coaching gelingt es herausfinden, ob Ihre Befürchtungen (wie z. B. keinen anderen gleichwertigen Job in der Branche zu finden) berechtigt sind, und wenn dem so ist, welche anderen beruflichen Alternativen es für Sie gibt (Umschulung, Weiterbildung). Derartige Veränderungen in einer Zeit der Arbeitslosigkeit werden übrigens mit staatlichen Zuschüssen und für Sie unentgeltlichen Kursangeboten unterstützt (erkundigen Sie sich beim AMS). Sie wären nicht die Erste, die danach doch noch ihren „Traumjob" bekommt.

# 9

# Leben mit Doppelbelastung

Über die „Doppelbelastung der Frau" ist bereits vieles geschrieben worden. Was gibt es über das Thema überhaupt noch zu sagen? Frauen haben traditionell das Problem der Vereinbarkeit von Familie und Beruf, während Männer es damit bisher leichter hatten. Wir erleben Mütter als gehetzte Dazuverdienerinnen in schlecht bezahlter Teilzeitarbeit. Diese wirft nicht nur wenig Geld ab, sondern auch in der Karriere zurück. Dazu kommen noch Vorwürfe: Die Kinder kämen zu kurz oder die Betreuung durch Professionelle würde ihnen schaden.
Neu ist, dass es mittlerweile auch Männer gibt, die aktiv und engagiert Kindererziehungszeiten übernehmen. Viele Väter sind heutzutage bereit, zugunsten der Kinder beruflich – zumindest zeitweise – zurückzustecken und familiäre Aufgaben wichtiger zu nehmen. Kinder profitieren nachweislich, wenn sich zwei Bezugspersonen unterschiedlichen Geschlechts um sie kümmern und als Vorbilder fungieren. Doch dann beginnt auch für die Väter das Dilemma mit dem Beruf und die Tretmühle zwischen unterschiedlichen Ansprüchen zweier großer Lebensaufgaben.
Wie können erschöpfte berufstätige Eltern wieder auftanken?
Das Sich-im-Job-Durchsetzen und das Feilen an der eigenen Karriere sind lustvolle Formen der Selbstentfaltung. Manche Menschen müssen aber unter persönlichen Bedingungen arbeiten, die überhaupt keinen Spaß machen. Und dann geht es nicht um Karriere und persönlichen Ehrgeiz, um Geld und Macht, sondern schlicht ums Überleben – etwa im Fall schwerwiegender Erkrankungen. Abgesehen von finanziellen Engpässen erleben viele Betroffene, dass bei weitem nicht alle ArbeitgeberInnen Verständnis für ihre Sondersituation haben.
Unsere berufliche Welt ist auf Schmerz, Trauer und Krankheit nicht ausgelegt. Diese negativen Ausformungen des Lebens finden in einer Hochleistungsgesellschaft keinen Platz. Und sind dennoch für viele Frauen Lebensrealität. Denn das Pflegen ist Frauenarbeit (so wie viele Tätigkeiten, die, gleichwohl mühevoll, nicht viel Prestige einbringen). Menschen, die langfristig in Pflegetätigkeiten involviert sind, gelten als besonders anfällig für Stressfolgeerkrankungen. Aber nicht nur ihr gesundheitlicher Zustand, auch ihre wirtschaftliche Lage ist oft sehr schlecht.

## 9.1. Partnerschaftliche Modelle für die Vereinbarkeit von Kind und Job

Neben der Problematik, wie Frauen besser in den Beruf zu integrieren sind, besteht auch die Problematik, Väter besser in die Familienarbeit einzubinden. Nicht nur in den einzelnen Familien, auch gesamtgesellschaftlich fehlen dafür die Vorbilder. Die wenigen Väter, die etwa in Karenz gehen, unternehmen für unsere Verhältnisse wagemutige Pionierleistungen.

**Väter in Karenz? Das klingt gut, funktioniert in der Praxis aber noch nicht.**

Für Deutschland und Österreich stimmt das leider. Nur ein verschwindend kleiner Teil der Väter (in Österreich unter zwei Prozent) geht in Karenz. In Schweden gilt für Eltern seit 1979 der Sechsstundenarbeitstag, es gibt fünf verschiedene Karenzzeit-Modelle bis zum Schulalter der Kinder, wobei 80 Prozent des Familieneinkommens erstattet werden. 50 Prozent der jungen Väter sind in Erziehungszeiten. Die schwedische Frau hat durchschnittlich ein Kind mehr als eine deutsche Frau, obwohl die Frauenerwerbsquote bei 82 Prozent liegt *(Psychologie Heute, 2/2002).*
Hierzulande wird das väterliche Engagement zum sozialen Abenteuer: Finanzielle Einbußen, der Spott der Kollegen und Karrierenachteile können die Folge sein.

## Beispiel:

*Alexander Z. ist bei seiner zweiten, acht Monate alten Tochter zu Hause in Karenz. Als seine Frau bei der älteren Tochter, die nun schon fünf Jahre alt ist, in Karenz war, hat er sie beneidet: Jeden Tag traf sie sich mit anderen Müttern und deren Kindern zu gemeinsamen Unternehmungen.*
*Wenn Herr Z. mit seiner Tochter am Spielplatz ist, ist er meistens der einzige Mann unter Müttern und Großmüttern. Alle sind freundlich zu ihm, aber er ist ein Exot. In die klassischen Mütter-Kinder-Treffen passt er nicht. Er hat mit seiner Tochter auch mehrfach an Spielgruppen, Baby-Schwimmen und am Mutter-Kind-Turnen teilgenommen. Wenn es ein Programm gebe, ginge es ja, sagt er – aber zum Kaffeeklatsch käme er nicht mehr. Natürlich spreche auch er gerne über seine Tochter, was sie spielt, wann sie schläft, aber ansonsten würde er sich lieber über Fußball und Autos als über Kochrezepte unterhalten. Die „üblichen Frauen-Ausrichtereien“ interessierten ihn nicht.*
*Seine Kollegen klopfen ihm auf die Schulter finden seine Karenz „toll“, aber zumeist umspielt ein süffisantes Lächeln deren Lippen. Manchmal hat er das Gefühl, als Vater in Karenz weder unter Männern noch unter Frauen „am richtigen Platz“ zu sein.*

### Bringen Gesetze die Väter eher in Karenz?

Es wird immer wieder versucht, über Gesetze Väter zur Karenz zu bewegen. Staatliche Zuschüsse zum Familieneinkommen („Karenzgeld“, „Kindergeld“) können z. B. länger bezogen werden, wenn auch der Vater Erziehungszeiten übernimmt.
Derartige gesetzliche Vorgaben sind vielleicht ambitionierte, aber letztendlich zahnlose Versuche, den Vätern die Karenz schmackhaft zu machen: Solange die meisten Männer mehr verdienen als ihre Frauen, Frauen an sich (unabhängig von Kindern) schlechtere Aufstiegschancen haben und damit vor den Kindern keine Spitzenpositionen (und -gehälter) erreichen, Männer einen Imageverlust erleiden, wenn sie in Karenz gehen, und die gesellschaftliche Meinung Mütter für die Ver-

sorgung der Kinder verantwortlich macht, wird sich an den gegebenen Umständen so schnell nichts ändern.

**Fällt es den Frauen aufgrund höherer Zuverdienstgrenzen leichter, den Kontakt zum Job zu halten?**

Fürs Kontakthalten sind höhere Zuverdienstgrenzen hilfreich. Nur lässt sich mit Teilzeitarbeit keine Karriere vorantreiben – dazu ist das Image der stundenreduzierten Tätigkeit viel zu schlecht, die ArbeitgeberInnen stört die eingeschränkte Verfügbarkeit der Frauen. Vielen Frauen wird wohl auch unterstellt, dass sie in Wirklichkeit nur mehr ihre Kinder im Kopf hätten und zu wenig kreative Energie für den Job aufbrächten.

**Wer profitiert von väterlichen Karenzzeiten?**

Die Männer selbst können von einer Elternkarenz profitieren. Dass es sich bei der Betreuung eines kleinen Kindes um ein „Sozialkompetenz-Training" pur handelt, ist jedoch Vielen nicht bewusst. Unter Umständen wird lieber viel Geld für ein „Manager-Training" mit derselben Zielsetzung ausgegeben.

In Amerika werden Führungskräfte mit Personalverantwortung in manchen Unternehmen danach selektiert, ob sie auch mindestens für ein Jahr Erziehungs- oder Pflegetätigkeiten nachweisen können. Das garantiert die nötige Sozialkompetenz, Konfliktfähigkeit sowie Belastbarkeit und spart Fortbildungskosten.

Männer mit Karenzzeiten unterscheiden sich (laut einer deutschen Studie mit 1200 Männern, davon 20 Prozent „neue Männer" in Karenz) deutlich von den eher traditionellen Männertypen *(Psychologie Heute, 2/2002):*

- Sie sind partnerschaftlicher in Beruf und Familie.
- Sie sind politisch interessierter und aktiver.
- Sie sehen Erziehungszeiten als persönliche Chance und Bereicherung.
- Sie sind sensibler und kennen sich in der eigenen Psyche besser aus.
- Sie sind weniger autoritär und gewaltfreier.
- Sie führen ein zufriedeneres Sexualleben als „traditionelle" Männer.

Ebenso profitieren die Kinder: Die positive Zuwendung und die Erziehungsleistung der Väter ist für sie enorm wichtig, wie Forschungsergebnisse aus Deutschland und den USA zeigen.

Väter spielen anders mit (kleinen) Kindern als Frauen: „Väterlich wilde" Bewegungsspiele helfen den Kindern, ihre Grenzen zu erfahren und Selbstkontrolle zu entwickeln. Männliches Einfühlungsvermögen zu erleben, ermöglicht ihnen im Erwachsenenalter glücklichere Beziehungen und Bindungen. Durch das Wecken von Neugier (ebenfalls typisch für das Spielen von Vätern mit Kindern; Väter geben kräftigere neue Impulse für das Spiel) werden Konzentration und Durchhaltevermögen geschult. Damit steigt das Selbstbewusstsein. Fast jeder spätere Lern- und Ausbildungsprozess wird davon profitieren.

Väter in Erziehungszeiten nützen also nicht zuletzt unserer Gesellschaft, da sie von Anfang an einen wichtigen Beitrag leisten können, aus Mädchen und Buben starke und gesunde erwachsene Persönlichkeiten werden zu lassen.

## Warum werden Väter und Vaterfiguren in der Erziehungsarbeit so dringend gebraucht?

Heutzutage sind Kinder in allen außerhäuslichen Beziehungen (Kindergarten, Schule etc.) praktisch ausschließlich mit weiblichen Bezugspersonen konfrontiert. Daher kommt den Vätern – egal, ob sie bei der Familie wohnen oder ein Besuchsrecht haben – und Vaterfiguren in der Familie ein erhöhtes Maß an Identifikationsfunktion zu. Karenzzeiten zu übernehmen ist sicherlich ein guter Start für die Vater-Kind-Beziehung, auch wenn das väterliche Engagement in späteren Jahren des Heranwachsens der Kinder nicht an Bedeutung verliert.
Denn die vermutlich entscheidenden vier Faktoren, wie gut Erziehung gelingt, werden maßgeblich auch vom männlichen Vorbild gespeist (Prof. Dr. Max Friedrich, Vorstand der Kinderneuropsychiatrie am AKH Wien, in einem Telefongespräch vom 07.06.2002):

1. *Möglichkeit zu Imitation und Identifikation*
   Menschen – speziell Kinder – lernen am besten und am schnellsten vom Vorbild, am „Modell". Sie übernehmen einerseits Verhaltensweisen von ihnen nahe stehenden Bezugspersonen. Später entscheiden sie sich aber oft bewusst gegen bestimmte von ihnen beobachtet „typisch männliche" und „typisch weibliche" Verhaltensweisen („So wie Mutter/Vater möchte ich in dieser Hinsicht nicht werden"). Gerade auch für Mädchen ist es wichtig, „männliche Anteile" beobachten und übernehmen zu können – etwa um sich im Beruf gezielt durchzusetzen.
2. *Möglichkeit zum Versuch-Irrtum-Lernen in Beziehungen*
   Kinder „erlernen" auch die Handhabung von sozialen Kontakten: So gehe ich mit Frauen um, so mit Männern.
3. *Möglichkeit zum kalkulierten Umgang mit Gefahr*
   Kinder sollen lernen, mit gefährlichen Situationen umzugehen und sich selbst Grenzen zu setzen. Die Erwachsenen sind dazu da, das Ausmaß der Gefahr abzuschätzen (etwa wenn Kinder auf hohe Bäume klettern) und zu dosieren. Kinder lernen dabei, dass Erwachsene, abhängig von ihrer eigenen Ängstlichkeit, unterschiedliche Grenzen haben. In einer Familie ist die Mama unerschrockener, in einer anderen der Papa. Beide jedoch – das männliche wie das weibliche Modell – sind wichtig bei der Definition eigener Grenzen.
4. *Möglichkeit zum Abschied von der Verhör-Erziehung*
   In diesem letzten Punkt hätten die Väter den Müttern einiges voraus, meint Prof. Friedrich. Er nennt ein Beispiel aus dem Schulalltag: Während Mütter, die am Tag der Benotung einer Schularbeit mit einem weinenden Kind konfrontiert sind, manchmal eine etwas scheinheilige Befragungstaktik bevorzugen, etwa „Wie war's in der Schule?", verhalten sich die Väter hier hilfreicher, indem sie gleich auf den offensichtlichen Punkt zusteuern: „Oje, das hat wohl nicht geklappt. Hast

du zu wenig gelernt oder sollen wir den Nachhilfe-Lehrer wechseln?" Väter oder männliche Bezugspersonen sind also in manchen Aspekten der Gesprächsführung den sonst in Sachen Kommunikation so gelobten Müttern überlegen.

Väterliche Erziehungsaufgaben, so Professor Friedrich, regelten sich allerdings ganz von selbst, sobald diese nur da wären! Deswegen auch sein Appell an die Väter: „Nehmt euch Zeit für eure Kinder!"

*Wichtig für die Mütter in diesem Zusammenhang:*

- Reißen Sie die Kinderbetreuung nicht kontrollierend an sich und verzichten Sie darauf, sich in die Zweisamkeit zwischen Vater und Kind beständig einzumischen. Belehren Sie Ihren Partner nicht darüber, wie er das Kind zu pflegen oder mit ihm zu spielen hat.
- Wesentliche Punkte klären Sie am besten in einem ruhigen Moment miteinander ab.

**In vielen Familien sind keine Väter da. Was dann?**

Väter sind vielfach aus Zeitgründen für Kinder *de facto* nicht anwesend, gerade auch in bestehenden (ungeschiedenen) Familien. In manchen dieser ist das Phänomen der „verheirateten Alleinerzieherinnen" Realität. Während die Männer voll im Beruf stehen, vielleicht beruflich viel reisen und zudem noch in zeitaufwändige Hobbys, Lobbys und Interessen involviert sind, bleiben die Frauen mit den Erziehungsaufgaben alleine zurück.

Paradoxerweise gelangen manche Elternpaare erst nach Scheidung oder Trennung – aufgrund bewusster Bemühungen – zu sinnvollen Aufteilungen ihrer Kinderbetreuungszeiten (dafür wird gelegentlich auch professionelle Hilfe in Anspruch genommen, etwa Mediation). So haben Kinder aus Scheidungsfamilien durchaus nicht prinzipiell weniger von ihren Vätern als solche aus bestehenden Familien, auch wenn in Österreich weiterhin praktisch immer die Mutter mit der Obsorge über die Kinder betraut ist. Wenn geschiedene Mütter nochmals heiraten oder fixe Bindungen eingehen, kommen die Kinder im glücklichsten Fall sogar auf zwei kompetente und bemühte „Väter".

Aber gerade weil viele Kinder wenig von ihren Vätern haben und viele Frauen mit Kindern ohne Partner leben (müssen oder wollen), brauchen wir erziehende Männer auch außerhalb der Familien! Wir benötigen dringend Kindergärtner, Tagesväter, männliche Au-Pairs und mehr charismatische männliche Lehrer, um der Überzahl an weiblichen Betreuungspersonen der Kinder ein gutes Gegengewicht zu bieten.

Die Abwesenheit fördernder männlicher Impulse und Vorbilder in der Welt des heutigen Aufwachsens wird von vielen ErziehungsexpertInnen als sehr ungünstiger Faktor gesehen. Denn was fehlt Kindern im Zuge einer gänzlich männerlosen Erziehung? Mädchen erleben eine massive Verunsicherung dem anderen Geschlecht gegenüber: „Der Mann – das unbekannte Wesen". Buben müssen die eigene Identität ganz alleine, ohne Vorbilder (oder mit fragwürdigen Vorbildern, etwa aus Film und

Fernsehen) erschaffen – was eine Überforderung darstellt. Für heranwachsende Buben ist es ferner wichtig, spielerisch und lustvoll Kampf und Rivalität mit erwachsenen Männern erproben zu können und einen „Sparring-Partner" zu haben (Prof. Friedrich, 07.06.2002).
Es trifft sich also gut: Während weibliche Kompetenzen, wie Motivierungs- und Führungsfähigkeit in der beruflichen Welt dringend benötigt werden, brauchen wir gleichermaßen vermehrt männliche Qualitäten in der Begleitung unserer Kinder.

## 9.2. Klare Entscheidungen mit ganzem Herzen

Berufstätigkeit beider Eltern neben dem Kind: ja oder nein? Schadet es dem Kind, wenn es zu einer Tagesmutter, in eine Krippe, in den Kindergarten gehen muss? Oder bereichert es seine Entwicklung?
Für viele Fragen fehlen die eindeutigen „harten Fakten", die wir gerne zur Antwort hätten. Es gibt zwar wissenschaftlich fundierten Grund zur Annahme, dass professionell betreute Kinder weder mehr noch weniger „neurotisch" sind, als solche, die bis ins Kindergarten- oder Schulalter ausschließlich zu Hause betreut wurden. Soziale Entwicklungsprozesse dieser Kinder scheinen oft etwas beschleunigt abzulaufen. Nur, wer kann für Erziehungsergebnisse im Einzelfall schon garantieren? So bleibt zu sagen: Was für die eine Familie richtig ist, ist es für eine andere nicht. Es gilt, einen Weg zu finden, mit dem alle Beteiligten leben können. Denn Kinder signalisieren deutlich, ob es ihnen gut geht oder nicht – lange bevor sie darüber sprechen können. Kleinen Kindern fällt der Abschied von den Eltern schwer. Trotzdem können die Tränen bei der Übergabe an Kindergärtnerin oder Tagesmutter auch zum Ritual geworden sein, mit dem die Belastungsgrenze der Eltern ausgelotet wird. Wenn sich das Kind hingegen nicht in die Gruppe integriert, nicht spielt und auch nach der Eingewöhnungszeit viel weint und jammert, läuft tatsächlich etwas schief. Dann müssen Alternativen gefunden werden.
Aber es geht nicht nur um das Wohl der Kinder. Auch die Eltern sollen sich einen *modus vivendi* gönnen, den sie langfristig vertragen. Der völlige Ausstieg aus dem Beruf würde viele Frauen sehr unglücklich machen.
Ist ein für alle Familienmitglieder gangbarer Weg gefunden worden, so gilt es vorbehaltlos zu diesem zu stehen.

**Ich möchte als Mutter für mein Kind da sein und nicht ewig zerrissen zwischen Kind und Job sein.**

Gratulation zu einer klaren Entscheidung!
Wenn Sie vorhaben zu kündigen, erkundigen Sie sich nach den für Sie geltenden Bestimmungen der Abfertigungsregelung.

**Beispiel:**

*Die Buchprüferin und Steuerberaterin Anna M., 39, arbeitet schon seit vielen Jahren in einer Kanzlei, zuletzt nur 30 Wochenstunden. Ihr Mann ist vollzeitbeschäftigt. Mit dem gemeinsamen sechsjährigen Sohn verbringt sie drei Nachmittage in der Woche. Für die Pflege von Haus und Garten leistet sich die Familie gelegentlich bezahlte Hilfe. Frau M. unterbrach ihre Berufstätigkeit nach der Geburt ihres Sohnes nur für ein Jahr, sie sei für ein Leben zu Hause nicht geschaffen, sagte sie damals. Außerdem befand sie sich zu dieser Zeit noch mitten in einer Phase beruflicher Etablierung und erhielt seit jeher viel Unterstützung vonseiten der Großmutter. Als Anna M. ihr zweites Kind bekommt, beabsichtigt sie, etwa zwei Jahre in Karenz zu bleiben und in dieser Zeit stundenweise bis zur Zuverdienstgrenze arbeiten zu gehen. Doch wenige Monate nach der Geburt verstirbt die Großmutter völlig unerwartet an den Folgen eines Schlaganfalles. Abgesehen von Schock und Trauer bricht die Organisation der Familie, die auf deren Mithilfe wesentlich aufgebaut war, völlig zusammen.*

*Anna M., die ihre Kinder nicht Fremden überlassen will, kann daher nicht stundenweise arbeiten gehen. Sie sieht keinen anderen Ausweg als nach ihrer Karenzzeit zu kündigen und erst einmal ganz zu Hause zu bleiben. Trotz ihrer anfänglichen Enttäuschung beginnt Frau M. ein neues Leben, das ihr auch zunehmend gefällt. Sie wird gelassener und ruhiger. Am Vormittag, wenn die Kleine schläft, findet sie nunmehr Zeit, ein Buch zu lesen oder ihrem Hobby, dem Malen, nachzukommen. Auch für ihren Sohn nimmt sie sich nun mehr Zeit.*

*Vielleicht wird Anna M. wieder einmal arbeiten gehen, das möchte sie nicht ausschließen. Doch eine starke Sehnsucht danach spürt sie nicht. Sie kennt das Berufsleben ihrer Branche in- und auswendig und merkt erst jetzt, wie überdrüssig sie gewisser Problemstellungen schon lange war. Mit jedem Tag, den sie zu Hause verbringt, rückt das Berufsleben von ihr weiter weg. Und sie bedauert dies nicht.*

### Als Alleinerzieherin muss ich mein Kind in Betreuung geben.

Alleinerzieherinnen sind mit einer Aufgabe betraut, die wohl mit der viel zitierten Quadratur des Kreises verglichen werden darf. Viele sind für das materielle Wohl der Familie ganz oder fast ganz allein verantwortlich: Sie sollen ihren Kindern zudem eine geduldige und einfühlsame Mutter sein und selbstverständlich sollte das Kind auch in all seinen Talenten bestmöglich gefördert werden. Schon Elternteile, die die Rückendeckung eines Geld verdienenden Partners haben, kommen bei dieser Fülle von Erziehungsansprüchen ins Schwitzen.

Alleinerzieherinnen sind auf Hilfe angewiesen: Sie müssen üblicherweise regelmäßig professionelle Kinderbetreuung in Anspruch nehmen. Ihre Kinder sind oft die Letzten, die vom Kindergarten abgeholt werden, und die Ersten, die kommen. Sie werden daher zu ihren nicht elterlichen Betreuungspersonen besonders wertvolle und intensive Bindungen entwickeln.

Viele Omas und (mehr und mehr) Opas leisten hier, ebenso wie die Profis, Großartiges, und unterstützen junge Familien und insbesondere alleinerziehende Eltern enorm. Die gesellschaftliche Anerkennung dieser Leistung ist beschämend gering, was sich z. B. in den niedrigen Entlohnungen von Kinderfrauen, Tagesmüttern, Kindergärtnerinnen und z. T. auch LehrerInnen niederschlägt. Bedenklich, wie wenig Bedeutung dem wichtigsten Potential unserer Gesellschaft geschenkt wird. Professionelle Kinder-Betreuung ist im klassischen Klischee eben „nur mindere (Frauen)arbeit" – bzw. eine Art „Ausweitung des Platzes, an den die Frau sowieso hingehört – zu Kindern und Herd." Gerade selbst kinderlos Gebliebene oder Männer, die in die Betreuung ihrer Kinder nie ernsthaft involviert waren – bei manchen unserer politischen Entscheidungsträgern hat frau diesen Eindruck – haben keinen Blick dafür, wie viel Professionalität zum Führen einer Kindergruppe gehört. Und wie wichtig es ist, dass diese Arbeit von gut ausgebildeten und begabten PädagogInnen gemacht wird.
Stattdessen werden Gelder für Kindergruppen gekürzt, die Zahl der SchülerInnen pro Klasse immer höher hinaufgesetzt und damit nicht nur Bedingungen verschlechtert, sondern auch symbolisch die Missachtung des Wertes „Kindererziehung" ausgedrückt. Doch wenn diese Arbeit nicht wichtig ist, welche ist es dann?
Erziehende Großeltern wiederum erleben, dass Berufstätigkeit auch bei ihnen als „höher", „gesellschaftlich wichtiger" gesehen wird, als Zeit für die Kinderbetreuung zu haben.
Vielleicht sollten wir uns öfters vor Augen führen, dass sich in der heutigen Kinder-Schar, die in von uns geschaffenen Bedingungen aufwächst, die nächste Bundespräsidentin oder Nobelpreisträgerin befinden wird! Doch auch abgesehen davon haben wir für jedes einzelne Kind allen Grund, liebevoll Bedingungen für psychische Gesundheit und späteres Lebensglück herzustellen. Rahmenbedingungen, die dies ermöglichen, wären mit allen Kräften zu fördern.

### Tipps für die frühe nicht elterliche Betreuung von Kindern

Eltern sind zweifelsfrei dafür verantwortlich, eine Betreuung sicherzustellen, die dem Kind zumutbar ist bzw. bei der es sich wohl fühlt und in seiner Entwicklung gefördert wird. Jedes gesunde Kind ist fähig, mehrere Bezugspersonen zu mögen und zu respektieren und darüber hinaus auch zu lernen, bei wem welche Regeln gelten und wer sich für was besonders eignet, also mit wem welches Spiel am schönsten ist.

- Wollen Sie ein Kind unter drei Jahren betreuen lassen, ist es sinnvoll, das Kind so früh wie möglich in regelmäßigen Kontakt mit der betreuenden Person zu bringen. So sollte die Oma schon gelegentlich präsent sein und das Kind allein betreuen, bevor Sie wieder arbeiten gehen.
- Achten Sie auf einen regelmäßigen Tagesablauf. Sagen Sie etwa: „Jeden Vormittag kommt die Oma („Und pass mir dann auf die Oma gut auf, bitte."), weil die Mama arbeiten geht." Ist diese Regelmäßigkeit nicht möglich, erklären Sie dem Kind am Vorabend oder spätestens

am Morgen des jeweiligen Tages, wo es den Tag verbringen und wer es betreuen wird. Auch sehr kleine Kinder (eineinhalb bis zwei Jahre) können dies schon ansatzweise verstehen und fühlen sich dann positiv mit einbezogen.
- Wenn Sie vom Kind Abschied nehmen, stehlen Sie sich niemals einfach davon, wenn das Kind gerade beschäftigt ist. Sagen Sie immer ehrlich, dass Sie weggehen und später wiederkommen werden, auch wenn das im Moment Tränen auslöst. Das Kind kann sonst einen gravierenden Vertrauensbruch erleben. Und die betreuende Person kann mit dem Kind, das die ganze Zeit sie wartet, fast nichts anfangen.
- Irritieren Sie den Eingewöhnungsprozess in ein nicht elterliches Betreuungsverhältnis nicht durch eigene Schuldgefühle. Das Kind muss verstehen lernen, dass es dazu keine Alternative gibt, weil Mama und Papa arbeiten gehen möchten und/oder müssen.

## 9.3. Arbeiten, erziehen, organisieren – und wann wieder auftanken?

War es früher – vor den Kindern – möglich, sich nach der Arbeit zurückzuziehen und den eigenen Bedürfnissen nachzugehen, hält die Anspannung berufstätiger Eltern meist von früh bis spät an: Das Berufsleben ist oft hart und zudem verlangen einem die Kinder, wenn sie ihre Mama, ihren Papa einmal für sich haben, doppelt so viel ab.
Das Leben mit Kindern ist nicht nur anstrengend – es ist auch eine große Freude. Trotzdem erwächst in den meisten Eltern das Bedürfnis, auch für sich selbst etwas Zeit zurückzugewinnen.

### Alltag mit Beruf und Kind – was sind die Organisationsschritte?

Ein Gutteil der Lösung liegt in einer guten Organisation, v. a. zwischen den Partnern. Klären Sie folgende Punkte ab:
- Wer geht wann in Karenz und wie lange?
- Wer kann stundenreduziert arbeiten?
- Wie kommen beide in den Genuss beruflicher Weiterentwicklung?
- Für welche Anforderungen des Alltags (vom Wäschewaschen bis zu Besuchen beim Arzt oder Steuerberater) ist wer verantwortlich?
- Wie kommen beide Partner zu Erholung (Sport, Treffen mit Freunden, Zeit für Hobbys und persönliche Ziele)?

### Fehlende Notfallszenarien können zum Problem werden.

- Was passiert, wenn das Kind krank ist und deswegen nicht zur Tagesmutter gehen kann?
- Was passiert, wenn die Oma krank wird oder auf Urlaub ist und das Kind nicht übernehmen kann?
- Was passiert, wenn das Auto kaputt ist und das Kind nicht in den Kindergarten gebracht werden kann?

Eltern, die solche Fragen mühelos beantworten können, sind bereits bestens vorbereitet. Wer vor dem Kind noch keine Manager-Qualitäten entwickelt hat, wird spätestens jetzt zum Organisationsprofi. Zuweilen legt die Umwelt allerdings etliche Steine in den Weg, wenn junge Eltern Aufgaben rund um Geldverdienen und Kinderbetreuung etwas unkonventioneller unter sich aufteilen wollen. Im folgenden Beispiel – angelehnt an ein Beispiel der Gleichbehandlungskommission – werden sowohl Männer als auch Frauen im Bewerbungsprozess diskriminiert.

**Beispiel:**

*Ernst P. hat mit seiner Frau Sarah zwei Söhne im Alter von vier und sechs Jahren. Seine Frau hatte nach der letzten Karenzzeit eine erfreulich gut bezahlte Vollzeit-Stelle als Chefsekretärin gefunden und verdient nun verlässlicher als er in seinem ehemaligen Job als Taxifahrer, der, zudem ungünstig, mit vielen Nachtdiensten verbunden war. Das Ehepaar beschließt, dass Ernst P. sich eine Teilzeitbeschäftigung suchen soll, die es ihm ermöglicht, bei regelmäßigem Einkommen teilweise bei den Kindern sein zu können und den Haushalt zu führen. Beim „Großen" steht schließlich die Eingewöhnung in die Schule an, und das jüngere Kind soll nicht von früh bis spät im Kindergarten sein müssen. Herr P. bewirbt sich bei einem Handelsunternehmen, das per Inserat eine „Mitarbeiterin für 22 Wochenstunden" sucht.*
*Er erhält die Auskunft, es handle sich dabei um eine Kassatätigkeit und dafür würden nur Frauen eingestellt. Als Mann könne er sich jedoch als Filialleiter bewerben, allerdings sei im Moment keine Filialleiterstelle frei und diese könnte auch nicht in Teilzeit besetzt werden. Die Unternehmensleitung erklärt, dass sich erfahrungsgemäß Frauen für die Tätigkeit des Kassierens besser eigneten als Männer, da sie belastbarer seien. Die Tätigkeit werde ausschließlich als Teilzeitarbeit angeboten, was den Frauen überdies entgegenkomme.*
*Die Gleichbehandlungskommission stellte in diesem Fall fest, dass es sich bei der Ablehnung der Bewerbung um eine Diskriminierung aufgrund des Geschlechtes handelt, da die Geschäftsleitung des Unternehmens keine sachliche Rechtfertigung für die Ungleichbehandlung vorbringen kann. „Die allgemeine Ansicht, dass sich Frauen zur Ausübung der Tätigkeit als Kassierin besser eignen, mag zwar der Erfahrung des Unternehmens entsprechen, es kann aus dieser Tatsache aber nicht abgeleitet werden, dass das Geschlecht eine unverzichtbare Voraussetzung für die Ausübung der vorgesehenen Tätigkeit darstellt."*
*Die Politik des Unternehmens sei weitgehend fixiert auf die traditionellen Geschlechterrollenklischees. Diese Rollenzuteilung hätte zwar längst keine gesetzliche Basis mehr, würde jedoch durch eine derartige Firmenpolitik weitergetragen.*
*Auffallend (und nicht untypisch) in diesem Zusammenhang: Das Unternehmen hat in den letzten Jahren zwar den Arbeitnehmerinnen den beruflichen Aufstieg in Bereiche eröffnet, in denen davor nur Männer tätig waren, bei den „typischen Frauentätigkeiten" aber ist keine Änderung erfolgt. Nicht zuletzt, weil Männer kaum Interesse daran haben.*

*Ernst P. war der erste Mann, der sich in dem Unternehmen um die Position einer Kassierin beworben hatte.*

### Viele Frauen haben das Gefühl, die Arbeit hört nie auf: nach dem Büro die Hausarbeit ...

Gelegentlich hat frau den Eindruck, dass Männer zwar etwas mehr zur Erziehungsarbeit, aber gleichbleibend wenig zur Hausarbeit bereit sind.

- Versuchen Sie, gemeinsam mit ihrem Partner die Pflichten im Haushalt und die täglichen Aufgeben gerecht aufzuteilen.
- Wenn Sie und Ihr Partner mit ihrer Kapazität am Ende sind: Lassen Sie sich helfen! Männer, die im Haushalt ausfallen, sollten als Ersatz Ressourcen zur Verfügung stellen: Stundenweise sind Haushaltshilfen nicht teuer und haben schon manche Ehe vor dauerhaften Streitigkeiten bewahrt.

### Was tun, wenn die Zeit für sich selbst ganz auf der Strecke bleibt?

- Achten Sie auf ein Minimum an persönlichem Freiraum, in dem Sie Erholung finden! Das sollten sich die beiden Elternteile auch gegenseitig gönnen – Väter nehmen dies oft selbstverständlicher für sich in Anspruch als Mütter.
- Für AlleinerzieherInnen gilt, dass sie das Kind auch aus solchen Gründen weggeben „dürfen".
- Ein Trost für Eltern ganz kleiner Kinder: Es wird mit jedem Jahr „besser". Drei- bis vierjährige Kinder (manchmal noch früher) können z. B. ein Wochenende bei den Großeltern schon sehr genießen.

### Wie kann ich besser abschalten?

Rein zeitlich kann frau Beruf und Familie klar voneinander trennen, mental jedoch nicht so leicht. Manchmal hängt die unerledigte Arbeit des Tages noch bis zur Gute-Nacht-Geschichte nach, oder die Erinnerung an ein beim Abschied brüllendes Kind zieht sich zwischen die Aktenberge.

Eine fürsorgliche und zärtliche Mutter soll sich im Optimalfall am Arbeitsplatz zu einer durchsetzungsstarken Kämpferin entwickeln (Bauer-Jelinek, 2000), und von einer Abteilungsleiterin, die ihrer Sekretärin in knappen Worten Anweisungen gibt, erwarten wir einen anderen Ton, wenn sie mit ihrem Mann darüber spricht, was für die Familie einzukaufen ist. Unsere Kinder wollen wir im Sinne von Vertrauen, Kooperation und gegenseitiger Rücksichtnahme erziehen, während im Job erfolgreich ist, wer Macht und Ansehen hat, sich durchsetzen kann und auch Attacken zu parieren vermag.

Umzuschalten gilt es v. a. zwischen den unterschiedlichen Verhaltensformen, die zu Hause bzw. am Arbeitsplatz angebracht sind.

Finden Sie Rituale (Kleider wechseln, sich duschen), die es Ihnen zu Hause ermöglichen, von der Arbeit abzuschalten – und umgekehrt (z. B. die Arbeit mit einer Tasse Kaffee unter KollegInnen beginnen, zuerst den Schreibtisch aufräumen etc.).

## 9.4. Erwerbsleben und Pflege

Erziehungsaufgaben mit dem Erwerbsleben zu koordinieren ist nicht die einzige herausfordernde Doppelbelastung, mit der arbeitende Menschen konfrontiert sind. Dazu kommen auch andere private Verantwortlichkeiten, wie die Betreuung kranker Angehöriger. Das Vereinbaren von Pflege und Beruf ist oft schwierig. Einmal in vielen Jahren eine Woche Pflegeurlaub zu nehmen, stellt in vielen Fällen schon Anforderungen an das Durchsetzungsvermögen. Wie schwierig ist erst die Situation von arbeitenden – vielleicht auch alleinerziehenden – Frauen, die ständig jemanden pflegen.

**Immerhin gibt es den Pflegeurlaub ...**

Auch wenn der Pflegeurlaub gesetzlich vorgesehen ist – KollegInnen und Vorgesetzte werden nie begeistert sein, wenn dieser tatsächlich in Anspruch genommen wird. Wie groß kann der Druck auf die einzelne Arbeitnehmerin hier werden?

### Beispiel:

*Helga K., 37, ist eine hoch qualifizierte Fachkraft in einem Elektronik-Unternehmen. Sie ist eine der wenigen Frauen im mittleren Management des Betriebs. Sie hat mit ihrem Mann eine einjährige Tochter. Üblicherweise betreut dieser das Kind, da er sich in Karenz befindet. Als er jedoch an einer (infektiösen) Lungenentzündung erkrankt, übernimmt Helga K. für eine Woche die Pflege der Tochter. Ihr Mann kann in den ersten Tagen seiner Krankheit kaum das Bett verlassen, auch besteht hochgradige Ansteckungsgefahr für das Kind. In der Firma wird Frau K. jedoch sehr vermisst. Der Pflegeurlaub schließt sich unglücklicherweise direkt an drei Wochen ihres Jahresurlaubes, man hatte mit ihrer Anwesenheit jetzt gerechnet. So verbringt sie trotz ihres Pflegeurlaubes etliche Stunden am Telefon, um mit ihren MitarbeiterInnen und anderen Bereichsleitern die notwendigsten Angelegenheiten zu regeln. Täglich ist sie mit der Bitte, doch wenigstens einige Stunden in die Firma zu kommen, konfrontiert, die sie stets ablehnen muss, da für das Kind keine weiteren Betreuungspersonen vorhanden sind.*

**Welche Rechte habe ich als Arbeitnehmerin in Bezug auf Pflegeurlaub?**

Zur Erlangung des Anspruches auf Pflegefreistellung muss der/die ArbeitnehmerIn wegen der notwendigen Pflege eines im gemeinsamen Haushalt lebenden kranken Angehörigen an der Arbeitsleistung verhindert sein. Die Pflegefreistellung vom Job gibt es jährlich bis zum Ausmaß einer Woche.

- Sie haben einen Anspruch auf Fortzahlung des Entgelts in dieser Zeit.
- Für die Pflege kranker Kinder gibt es zusätzliche Tage.

- Rechtsansprüche der Arbeitnehmerinnen bleiben in dieser Zeit ungeschmälert aufrecht.
- „Notwendige Pflege" meint, dass die Arbeitnehmerin alle zumutbaren Vorkehrungen treffen muss, um eine Arbeitsverhinderung wegen eines Pflegefalles hintanzuhalten. So ist z. B. eine Pflege durch die Arbeitnehmerin nicht notwendig, wenn eine andere geeignete Person zur Pflege vorhanden ist.
- Es ist aber davon auszugehen, dass die Arbeitnehmerin Angehörige in erster Linie selbst pflegen wird und dass die Heranziehung dritter Personen (z. B. Pflegepersonal) im Normalfall nicht zugemutet werden kann.
- Dies gilt auch bei Ausfall einer Person, die das Kind üblicherweise ständig betreut (durch Tod, Krankenhausaufenthalt, behördliche Anhaltung, schwere Erkrankung etc.).
- Die Freistellung kann bei entsprechendem Bedarf auch tage- oder stundenweise in Anspruch genommen werden.
- Es erfolgt keine Übertragung des Restanspruches auf das nächste Arbeitsjahr.

Umfassende rechtliche Information in: *Arbeitnehmerrechte.* Broschüre der AK, 2000 (auch im Internet). Erkundigen Sie sich nach der aktuellen Rechtslage.

### Mein Kind hat eine schwerwiegende Krankheit und braucht mich sehr oft ...

Sie können Urlaub ohne vorherige Vereinbarung mit den ArbeitgeberInnen antreten. DienstgeberInnen dürfen nicht bestimmen, ob der Vater oder die Mutter das Kind pflegen soll, wenn beide berufstätig sind.
Viele Arbeitnehmerinnen machen gute Erfahrungen damit, Ihren Vorgesetzten die private Situation offen zu legen (auch von Anfang an), wenn es z. B. pflegebedürftige Kinder bzw. Angehörige gibt. Lösungen liegen dort, wo ArbeitgeberInnen wie Arbeitnehmerinnen auf ihre Rechnung kommen. Hilfreich kann es sein, sich die Arbeitszeiten weitgehend frei einteilen zu können oder auch einmal ungeplant vom Job wegkommen zu können. Sprechen Sie mit Ihren Vorgesetzten und bieten Sie von sich aus vernünftige Lösungen an, wie die Arbeit trotzdem nicht liegen bleibt.

### Welche finanziellen Zuschüsse gibt es für die Pflege?

Für Eltern behinderter Kinder gibt es erst in jüngerer Zeit Pflegegeld; und selbst wenn es dieses heute gibt: Familien mit behinderten Kindern leben häufig in beengten wirtschaftlichen Verhältnissen. Gerade behinderte Kinder benötigen besonders viel Förderungsangebot, Zeit und Aufmerksamkeit. Die Eltern können sich dem eigenen beruflichen Aufstieg nur eingeschränkt widmen.
Für behinderte Kinder kann neben dem Pflegegeld eine erhöhte Kinderbeihilfe bezogen werden.

Schwer kranke (alte) Menschen beziehen ebenfalls Pflegegeld in der Höhe der jeweiligen Einstufung, die sich nach dem Ausmaß des Pflegeaufwandes richtet.
Dieses Geld steht den Frauen für ihre Pflegeleistung auch wirklich zu und sie sollten sich nicht scheuen, es in Anspruch zu nehmen.

**Welche Hilfe gibt es für die Pflege zu Hause?**

Insbesondere mobile Hilfsdienste („mobile Schwestern“) leisten für pflegende Angehörige große Unterstützung. Für behinderte Kinder gibt es derartige bezahlte Hilfe etwa ab dem Kindergartenalter. Allerdings wird das bezogene Pflegegeld für die vollständige Finanzierung dieser wahrscheinlich nicht ausreichen.
In den Genuss eines mobilen Hilfsdienstes zu kommen ist leider v. a. der ländlichen Bevölkerung oft nicht möglich: Die entsprechende Infrastruktur ist zwar in den größeren Städten und deren Einzugsgebiet gegeben, sonst aber sehr dünn gesät.

**Gibt es einen Job-Ausstieg auf Zeit für die Pflege schwerst kranker Angehöriger?**

Erkundigen Sie sich nach den aktuellen gesetzlichen Bestimmungen zur „Familienhospizkarenz“. Zur Pflege sterbender Lebenspartner oder schwerst erkrankter Kinder gibt es seit 1. Juli 2002 grundsätzlich die Möglichkeit, sich für eine gewisse Zeit karenzieren zu lassen.

**Kann ich es menschlich verantworten arbeiten zu gehen statt zu pflegen?**

Jedenfalls sind Frauen gezwungen, zwischen ihrem Bedürfnis nach einem guten Job und ihrem Anspruch, eine gute Mutter, Ehefrau und Tochter zu sein, immer wieder die Prioritäten neu zu verteilen.

## Beispiel:

*Anneliese R., 48, arbeitet als Kosmetikerin und Fußpflegerin– seit wenigen Jahren wieder Vollzeit. Sie hat zwei Söhne (19 und 23 Jahre alt), die beide studieren und gemeinsam in einer kleinen Studentenbude wohnen. Da die beiden in ihrer Wohnung keine Waschmaschine und in ihrem Haus keine Waschküche haben, übernimmt Anneliese R. weiterhin die Wäschepflege für ihre Söhne, indem sie Schmutzwäsche von deren Wohnung abholt und die Stücke duftend und frisch gebügelt wiederbringt. Die Pflege des eigenen Haushaltes obliegt ebenfalls allein ihr, da ihr Ehemann Inhaber eines gut gehenden Innenstadt-Lokales ist und sich als solcher stets mit Arbeit eingedeckt fühlt.*
*Anneliese R. hat eine stark gehbehinderte und zeitweise verwirrte 80-jährige Mutter, die sie täglich vor oder nach der Arbeit besucht. Daher ist es schon einige Male geschehen, dass Frau R. etwas verspätet am Arbeitsplatz erschien. Außerdem verweigert sie im Kosmetik-Salon – sehr zum Missfallen ihrer Chefin – gelegentlich die Annahme von*

*Terminen nach 18 Uhr. Eines Abends – Frau R. hatte wieder einmal die Bitte der Chefin, doch schnell noch eine Gesichtsbehandlung zu übernehmen, unter vielen Entschuldigungen abgeschlagen, um zu ihrer Mutter zu hetzen – kippt sie so unglücklich über eine Gehsteigkante, dass sie sich dabei einen Knöchelbruch zuzieht. Sie wird ins Spital gebracht und ihr Bein für einige Wochen eingegipst.*

*Frau R.s Krankheit bedeutet für ihre Familie einige Umstellungen: Die einfachste davon ist, dass ihr Mann eine seiner Raumpflegerinnen nunmehr auch bei sich zu Hause beschäftigt. Die Söhne kommen nicht umhin, ihre Wäsche in den Waschsalon zu bringen. Am schwierigsten ist die Situation mit der Mutter von Anneliese R.: Erst nach Zureden von allen Familienmitgliedern stimmt diese zu, bezahlte Heimhilfen in ihre Wohnung zu lassen. An den Wochenenden muss Herr R., „schimpfend und fluchend", den Pflegedienst an seiner Schwiegermutter übernehmen, solange seine Frau gehbehindert ist. Ihren Söhnen sei die Pflege der Großmutter auf keinen Fall zuzumuten, meint Frau R., die schon zufrieden ist, wenn die beiden ihre Prüfungen an der Uni absolvieren.*

*Frau R. beschert ihr Krankenstand eine Nachdenkpause: Sie erkennt, warum sie so „dumm" gestolpert ist: Sie wollte nicht zur Wohnung der Mutter, zumindest nicht an diesem Abend. Sie hatte sich gezwungen, ihre Erschöpfung und ihren Widerwillen zu unterdrücken.*

*Und sie trifft einige Entscheidungen für die Zukunft: Sie wird die Pflege ihrer Mutter auch weiterhin auf Heimhilfen übertragen und ihre Mutter einmal unter der Woche und an beiden Tagen des Wochenendes besuchen. Die Söhne sollen ihre Wäsche selbst machen, die Raumpflegerin soll ihr regelmäßig bei der Hausarbeit zu helfen.*

*Anneliese R. begreift, dass es für sie nicht gut ist, wenn ihr Leben ausschließlich daraus besteht, andere Menschen zu umsorgen und zu pflegen. Außerdem wird ihr klar, dass der Job für sie sehr wichtig ist und sie ihre bevorzugte Vertrauensstellung im Salon nur dann langfristig behalten wird, wenn sie ihrer Chefin wieder mehr entgegenkommt. Auch wenn sie ihrer Mutter gegenüber anfangs Schuldgefühle hat, sind Frau R.s Prioritäten nunmehr neu gesetzt und sie genießt mehr Lebenszufriedenheit.*

## 9.5. Arbeiten trotz Kranksein

Solange wir uns leistungsfähig, stark und gesund fühlen, ist Arbeit oft nicht nur eine Verpflichtung zur Gewährleistung des Lebensunterhaltes, sondern darüber hinaus Freude und Herausforderung. Sie bietet automatisch Kontakt mit anderen Menschen und die Möglichkeit, in produktiver Weise bzw. „sinnvoll" Lebenszeit einzusetzen. Bekanntermaßen wertschätzen viele Gesundheit erst dann, wenn sie nicht (mehr) vorhanden ist. Einstige Lebensentwürfe können wie Kartenhäuser zusammenbrechen, sobald Körper und Geist nicht mehr in gewohnter Weise funktionieren. Doch manchmal haben schwere Krankheiten oder lange Rekonvaleszenzzeiten nach Unfällen auch ihr Gutes: wenn sie uns zur Besinnung auf unsere eigentlich wesentlichen Lebensziele bringen.

### Was geschieht finanziell, wenn ich selbst einmal wochenlang in den Krankenstand gehen muss?

Die Dauer der Entgeltfortzahlung im Krankenstand ist für ArbeiterInnen und Angestellte gesetzlich geregelt. Der Anspruch auf das monatliche Entgelt bleibt für einen bestimmten Zeitraum, dessen Länge nach der Dauer des Arbeitsverhältnisses gestaffelt ist, aufrecht. Für die Dauer des Krankenstandes gebührt grundsätzlich auch Krankengeld aus der Krankenversicherung. Solange Sie noch ihr „normales" monatliches Entgelt beziehen, ruht dieses allerdings. Erkundigen Sie sich bei ihrer Krankenkasse nach den Details.
Da die praktische Umsetzung der gesetzlichen Entgeltregelung oftmals – insbesondere bei mehreren Wiedererkrankungen – sehr kompliziert ist, empfiehlt sich eine diesbezügliche Beratung durch Gewerkschaft oder Arbeiterkammer.
Der Urlaubsanspruch wird durch Krankheit im aufrechten Dienstverhältnis nicht geschmälert. Achtung: Der Krankenstand schützt Sie nicht vor Kündigung!

### Was mache ich, wenn ich als alleinerziehende Mutter erkranke?

Sie können Hilfsdienste für die Betreuung ihrer Kinder in Anspruch nehmen (in Wien z. B. von Sozial Global), wenn Ihnen für die Dauer Ihrer Krankheit keine privaten Ressourcen für die Kinderversorgung zur Verfügung stehen.

### Gibt es heutzutage noch menschliche Vorgesetzte, die zu kranken MitarbeiterInnen halten?

Noch wichtiger als rechtliche Fragen erscheint oft der Rückhalt der DienstgeberInnen, da kranke Menschen oft über die Zeit ihres tatsächlichen Krankenstandes hinaus der Schonung bedürfen, gleichzeitig aber auch gerne ihren Job (und ihr damit verbundenes soziales Netz!) behalten wollen. Berufstätig zu sein bedeutet, vom Finanziellen einmal abgesehen, sich selbst als fachliche Person, die für etwas kompetent und „zu etwas nütze ist", zu erleben. Dies stützt das Selbstwertgefühl, was für Kranke sehr wesentlich ist.

## Beispiel:

*Gerlinde F. , 52, arbeitet als medizinische Assistentin in der Ordination einer Fachärztin, die auch ein alternativmedizinisches Angebot hat. So ist sie für die Durchführung der Bioresonanz-Therapie zuständig. Diese Therapieform ist in der Ordination so gefragt, dass sie bereits eine junge Kollegin zu ihrer Unterstützung einschulen musste.*
*Gerlinde F. erfährt, dass sie an Darmkrebs erkrankt ist. Als sie dies der Chefin und den KollegInnen mitteilt, weint die ganze Belegschaft mit*

*ihr. Frau F. muss operiert werden und leidet nach der Chemotherapie unter starker Übelkeit. Doch sie erhält von der Chefin und den KollegInnen viel Rückhalt. Sie darf jederzeit früher nach Hause gehen.*
*Wenn die junge Kollegin nicht übernehmen kann, sagt sie ihren KundInnen/PatientInnen im Notfall auch telefonisch ab. Braucht sie nur eine längere Pause, darf sie sich in der Ordination in den Ruheraum des Personals zurückziehen, in dem eigens für sie eine Liege-Couch angeschafft wurde. In dieser Zeit springt ebenfalls zumeist die junge Kollegin für sie ein.*
*Gerlinde F. erholt sich zur Freude aller gut von ihrem schweren Eingriff und den anschließenden Therapien. Auch die Nachfolgeuntersuchungen bringen erfreuliche Befunde: Der Krebs konnte ausgeheilt werden, Frau F. ist einige Monate nach der Operation wieder voll einsatzfähig.*

Wenn Sie an einer langwierigen Krankheit leiden und dennoch arbeiten möchten/ können/müssen, finden Sie eine/n DienstgeberIn, der/die für diese Sondersituation Verständnis hat und Sie unterstützt! Dies erhält über alle anderen Kriterien der Job-Auslese Priorität.

**Was ist zu tun, wenn DienstgeberInnen kein Verständnis für kranke Mitarbeiterinnen haben?**

In diesem Fall kann es zu für Mitarbeiterinnen unhaltbaren Zuständen kommen, etwa durch Bossing-Attacken (siehe auch Kapitel 7.3), also Aktionen von Vorgesetzten, die auf Psycho-Terror abzielen und Arbeitskräfte zur Selbstkündigung treiben sollen.
Manchmal haben Krankheiten oder lange Rekonvaleszenzzeiten auch etwas Gutes: Sie bescheren uns eine Nachdenk- und Nachfühlpause. Sie decken belastende Zustände der Vergangenheit auf und zeigen uns, auf wen wir in unserem Leben wirklich zählen können. Manchmal führen sie zu neuen Zielen und Entscheidungen.

## Beispiel:

*Caroline L., 24, arbeitet seit ihrem Schulabbruch zwei Jahre vor der Matura in einem Reisebüro und hat dort auch ihre Lehrzeit absolviert. Ständig geht es hektisch zu, aber Frau L. ist sehr leistungsorientiert und erfüllt stets die an sie gestellten Erwartungen. Sie spricht zwei Fremdsprachen und ist ein echtes Organisationstalent. Ihr Chef zeigt sich aufgrund ihres Einsatzes gönnerhaft und leiht ihr privat Geld, als sie wegen ihrer Schulden in eine schwierige Situation gerät. Die Arbeitsbelastung wird jährlich schlimmer: Der Chef stellt keine neuen MitarbeiterInnen ein, aber die Arbeit wird immer mehr. Dann kündigen einzelne MitarbeiterInnen, die es nicht mehr aushalten. Die Stellen werden nachbesetzt, jedoch mit AnfängerInnen, die beinahe mehr Zeit kosten als sie Erleichterung bringen. Und dann kommt die Wintersaison, die dem „Fass den Boden ausschlägt". Frau L. sitzt fast täglich bis 23 Uhr im Büro.*
*In dieser Zeit bricht ihre Krankheit aus: Sie leidet an Darmentzündungen. Der Verlauf ihrer Krankheit ist chronisch und kann zu äußerst*

*schwerwiegenden gesundheitlichen Komplikationen führen. Frau L. muss zwar einige Wochen im Krankenstand bleiben und starke Medikamente nehmen, geht aber, sobald sie irgend kann und entgegen den Rat der Ärzte, wieder arbeiten. Sie schleppt sich durch ihren Alltag und ist schon glücklich, wenn sie kein Kortison mehr einnehmen muss, da dieses ihr starke Nebenwirkungen bescherte.*

*Ein halbes Jahr darauf beschließt die junge Frau, die alleinstehend ist und aufgrund ihrer Schulden in beengten wirtschaftlichen Verhältnissen lebt, sich einige Tage Urlaub zu gönnen. Sie reserviert für sich eine kleine Suite, die sie schon öfters für ihre Kunden gebucht hatte und in die sie sich „verliebt" hat. Doch den Urlaub verbringt sie unter Schmerzen: Kaum zurück, wird sie operiert. Frau L. liegt einige Wochen im Spital. Von ihren Angehörigen und FreundInnen erfährt sie in dieser Zeit viel Liebe, was ihr Kraft gibt und ihr den Lebensmut nicht nur erhält, sondern immer stärker werden lässt. An den langen Spitalsaufenthalt schließt sich ein wochenlanger Krankenstand.*

*Caroline L. erhält nun zahlreiche Anrufe aus der Firma. Zunächst sind es KollegInnen, die ihr mitteilen, wie entsetzlich der Arbeitsüberschuss und die Arbeitsbelastung sind. Dann ruft der Chef an, um süffisant zu fragen, wann sie wieder zu arbeiten gedenke. Zu ihrer großen Beunruhigung – sie hat hohe monatliche Zahlungen – merkt sie nun auch, dass ihr nur noch die Hälfte ihres Lohnes ausbezahlt wird. Schließlich wird ihr auch noch von der Buchhaltungsabteilung mitgeteilt, dass das Geld, das ihr vom Chef geliehen wurde, von ihren Bezügen nunmehr in Raten abgezogen werde.*

*Als Caroline L. nach ihrem mehrmonatigem Krankenstand an ihren Arbeitsplatz zurückkehrt, hat sich an der Arbeitssituation – dem Stress und der Dauerbelastung – nichts verändert. Nur der Chef, der in Zeiten, als die fleißige Frau L. nach seinen Vorstellungen „funktionierte", sehr freundlich war, zeigt nun ein anderes Gesicht. Kaum ein Tag vergeht ohne Anfeindungen. Frau L. spürt, wie die Arbeitssituation an ihren Kräften zehrt und Ihrer Gesundheit schadet.*

*Sie nimmt Berufsberatung und Coaching in Anspruch. Dabei wird ihr deutlich, dass sie eigentlich nichts lieber möchte als studieren. Frau L. wird die Studienberechtigungsprüfung machen und sich für ein Wirtschaftsstudium inskribieren. Sie erfährt, dass sie als bereits mehrjährig Berufstätige Anspruch auf ein Stipendium in nicht unbeträchtlicher Höhe hat. Durch eine kleine Erbschaft, die sich gerade zur richtigen Zeit einstellt, und dem einen oder anderen Ferienjob könnte sie es schaffen, ihren großen Plan in die Tat umzusetzen.*

# 10

# Typische Karrierefallen für Frauen

Wenn frau Karriere machen will, dann darf sie auch vor Konflikten nicht zurückscheuen, muss Forderungen stellen und Druck erzeugen können. Gerade Frauen tun sich mit diesen „Kämpfen" oft schwer. Sie haben es – wie zu Hause – auch in der Firma gern harmonisch. Dieses Bedürfnis kann sich jedoch als Karrierebremse auswirken. Mehr dazu auch in Christine Bauer-Jelineks Buch *Die helle und die dunkle Seite der Macht,* das im Folgenden vielfach zu den Themen „Kampf(techniken)", „Macht(symbole)" und „Dresscode" zitiert wird.
Denn unmittelbaren Einfluss hat jede einzelne Frau durch das Ausschalten des Kleidungsfaktors als Karrierebremse. Viele Frauen sind durch die Modetrends, mit denen sie ständig über Zeitschriften und Fernsehen konfrontiert sind, verunsichert und für den Beruf völlig falsch gekleidet.
Schwangerschaft und Kinderkriegen werden immer wieder geradezu als „biologische" Karrierefalle für Frauen bezeichnet. In Wirklichkeit handelt es sich jedoch um die Auswirkungen der gesellschaftlichen Gepflogenheit, die Familienarbeit allein den Frauen „zuzuschanzen" und die Karrieren von Frauen zu bremsen. Bei vielen Frauen verläuft die Schwangerschaft unkompliziert, sie fühlen sich v. a. in den mittleren Monaten besonders energiegeladen und leistungsstark. Auch das Erlebnis der Geburt wirkt sich für viele Frauen selbstwertkräftigend (und leistungssteigernd) aus. Und dass stillende Frauen an Arbeitsstellen nicht so gerne gesehen werden, ist ein Problem in den Köpfen, das wohl auch mit unserer gut getarnten Körperfeindlichkeit zu tun hat, nicht ein biologisches. Die echte Bremse liegt allein in der zeit- und energieaufwändigen Kinderbetreuung – wer diese übernimmt, ob Mutter oder Vater, hat die Natur jedoch nicht vorgegeben.
Vielleicht handelt es sich ja um „männliche Ausreden", die „gläserne Decke" zwischen den mittleren und in den obersten Führungsetagen gut eingezogen zu lassen. So dürfen Frauen den „Gipfel des Olymp" zwar von unten besichtigen, nicht aber tatsächlich beziehen. Kleine Hoffnung: Das könnte sich in den nächsten Jahrzehnten „schon" ändern, meinen optimistische Visionäre.

## 10.1. Frauen als Mode-Opfer

„Dressed for success" hat einen strengen Code, der auch von Frauen, ganz wie bei den Männern, eingehalten werden muss.

### Wie wichtig ist Business-Kleidung?

Das, was frau in der Arbeit trägt, ist Arbeitskleidung. Diese soll dazu angetan sein, das Arbeitsleben zu erleichtern, nicht zu erschweren. Wenn sie nicht vorgeschrieben ist (Arbeitsmantel, Tracht, Uniform) muss frau sich sehr genau überlegen, was in ihrer Position angebracht ist. Wenn Sie ausschließlich in einem Büro ohne Kunden- oder Parteienverkehr arbeiten, also im Innendienst oder als Sachbearbeiterin, sind Pullover

oder Bluse und Hose oder Rock ganz in Ordnung. Wenn es die Firmengepflogenheiten erlauben, können Sie auch Sportschuhe tragen.
In Führungspositionen oder im Kundenkontakt wird Ihre Autorität durch das Tragen klassischer Kostüme oder Hosenanzüge unterstützt; dies ist auch für Frauen der Dresscode, ebenso wie Männer einen Anzug tragen. Kombinationen (Blazer oder Jacke und Rock oder Hose) sind gleichermaßen möglich, die Farben sollten gedeckt sein (vorzugsweise Schwarz, Grau, Dunkelblau, ev. Dunkelrot). Unter der Jacke trägt frau Bluse oder Body, undurchsichtig und mit dezentem Ausschnitt. Darunter stets BH und Strümpfe. Um den Hals eine kurze Kette oder ein Tuch als „Kehlschutz". Die Haare sind gebändigt und wirken nicht als erotisches Signal. Die Schuhe können elegant sein, sollen aber jedenfalls Halt geben und nicht laut klappern.
Tabus für diejenigen unter Ihnen, die wirklich Karriere machen wollen:

- schulterfreie Tops
- Minirock
- weite Ausschnitte
- durchsichtige Kleidung
- klimpernder Schmuck
- grelle Farben
- auffallende Rüschen und aufdringliche Muster.

## 10.2. Frauen als „Friedensengel"

Gekämpft werden muss im Job immer wieder: allerdings nicht gegen die Männer, sondern gegen alles, jeden und jede, die eine Umsetzung der eigenen Ziele verhindert. Oft übertragen Frauen familiäre Regeln auf den Arbeitsplatz, das bedeutet: Dem harmonischen Klima zuliebe wird aufs Kämpfen verzichtet. Will frau Karriere machen, muss sie die geistige Trennung zwischen „Schauplatz Arbeit" und „Schauplatz Familie" schaffen. Auf diesen Schauplätzen gelten unterschiedliche Spielregeln.

### Ist es nicht die Aufgabe von Frauen, am Arbeitsplatz für Frieden und Harmonie zu sorgen?

Die meisten Frauen von heute sind in einem Umfeld aufgewachsen, in dem kleine Mädchen negative Rückmeldungen bekamen für „unweibliche" Verhaltensformen, wenn sie sich z. B. aggressiv, egoistisch oder kontrollierend verhielten. Die damit gewachsenen Hemmungen sowie der übersteigerte Wunsch nach Harmonie, sind jedoch für den Arbeitsalltag und die Bewährung im Job nicht förderlich.

### Kann ich mich mit den „Waffen einer Frau" am Arbeitsplatz durchsetzen?

Wenn frau sich mit der Rolle der „erotisch Aufgeputzten" oder der „Betriebs-Mami", zufrieden gibt, mögen die „Waffen einer Frau" (Erotik, Diplomatie) ausreichen.

Frauen, die wirklich Karriere machen wollen, müssen sich an den „männlichen" Durchsetzungsstärken (Forderungen stellen, verhandeln, Druck erzeugen und standhalten, strategisch intervenieren etc.) orientieren, die diese mit großer Selbstverständlichkeit anwenden. Hier können wir von den Männern viel lernen.

**Sind Frauen am Arbeitsplatz wirklich so friedlich?**

Viele Arbeitskräfte – männliche wie weibliche – haben Erfahrungen mit zänkischen Frauen, deren Hickhack untereinander oder gegen andere Lobbys das Betriebsklima belastet. Als eine Art „Club der unterdrückten Frauen" oder „Stutenbissigkeit" wird dieses Phänomen von außen gesehen. Solche Beobachtungen bestätigen jedoch nur, welch unangenehme und unproduktive Formen fehlgeleitete weibliche Durchsetzungsambitionen annehmen können.

## 10.3. Frauen bei Kind und Herd

Die Führung eines Haushalts, v. a. aber die Erziehung von Kindern, ist eine sehr anstrengende, verantwortungsvolle und manchmal auch Stress erzeugende Aufgabe. Sie erfordert viel Energie, und – wer immer sie übernimmt, ob Frau oder Mann, Mutter oder Vater der Familie – wird erleben, dass daneben beruflich nicht mehr alles möglich ist und es zu persönlichen Einschränkungen kommen muss.

**Sind Schwangerschaft und Kinderbetreuung nicht ebenfalls richtige Karrierefallen?**

Ja und nein. Durch den Zuwachs an Erfahrung in den Bereichen Erziehung und Pflege entsteht eigentlich eine bessere, reifere Arbeitskraft; zumindest für alle Branchen, in denen solche Qualifikationen eine Rolle spielen, und für Führungspositionen.
Gleichzeitig existiert aber eine enorme Doppelbelastung. Viele Frauen weichen, weil für die Kindererziehung zuständig, auf schlecht bezahlte Teilzeitarbeit ohne Aufstiegsmöglichkeit aus. Die Tatsache, dass fast alle Frauen weniger verdienen als ihre Männer, stabilisiert die gegenwärtigen Zustände. Keiner Familie kann es verübelt werden, dass sie diejenige Variante wählt, die das maximale Familieneinkommen gewährleistet: der Vater im Beruf, die Mutter zwischen Teilzeitarbeit und Kinderbetreuung.
Schwangerschaft und Kinderkriegen sind insbesondere dann starke Karrierebremsen, wenn ungünstige Umstände auftreten, etwa:

- wenn sich der Partner der Doppelbelastung entzieht und nicht bereit ist, Aufgaben der Kinderbetreuung und Haushaltsführung zu übernehmen;
- bei schlechtem Timing, wenn die Familiengründung z. B. während oder direkt nach einer Ausbildung und noch vor dem ersten Job angesetzt wird. Besser für den Wiedereinstieg ist es, mit etwas Berufserfahrung zu karenzieren.

- bei völligem beruflichem Ausstieg in der Dekade zwischen 30 und 40, der Zeit der beruflichen Etablierung. Versuchenswert ist es, wenigstens mit ein paar Wochenstunden am Ball zu bleiben.
- bei fehlendem Mut für einen Neuanfang nach langer Kinderpause, z. B. im Sinne von Selbständigkeit oder einer Zusatzausbildung. Dann müsste frau nicht so frustriert vor einer Karriereleiter stehen, die sie in den letzten Jahre nicht erglimmen konnte.

**Was ist neben dem Kind (den Kindern) beruflich noch möglich?**

Klassischerweise obliegt es den Müttern, ihre Zeit zwischen Beruf und Kindern aufzuteilen. Am besten beginnen Sie schon vor der Geburt Ihres Kindes, Ihren künftigen Alltag zu organisieren. Klären Sie Ihre Ressourcen:

- Sind Partner und Familie bereit, Sie bei der Betreuuung des Kindes zu unterstützen? In welchem Ausmaß?
- Oder werden Sie mit dem Kind ganz alleine und auf professionelle Hilfe (z. B. Tagesmütter) angewiesen sein?
- Wird Ihnen das Unternehmen eine Position mit weniger Arbeitsstunden und damit eine Zuverdienstmöglichkeit in der Karenz bieten?

Die eingeschränkte Verfügbarkeit von Müttern kleiner Kinder (etwa bis zum Kindergartenalter) für den Beruf ist in unserer Gesellschaft fast ein Faktum. Selbst ausgeprägt karriereorientierte Frauen sind bereit, von ihrem Kurs abzuschwenken, wenn sie Kinder bekommen und der Partner keine Erziehungszeiten übernehmen kann oder will – was ja meistens der Fall ist. Viele entscheiden sich gegen eine professionelle 40-Wochenstunden-Betreuung ihrer kleinen Kinder unter drei Jahren.

Aber auch danach ist noch mit gewissen Einschränkungen zu rechnen, etwa wenn die Kinder krank sind und nicht in Kindergarten oder Schule gebracht werden können.

Frauen, die an eine bestehende Karriere anknüpfen können, gelingt der Wiedereinstieg nach einigen wenigen Jahren Karenz glücklicherweise oft recht leicht. Der weitere berufliche Aufstieg kann dann doch noch, nur etwas zeitverzögert, stattfinden – zumindest bis zur „gläsernen Decke“.

## 10.4. Frauen unter der „gläsernen Decke“

Viele Frauen, die aufgrund ihrer Tüchtigkeit Karriere gemacht, vielleicht sogar erste Führungsebenen erreicht haben, erleben, dass ihnen ab einer gewissen Stufe in der Unternehmenshierarchie auf dem weiteren Weg nach oben die Türen auf wundersame Weise verschlossen bleiben. Gleichzeitig müssen sie beobachten, wie sich eben diese Türen männlichen Kollegen, die oft jünger sind, der Firma weniger lange angehören und daher weniger nachweisbare Erfolge haben, öffnen. Der Großteil der immer besser ausgebildeten Frauen kommt über das mittlere Management nicht hinaus. Sie stoßen an die „gläserne Decke". Manchmal ist die Ungleichstellung von Mann und Frau in einem Unternehmen schon auf den ersten Blick erkennbar.

### Beispiel:

*Die Psychologin Angelika Sch. erinnert sich an ihren ersten Job als 25-jährige Uni-Absolventin: Schreibarbeiten. Kein sehr ermutigender Anfang, auch wenn es sich um Fachtexte in einer psychologischen Institution handelte. Und sie fragt sich heute noch, ob einem jungen männlichen Kollegen ein solcher Einstieg ebenfalls zugemutet worden wäre (gesehen hat sie keinen). Allerdings war sie damals durch die stets kolportierten „schlechten Berufsaussichten" ihres Berufsstandes viel zu eingeschüchtert, um den Job abzulehnen. Und tatsächlich entwickelte sich aus dem bescheidenen Anfang eine gute Chance, im psychologischen Trainingsbereich Fuß zu fassen. Von da weg gab es für sie als Frau – in dieser Organisation – aber keine weiteren Aufstiegschancen und sie begann, sich anderweitig zu orientieren.*

Manchmal ist die Benachteiligung von Frauen in einem Betrieb nicht so offensichtlich. Formal haben Frauen oft völlig gleiche Chancen wie Männer. In Bewerbungsverfahren und Assessment-Centern werden demonstrativ gleich viele Bewerber wie Bewerberinnen für qualifizierte Positionen aufgenommen. Schulungen und Weiterbildungsmaßnahmen werden Mitarbeitern wie Mitarbeiterinnen ermöglicht, sie werden in gleicher Weise gefördert. Abteilungsverantwortung wird numerisch gleich unter weiblichen und männlichen Führungspersonen aufgeteilt. Und doch ...

### Beispiel:

*Die Juristin Carola K., 32, arbeitet im Bankwesen im Bereich Wohnbau. Das Unternehmen umfasst in Österreich etwa 9.000 MitarbeiterInnen, der Bereich Wohnbau etwa 100. Die weiblichen MitarbeiterInnen sind insgesamt in der Überzahl.*
*Carola K. ist in ein Arbeitsteam von etwa gleichaltrigen jungen KollegInnen integriert, männlichen wie weiblichen. Die Arbeit macht ihr Freude. Der Konzern gilt als besonders familienfreundlich und wurde als solcher sogar ausgezeichnet. Auch Frau K. spürt diesbezüglich ehrliches Bemühen. Leider will dieses, gerade den Frauen gegenüber, in der Umsetzung noch nicht so ganz klappen.*
*Carola K. geht nach der Geburt ihres Kindes für eineinhalb Jahre in Karenz. Als sie danach an ihre Arbeitsstelle zurückkehrt, warten einige Veränderungen auf sie: Das alte Team besteht nicht mehr. Die Männer des Teams sind in höhere Positionen vorgerückt. Viele von ihnen sind junge Väter, die ihre Karriere aber weitgehend ungehindert vorantreiben können. Einige von ihnen konnten bereits eine Stufe der Hierarchie überspringen, führen also schon Führungskräfte.*

*Weibliche Führungskräfte, die ein Kind bekommen hatten (mehr als eines hatte sich keine geleistet), konnten ihre Position zwar halten, aber nicht ausbauen, obwohl sie nach einem Jahr Karenzzeit wieder voll (40 Stunden und mehr) ins Berufsleben eingestiegen waren. Keiner einzigen Frau aus dem alten Team (mit oder ohne Kinder) war es gelungen, in der zweiten Hierarchieebene (Führung von Führungskräften) Fuß zu fassen. Kinderlose Frauen, so beobachtet Frau K., hätten zwar formal die gleichen Aufstiegschancen wie männliche Kollegen, de facto jedoch mit fehlendem Goodwill vonseiten der KollegInnen und Vorgesetzten zu kämpfen.*
*Und auch an anderer Stelle wird die fehlende Gleichstellung von Frauen in Führungspositionen deutlich: Zwar ist die Zahl der AbteilungsleiterInnen innerhalb des Bereiches numerisch genau zwischen den Geschlechtern aufgeteilt, doch die größeren Abteilungen sind den männlichen Abteilungsleitern zugeordnet, sodass 80 Prozent der MitarbeiterInnen von Männern geführt werden, obwohl 50 Prozent der AbteilungsleiterInnen weiblich sind.*

Männer sehen gerne Männer in Führungsetagen. Und da diese hauptsächlich männlich besetzt sind, wird das auch noch eine Weile so bleiben. Vielleicht ist die Diskriminierung als solche gar nicht beabsichtigt. Ist ein Faktor der „Vertrautheit" unter Geschlechtsgenossen nicht immer wieder ausschlaggebend? Daraus entwickelt sich eine Dynamik, die stärker ist als Vorgaben der Unternehmensleitung, die um eine Gleichstellung von Männern und Frauen prinzipiell bemüht ist.
Schade allerdings, dass Frauen nach den kämpferischen Anfängen der Frauenbewegung nun eher widerspruchslos ihre reduzierten Karriere- und Aufstiegsmöglichkeiten hinnehmen. Die internationale Arbeitsorganisation in Genf hat aufhand statistischer Daten über (die paar abgezählten) Frauen in Top-Positionen die These aufgestellt, dass bei einer Fortsetzung der aktuellen Entwicklung erst in rund tausend Jahren eine völlige Gleichberechtigung von Männern und Frauen in Wirtschaft und Politik erreicht sein wird (Bauer-Jelinek, 2000).

### Warum gibt es so wenige weibliche Führungskräfte in Top-Positionen?

Eine gute Frage. Ein Teil der Antwort ist in den oben abgehandelten Punkten zu finden, insbesondere unter 10.4 („gläserne Decke"). Die wenigen Frauen, die es z. B. in österreichischen Top-Führungspositionen gibt, sind auch oft kinderlos geblieben oder haben erwachsene Kinder.
Und noch eine Bebachtung, die ich als Psychotherapeutin und Universitätslehrerin gemacht habe, könnte an dieser Stelle eine Erklärung sein: Vor allem junge Frauen kämpfen sehr damit, sich selbst so anzunehmen, wie sie eben sind. Das hat wohl mit der gesellschaftlichen Reduktion des weiblichen Bildes auf Äußerlichkeiten zu tun, vielleicht auch mit einem unangemessenen Anpassungsbedürfnis von Frauen an soziale Regeln. Aber diese Kämpfe mit sich selbst nehmen vielen

jungen Frauen ihre Durchschlagskraft. Und wenn frau dann, vielleicht um die dreißig, endlich mit sich im Reinen ist, kommen in vielen Fällen die Kinder (und die Kinderbetreuung) und mit ihnen die nächste Karrierebremse.

## 10.5. Lust auf Revolution?

Im Spagat zwischen Beruf und Kind können sich die meisten Frauen nur irgendwie durchschlagen, mit Omis, Tagesmutter, Kindergarten, Schule und Hort, dauerndem Zeitdruck und schlechtem Gewissen. Maßgebliche Veränderungen werden von ihnen nicht eingefordert – vielleicht, weil sie für jegliches politische Engagement schlichtweg zu erschöpft sind.

### Welche gesellschaftlichen Veränderungen müssen Frauen einfordern?

Wichtige Veränderungen wären im Kleinen die Übernahme von Erziehungsaufgaben durch den Vater, im Großen die Etablierung der gesellschaftlichen Ansicht, dass Mutter und Vater gleichermaßen für das Aufziehen der Kinder verantwortlich sind und zu diesem Zweck Zeiten abzustellen haben.

Die gesellschaftliche Ansicht, dass zwei berufstätige Elternteile automatisch schlechte, unterversorgende Eltern seien, ist äußerst belastend.

Teilzeitarbeit müsste in den Betrieben aufgewertet werden, ist sie doch ein stiller Wunsch vieler ArbeitnehmerInnen, auch ganz unabhängig von Erziehungszeiten. Wer sich Teilzeitarbeit finanziell leisten kann und will, ist über den daraus folgenden Gewinn an Lebensgenuss hocherfreut. Die Arbeitsqualität scheint übrigens keineswegs zu leiden; eher im Gegenteil, insbesondere dann, wenn es um das Finden kreativer Lösungen und Konzepte geht. Die eingeschränkte Verfügbarkeit der Arbeitskräfte wird dadurch mehr als aufgewogen. Es ist nicht einzusehen, warum nicht auch Führungsaufgaben als Teilzeit-Jobs vergeben werden sollten – einige große Konzerne haben übrigens schon begonnen, diesbezüglich umzudenken.

### Welche „Kampftechniken" müssen Frauen lernen, um sich besser durchzusetzen?

„Kampf" meint nicht „blindes Wüten". Die Kunst des Kämpfens besteht darin, diejenigen Methoden zu wählen, die mit geringstem Schaden die größte Wirkung haben. Kontrolliert kämpfen bedeutet: nach jedem Sieg zum Verhandlungstisch zurückzukehren und nach Lösungen suchen, die für beide Parteien akzeptabel sind. Welche „Waffen" wir bei einem Kampf bevorzugen, hängt von unserer Erziehung und unserem Temperament ab, welche wir dann tatsächlich einsetzen, sollte jedoch vor allem das Ergebnis strategischer Überlegungen sein.

Viele Frauen neigen zu:

- passiven (stumm leiden, keine Miene verziehen, sich opfern) oder
- verdeckten Kampftechniken (z. B. abwerten, spionieren, abwimmeln, Gerüchte ausstreuen) und haben ein Defizit an offenen Kampftechniken (z. B. konfrontieren, beschuldigen, einschüchtern, drohen, festnageln, Angst machen, die Konkurrenz öffentlich abwerten). Dazu gehört auch, sich auf den eventuellen Gegenangriff vorzubereiten.

**Wie kann ich ein „Macht-Mensch“ im positiven Sinne werden?**

Der negative Ruf, den Macht hat, hat mit der Verwechslung von Macht und Machtmissbrauch zu tun.
Das Ausüben von Macht ist eine selbstverständliche Notwendigkeit. Es geht dabei keineswegs nur um die Befriedigung persönlicher Bedürfnisse. Macht zu haben ist mit Verantwortung und Mühen verbunden. Ohne unsere PolitikerInnen in Schutz nehmen zu wollen – könnten Sie sich vorstellen, so wie diese mit täglichen Anfeindungen zu leben und sich das Wort im Mund umdrehen zu lassen? Wir müssen ehrlich sein und sagen, dass nicht jede/r für sehr machtvolle Positionen – und die damit einhergehende Verantwortung – geboren ist.
Streben Sie jedoch in die Führungsetagen, so ist Ihnen anzuraten: Werden Sie zu einem Macht-Menschen im positiven Sinne, mit einem unkomplizierten Verhältnis zur Macht.

Haupteigenschaften der „positiven Macht-Menschen“:

1. Sie sind konzentriert auf die eigenen Interessen.
2. Sie denken in Ergebnissen.

Damit einhergehende Eigenschaften:

- Sie haben ihre Emotionen im Griff (diese werden zwar als Motor und Kompass genützt, verursachen aber keine Blöße).
- Sie zeigen authentisches und strategisches Verhalten (ehrlich und planend).
- Sie grübeln nicht allzu lange über die Bedürfnisse anderer.
- Sie haben keine übermäßigen Skrupel.
- Sie können sich gegenüber fremden Ansprüchen gut abgrenzen.

**Wie wichtig sind Machtsymbole wirklich?**

Statussymbole und Insignien der Macht sind wichtig; sie als „lächerliche Spiele“ abzutun, wäre fatal:

- Wenn die einzige Frau im Vorstand zur Klausur mit einem Golf oder einem – noch so schicken – Cabrio vorfährt statt mit der entsprechenden Klasse von BMW, Mercedes oder Audi, hat sie sich in der Rangordnung schon hinten eingereiht.
- Beim eigenen Büro ist die Größe des Raumes ebenso wichtig wie die Qualität des Mobiliars. Imposant wirkt insbesondere ein möglichst leerer Schreibtisch – nicht einer, der vor Papier überquillt.

- Der Business-Dresscode für Frauen ist einzuhalten. Abhängig von der Unternehmenskultur ist es manchmal notwendig, Markenware zu tragen. Achten Sie dabei auch auf die Accessoires: Das eleganteste Kostüm wird abgewertet, wenn Sie mit der Plastik-Handtasche hereinkommen.

### Wird es jemals eine nennenswerte Zahl von Frauen in Spitzenpositionen geben?

An der prinzipiellen Eignung von Frauen wird es jedenfalls nicht scheitern – das konstatieren mittlerweile sogar männliche(!) Wissenschaftler. Cyril Levicki etwa, Millionär und Unternehmensberater, der an der englischen Universität Reading forscht, weiß wenig Freundliches über männliche Führungskräfte zu sagen. Levicki geht davon aus, dass nur selten „geborene Führer" ganz nach oben gelangen. Den Führungskräften fehle es an strategischen Visionen, ihre operationalen Fähigkeiten seien oft auf buchhalterische Tricks beschränkt statt im Sinne eines organischen Unternehmenswachstums wirksam; sie könnten ihre MitarbeiterInnen nicht glaubwürdig motivieren.
Eine „wahre Führungkraft" hingegen habe eine starke moralische Ader, Vertrauen in die MitarbeiterInnen, sei bescheiden, könne sich ohne Disziplinierungen jederzeit Gehör verschaffen, stünde zu ihrem Wort, wälze Verantwortung nicht ab – und könne auch außerhalb des Büros das Leben genießen (siehe auch Kapitel 4.3 zum Thema „charismatische Führungspersönlichkeit").
Cyril Levicki erwartet für dieses Jahrhundert den Aufstieg der Frauen in die wesentlichen Führungspositionen, da sie aufgrund ihrer überlegenen Motivationsfähigkeit geborene Managerinnen und Führerinnen seien.

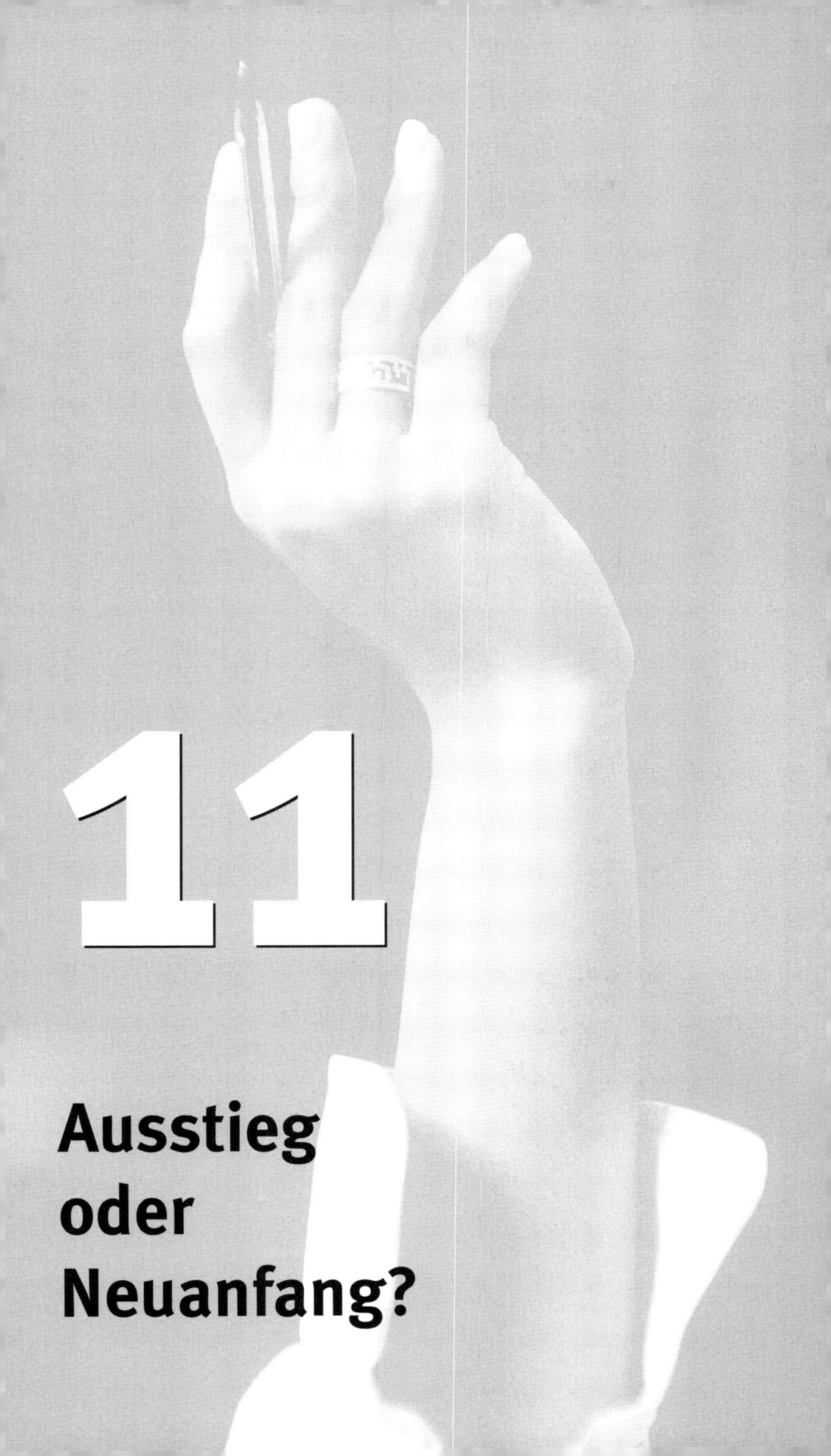

# 11

# Ausstieg oder Neuanfang?

In unserer Hochgeschwindigkeitsgesellschaft wird gearbeitet bis an die Belastungsgrenze und sehr oft auch darüber. – Viele sind tatsächlich reif für die Insel. Nur regelmäßige Pausen können die Leistungsfähigkeit und die Gesundheit auf längere Zeit erhalten, weiß die Forschung. Ausstiegsfantasien sind ein häufiges psychologisches Mittel, um den enormen Druck im Berufsleben zu bewältigen. Und obwohl die meisten davon träumen, steigen nur die wenigsten tatsächlich aus. Wenn Jobs v. a. aus Routinetätigkeiten bestehen oder großen Erfolgsdruck erzeugen, ist frau nach vielen Berufsjahren mitunter stark ausgebrannt (Burn-out-Syndrom, siehe Kapitel 8.3). Ebenfalls sehr gefährdet sind Berufsgruppen im sozialen Bereich (mit ihren größtenteils weiblichen Mitarbeiterinnen). Eine Lösungsmöglichkeit ist: auf Zeit aussteigen!
Eine zweite Variante des Aussteigens ist längerfristiger konzipiert: der Weg in die Selbständigkeit. Er wird von Frauen nur relativ selten gegangen. Dabei würde ihnen die Selbständigkeit ermöglichen, sehr unabhängig und eigenverantwortlich zu arbeiten und endlich „Chefin" zu sein – was ihnen in Dienstverhältnissen nur selten vergönnt ist. Doch viele haben Scheu vor den ersten konkreten Schritten: Gründen – wie geht das überhaupt?

## 11.1. Reif für die Insel

„Würde ich auch gerne, aber ..." Ein Sabbatical bedeutet einen vorübergehenden Ausstieg aus dem Berufsleben, also für eine begrenzte Zeit, jedoch über den üblichen Jahresurlaub hinaus: mehrere Monate, vielleicht ein ganzes Jahr.
Weg von jeglicher Verpflichtung, sich besinnen, Träume ausleben, neue Werte finden – bekommen Sie Lust? Zunehmend erkennen Unternehmen das Potenzial, das in einer Job-Pause für ihre MitarbeiterInnen steckt. Wer sich für ein Sabbatical entscheidet, beweist Selbstbewusstsein. Für Unternehmen wiederum ist es ein Mittel, Spitzenleute zu halten. Denn wer über Jahre Leistung bringt, braucht Pausen, um nicht auszubrennen. Entgegen der Annahme, es müsse sich um Singles handeln, sind es übrigens häufig Familienmenschen, die auf Zeit aussteigen.

### Kann ich mir ein Sabbatical leisten?

Ganz ohne finanziellen Verzicht geht es sicher nicht. Doch bieten immer mehr Unternehmen Sabbatical-Programme, etwa Arbeitszeitkonten, auf denen Überstunden angespart werden, um dann in den Langzeiturlaub gehen zu können. Oder es werden z. B. über sechs Jahre nur sechs Siebtel des Gehalts ausgezahlt, sodass im arbeitsfreien siebten Jahr – im Sabbatjahr – das Gehalt von sechs Siebtel fortbezahlt wird. Noch sind es in der freien Wirtschaft weit weniger als 10 Prozent der Firmen, die ihren MitarbeiterInnen spezielle Sabbatical-Programme anbieten, die Tendenz ist aber steigend – die Großkonzerne allen voran.

## Gibt es auch ein Sabbatical zu Fortbildungszwecken?

Wollen Sie Ihr Sabbatical zur beruflichen Fortbildung nutzen, können Sie für manches konkrete Bildungsvorhaben in der Auszeit monatliches Bildungskarenzgeld beziehen. Die Voraussetzungen dafür sind, dass das Unternehmen, in dem sie beschäftigt sind, einer Freistellung zustimmt und dass Sie Ihre Weiterbildung nachweisen.
Früher gab es für Frauen die Möglichkeit, nach der Mutterschaftskarenz in eine solche Bildungskarenz überzutreten. Erkundigen Sie sich nach den aktuellen Bestimmungen, z. B. beim Arbeitsmarktservice (AMS).
In diesem Fall ist das Sabbatical vor allem eine Chance, um sich voll auf zeitintensive Fortbildung zu konzentrieren, z. B.:

- Beendigung des Studiums
- Sprachkurse im Ausland
- Meister- oder Befähigungsprüfungen
- Lehrgänge zum Erwerb höherer Qualifikationen, etwa im Gesundheitsbereich (PflegehelferIn, Ordinationshilfe etc.).

Die Fortbildungsveranstaltung, der Lehrgang oder der Kurs, muss in einer bestimmten Frequenz und über eine gewisse Zeitdauer hinweg stattfinden. Wenn Sie Übungen oder Seminare an der Universität belegen, gilt als Nachweis die Inskriptionsbestätigung. Eventuelle Studiengebühren sind zu bedenken.
Wenn Sie die Ausbildung selbst finanzieren, können auch Förderungen beantragt werden. (Erkundigen Sie sich z. B. beim Wiener ArbeitnehmerInnenförderungsfond.)

## Auf welche Probleme und Gefahren muss ich mich einstellen?

Viele verantwortliche Führungskräfte sind immer noch der Meinung, die MitarbeiterInnen müssten mit einem normalen Urlaub ihre Regeneration sicherstellen können, und haben daher kein Verständnis für Sabbatical-Ambitionen.
Noch geringer als das Angebot ist die Nachfrage: Ein Hemmschuh ist vielleicht die Angst vor der Reaktion der Umwelt („faul, arbeitsscheu, unzufrieden im Beruf, mangelnder Erfolg"?), werden doch Kontinuität, Ausdauer und Stetigkeit zur Leistungsbewertung herangezogen. Wer Zeit für sich selbst braucht, ist ein „Loser". Dabei sind die Berufstätigen, die ein Sabbatjahr nehmen, zumeist nicht beruflich Frustrierte, sondern mutige AvantgardistInnen.
Die Angst vor einem Karriereknick ist nicht ganz unberechtigt: Frau wird schnell vergessen oder bei Beförderungsrunden übersehen. Viele bekommen nach der Rückkehr nicht den alten Job zurück, sondern eine neue Aufgabe. LehrerInnen werden nach dem Sabbatjahr oft an andere Schulen versetzt. Bleibt nur anzuraten, auch dies als Herausforderung zu sehen, eingefahrene Handlungsweisen zu überdenken.
Leichter fällt die Entscheidung für ein Sabbatical hingegen vielen, die in den alten Job sowieso nicht zurückwollen. Für sie steht am Ende der Auszeit die Job-Suche.

**Wie sichere ich meine Auszeit richtig ab?**

Klären Sie im Vorfeld einige Punkte:

1. Wie werde ich mein Sabbatical finanzieren?
2. Welche Pläne habe ich für das Sabbatjahr und wie teuer sind diese? Habe ich dafür finanzielle Ressourcen vorgesehen?
3. Wie werde ich nach meiner Auszeit „landen"? Habe ich mit Versetzungen zu rechnen oder damit, eine andere Tätigkeit zugewiesen zu bekommen?
4. Möchte ich überhaupt in meinen alten Job zurück? Wenn nicht: Wie viel Zeit sollte ich am Ende des Sabbaticals für die Job-Suche vorsehen?

## 11.2. Gelungenes Sabbatical: neue Wege zu sich selbst

Vielen liegt jegliche Planung für das Sabbatjahr fern, es geht ihnen einfach darum, viel Spontanes zu tun im Sinne einer „psychischen Müllabfuhr", es zu genießen, nicht in die Tagespflicht genommen zu werden. Durch Asien reisen, Saxophon spielen, interessante Bücher lesen ...

Aber Aussteigen auf Zeit soll mehr sein als „überlange Ferien": eine Reise zu sich selbst. Viele wollen sich vorübergehend aus einem total durchstrukturierten Leben befreien – doch was soll frau mit sich selbst anfangen, ein ganzes Jahr, ohne die Möglichkeit, sich über Arbeit oder Erfolge zu definieren? Sabbatical-Erfahrene berichten: „Ich habe bemerkt, dass es mir keine Angst mehr macht, einen ganzen Tag lang keine bestimmten Vorhaben und Pläne zu haben. Das hat mir eine große Sicherheit und Ruhe gebracht. Und zwar anhaltend."

Es lohnt also, die Angst vor der „inneren Leere" zu überwinden.

**Wie soll ich mein Sabbatical planen, damit es mir wirklich etwas bringt?**

Zunächst einige allgemeine Empfehlungen:

- Setzen Sie das Sabbatical deutlich länger als einen Jahresurlaub an – wenigstens für ein paar Monate – erst dann wird es spannend. Ratsam ist es, den größtmöglichen Kontrast zum bisherigen Leben zu schaffen.
- Wenn Sie ein Typ sind, der „Struktur" braucht, ist anzuraten, zumindest die Anfangszeit des Sabbaticals konkret zu planen und sich dann langsam auch auf das Spontane, Ungeplante einzulassen. Also empfiehlt sich z. B. am Beginn des Auslandsaufenthaltes einen Sprachkurs anzusetzen, bevor durchs Land getingelt wird.
- „Lerne dich so kennen, wie du es noch nie getan hast." Dafür genügt es, einem Hobby nachzugehen, für das Sie im Alltag nie genug Zeit fanden, oder eine neue Sprache zu lernen. Es müssen nicht immer Reisen in die entlegensten Länder sein.

- Legen Sie schon vor Antritt Ihres Sabbatjahres ein „Wunschbuch" an, Schreiben Sie nieder, was Ihnen wichtig ist, was sie erleben und verwirklichen wollen. Diese Ideen können sich dann bis zum Beginn des Sabbatical ein wenig setzen; die wichtigsten werden nach und nach von Ihnen in die Tat umgesetzt werden.

Im Weiteren kommt es auf Ihre individuellen Bedürfnisse und Wünsche an: Wofür möchten Sie Ihre Zeit nutzen? Etwa für:
- Bildung
- die eigene Gesundung, z. B. bei Symptomen von Burn-out
- den Gewinn von mehr Lebensfreude
- die Entdeckung von Ruhe und Gelassenheit
- die Intensivierung von Hobbys
- Lebenstraining, z. B. mit viel Zeit und wenig Geld auszukommen

**Beispiel:**

*Die promovierte Soziologin Margarete E., 37, arbeitete seit elf Jahren für 20 Wochenarbeitsstunden in einem gemeinnützigen Verein, zuletzt v. a. in den Bereichen Forschung und Statistik.*
*Sie hatte die Idee, einen einjährigen Bildungsurlaub zu nehmen, dies ursprünglich aufgrund ihrer damaligen Lebenssituation: Sie lebte seit einigen Jahren nicht mehr an ihrem Arbeitsort, sondern musste pendeln und sich für zwei bis drei Übernachtungen pro Woche einmieten – was ihr mit jedem Jahr als größere Unannehmlichkeit erschien. Die letzten Jahre über hatte sie nur noch die Fertigstellung ihrer mit der Arbeit verknüpften Dissertation dazu angehalten, die misslichen Umstände hinzunehmen. Außerdem stand die Möglichkeit zur Auszeit an ihrer Arbeitsstelle in guter Tradition. Der Verein war dafür aufgeschlossen, und Frau E. war keineswegs die erste Mitarbeiterin, die ihre Gelegenheit beim Schopf packte.*
*Ausgestattet mit einigen guten Tipps, die ihr diesbezüglich erfahrene Kolleginnen mit auf den Weg gaben, begann sie ihre einjährige Auszeit zu planen. Sie regelte die finanziellen Fragen mit ihrem Mann: Er streckte ihr für dieses Jahr Geld vor, das er über die Auszahlung einer Versicherungsleistung etwas später von ihr zurückbekam. Sie stellte sich einen kleinen Weiterbildungsplan an der Universität zusammen, steuerte aber von vornherein einen entspannten und lustbetonten Umgang mit den Lernzielen an. Denn sie hatte sich vorgenommen, in dem Jahr ihrem „Perfektionismus" entgegenzusteuern und das „Loslassen" zu lernen. Außerdem wollte sie wieder berufliche Orientierung für sich finden und ganz konkret einen neuen Job.*
*Was stand für Margarete E. in ihrem Sabbaticaljahr nun tatsächlich „auf dem Programm"?*
- *regelmäßige Besuche ausgewählter Lehrveranstaltungen an der Universität*
- *lange Spaziergänge mit Walkman und Hör-Büchern, zwei- bis dreimal pro Woche Joggen*

- *Wissenserweiterung in Bezug auf Heilkräuter, deren namentliche Bestimmung, Verwendbarkeit und Verabreichung, u. a. im Zuge zweier Urlaube auf einer Almhütte*
- *mit saisonalen Lebensmitteln bewusst auf die Jahreszeiten ausgerichtete Lebensführung; Natur genießen*
- *Kennenlernen der NachbarInnen; Zeit für Alltagsgespräche, etwa beim Einkaufen*
- *zu Hause vorhandene Bücher lesen oder nochmals lesen (ohne neue anzuschaffen!)*
- *insgesamt mit wenig Geld auskommen*
- *Erkundung der gesamten (relativ neuen) Wohnumgebung mit dem Fahrrad und zu Fuß.*

*Margarete E. merkte, wie sich ihr eigenes Lebenstempo verlangsamte. Sah sie Business-Leute oder Mütter mit Kindern auf der Straße, fragte sie sich: „Wie schaffen die das bloß (so schnell)?“*
*Für sich persönlich machte sie die Erkenntnis, nicht viel Geld zu brauchen, um glücklich zu sein; eher schon Zeit: langsam zu sein, Dinge langsam zu tun. Wichtig war ihr auch, einen ganzen Tag lang keine bestimmten Pläne und kein schlechtes Gefühl deswegen zu haben.*

*Die „vorweisbaren“ Ergebnisse der Auszeit:*
- *einige Zeugnisse an der Uni*
- *die eigene Produktion zweier CDs*
- *eigene Gestaltung mehrerer Sendungen, aufgezeichnet für einen Privatradio-Sender, von der Konzeption und Durchführung bis zur Präsentation „on air“.*

*Am Ende der Auszeit stand die Jobsuche. Margarete E. freute sich schon darauf, wieder berufstätig und mit konkreten Aufgaben konfrontiert zu sein. Priorität war, einen einfachen, klar abgrenzbaren Job zu finden, der in Ruhe erledigt werden konnte.*
*Frau E. bekommt an ihrem Wunschort eine Stelle bei einem gemeinnützigen Verein angeboten, der die Beratung von Mädchen in atypischen Frauenberufen zur Aufgabe hat – allerdings als Buchhalterin (sie ist HAK-Absolventin und hatte zu Beginn ihrer Berufstätigkeit mehrere Jahre als Buchhalterin und Controllerin gearbeitet). Sie nimmt dieses Angebot an und kündigt an der alten Arbeitsstelle.*
*Zeit zu haben ist für Margarete E. nach wie vor sehr wichtig. Ihren ursprünglichen Plan, in der soziologischen Forschung eine Stelle zu finden, hat sie vorerst ad acta gelegt. Abgesehen von der Schwierigkeit, derartige Stellen zu ergattern, weiß sie, wie sehr die Forschungstätigkeit an die Substanz geht. Büro-Organisation hingegen bereitet ihr keine Anstrengung, sondern ein Vergnügen.*

In den Genuss von Ruhe und Stressfreiheit gekommen zu sein, hinterlässt wohl bleibende Spuren!

# 11.3. Frustrierte Angestellte – glückliche Selbständige?

„Wenn du dein Hobby zum Geschäft machst, wird dir niemand vorwerfen können, dass du dein Geschäft zugunsten deiner Hobbys vernachlässigst", sagt Daryl Bernstein in seinem *Logbuch für Jungunternehmer.*

„60 bis 70 Prozent aller Firmengründungen liegen im Bereich der New Economy. Bei hoch qualifizierten Leuten aus der IT-Branche herrscht ein starkes Bedürfnis nach Autonomie und Selbstbestimmung. Diese Selbständigen sind trotz enormer Arbeitsanforderungen und mangelnder Sicherheiten mit ihrer Arbeit hoch zufrieden", meint Hubert Eichmann vom Zentrum für soziale Innovation im Wien.

Aber nicht alle GründerInnen interessieren sich für die New Economy! Und wie viele Start-ups aus diesem Bereich sind vielleicht gerade im Jahr 2001 auf der Strecke geblieben? Ist Selbständigkeit wirklich empfehlenswert? Bedeutet sie nicht auch, große finanzielle Risken auf sich zu nehmen, viel Freizeit zu opfern und das Familienleben einschränken zu müssen?

**Motivationstest für Ihre Selbständigkeit**

1. Wird Ihnen übel bei dem Gedanken, jemandem „weisungsgebunden" zu sein?
2. Würden Sie lieber nach Leistung statt nach abgesessener Zeit entlohnt werden?
3. Würden Sie lieber dann arbeiten, wenn Ihnen die besten Ideen kommen (z. B. in der Nacht)?
4. Kosten Diskussionen und Auseinandersetzungen mit KollegInnen und Vorgesetzten Ihrer Meinung nach unnötig viel Zeit?
5. Empört Sie der Gedanke innerlich, dass jemand Ihnen vorschreiben kann, zu welcher Zeit Sie an Ihrem Platz zu sein haben?
6. Sind Sie stolz darauf, keine unterwürfige „Schleimerin" zu sein?
7. Interessiert Sie der Kaffeeklatsch unter KollegInnen eher wenig?
8. Nehmen Sie sich nur ungern Zeit für Lobbying und Verbündung unter KollegInnen?
9. Sind Sie oft erstaunt, was Ihre Vorgesetzten sich Ihnen gegenüber herausnehmen?
10. Sehen andere das Potenzial Ihrer Ideen nicht?
11. Fühlen Sie sich in der Firma in Ihrem wahren Wert verkannt?
12. Nehmen Sie in Teams und Arbeitsgruppen häufig eine wichtige Rolle ein (Führerin oder Gegenspielerin, siehe Kapitel 4.3)?
13. Denken Sie manchmal, dass Sie in Ihrem derzeitigen Job viel zu wenig eigenverantwortlich arbeiten können?
14. Halten Sie Ihre guten Vorschläge zurück, weil Ihnen die endlosen Diskussionen, wenn es um Neuerungen geht, einfach zu dumm sind?

15. Haben Sie das Gefühl, Ihr Fachwissen in der gegebenen Arbeitssituation nicht vollständig einsetzen zu können?
16. Haben Sie manchmal das Gefühl, alleine mehr zu erreichen als im Team?
17. Beleidigt es Ihre Intelligenz, mit schwerfälligen/uninteressierten KollegInnen zusammenarbeiten zu müssen?
18. Fällt es Ihnen schwer, jemandem Respekt zu zollen, vor dem/der Sie keinen haben?
19. Möchten Sie in Ihrem Leben unbedingt beruflich erfolgreich sein – erfolgreicher als derzeit?

Wenn Sie viele Antworten mit „ja“ beantwortet haben, sind Sie mit Ihrem aktuellen Dienstverhältnis sicherlich nicht besonders glücklich. Dies könnte damit zu tun haben, dass Sie in der jetzigen Firma in eine unattraktive Rolle der „Hackordnung“ gerutscht sind. Die Position der Gegenspielerin ist oft nicht sehr angenehm, insbesondere wenn frau als „Sündenbock“ ausgegrenzt werden soll (siehe Kapitel 4.3). Auch könnte die Bilanz mit einem gesteigerten Bedürfnis nach Einzigartigkeit, dem Wunsch, „etwas Besonderes zu sein und etwas Besonderes zu tun“, verknüpft sein. Der dadurch entstehende Verdruss über Ihr Dienstverhältnis ist an sich keine schlechte Basis für die Selbständigkeit – Untersuchungen haben ergeben, dass die aus diesen Gründen hoch motivierten GründerInnen erfolgreicher sind als andere. Mischt sich die beschriebene Motivationslage mit Know-how, Eigenkapital, wirtschaftlichen und rechtlichen Kenntnissen, Führungskompetenz, Einfallsreichtum und Durchhaltevermögen, entsteht daraus wahres Gründungspotenzial (siehe Ressourcen-Test).

**Bin ich überhaupt der Typ für Selbständigkeit ?**

Nehmen Sie sich genügend Zeit dafür, abzuklären, welcher „Typ“ Sie sind. Der Schritt in die Selbständigkeit ist eine wichtige Entscheidung für Ihr Leben.
Manche Frauen haben ein großes Sicherheitsbedürfnis, sind eher unselbständig und brauchen auch in der Arbeit ein „warmes Nest“. Sie jammern zwar gelegentlich über ihren Job, wären durch eine Selbständigkeit aber zu belastet. Andere lieben den Kontakt mit KollegInnen und arbeiten am besten im Team. Diese beiden Persönlichkeitstypen sind in einem Dienstverhältnis am besten aufgehoben; dabei ist es wichtig, dieses optimal zu gestalten. Ist frau damit unzufrieden, gilt es ein besseres zu finden. Eine Verbesserung der Job-Situation könnte an mehreren Punkten ansetzen, wie in den vorangegangenen Kapiteln bereits ausgeführt wurde. Glücklicherweise gibt es viele alternative Wege, Arbeitszufriedenheit zu erhöhen; im Coaching kann der individuell passende ermittelt werden.
Dienstverhältnisse haben im Vergleich zur Selbständigkeit beträchtliche objektive Vorteile aufzuweisen, wie:
- überschaubare Verantwortung
- geringere Exponiertheit

- geregelte Abläufe
- ArbeitnehmerInnenrechte
- Überstunden-Entgelt
- Recht auf Urlaubszeiten
- keine persönliche Haftung (außer bei groben Vergehen)
- kein persönliches Risiko
- keine Schulden und Kredite etc.

Wer die Sicherheit eines Dienstverhältnisses wünscht und schätzt, sollte damit umgehen können, Anweisungen zu erhalten, und mit zuweilen schwierigen KollegInnen und Vorgesetzten das Auslangen finden: Für die gewünschte Sicherheit wird ein Preis zu zahlen sein. – Wir treffen in unserem Leben Entscheidungen, für die wir in irgendeiner Form auch bezahlen. Frau kann versuchen, den Preis so verschmerzbar wie möglich zu halten, er wird aber immer vorhanden sein.
Selbständigkeit erfordert außer einer spezifischen Fachkompetenz Aufgabenbewältigungen wie:

- Erstellen von Business-Plänen
- Regelung von rechtlichen und steuerlichen Belangen
- frühes Erkennen absehbarer Entwicklungen des Marktes und der Konkurrenz
- Platzieren von Marketing-Strategien
- Kunden-Werbung und Akquisition etc.

Die Selbständigkeit bietet die Möglichkeit, selbstbestimmt und selbstverantwortlich zu arbeiten, und – solange alles in geregelten Bahnen läuft – niemandem Rechenschaft ablegen zu müssen außer sich selbst. Frau ist weder den Eigenarten einzelner KollegInnen noch denen von Vorgesetzten unterworfen. Wer dafür „wie gemacht" ist, sollte nicht länger zögern, einen viel versprechenden Geschäftsplan in die Tat umzusetzen – auch wenn das mit neuen Kompetenzen und einem gewissen Risiko verbunden ist.

### Wie rege und erfolgreich sind österreichische GründerInnen?

In einer Statistik der Wirtschaftskammer sind Erfolgsquoten heimischer GründerInnen zu finden: Nach einem Zeitraum von fünf Jahren bestehen noch 62 Prozent der Unternehmen. Laut Ergebnissen des Institutes für Höhere Studien (IHS) hinken die österreichischen Gründungszahlen ein wenig hinter der europäischen Entwicklung nach, auch wenn es in den letzten zwei Jahren einen bemerkenswerten Anstieg gab. Allein 2001 stieg die Zahl der Neugründungen um 20 Prozent. Den Anstoß dafür gab wohl das Gründungsförderungsgesetz. Damit wurde die Administration erleichtert, der Großteil der Anmeldegebühren fiel weg – insgesamt wurde es also einfacher und billiger, UnternehmerIn zu werden.
Sicherheit hat in Österreich aber einen hohen Wert, sodass die Zahl der Neugründungen insgesamt moderat bleibt. Dem steht eine längere Lebensdauer der neuen Unternehmen gegenüber – die Insolvenzrate in Österreich ist im Vergleich zu anderen Ländern geringer.

Beste Chancen gibt es derzeit im Bereich Dienstleistungen (v. a. industrienahe und New-Economy-Dienstleistungen). Hohe Nachfrage gibt es auch weiterhin in der IT-Branche.

**Ist Unternehmensgründung Frauensache?**

Nein, das kann so nicht gesagt werden. Obwohl in den Medien immer wieder ein anderes Bild gezeichnet wird, entfallen nur weniger als ein Drittel der Neugründungen auf Frauen.

## 11.4. Gründungsvision wird konkret

„Ich will gründen, aber ich habe noch keine Ahnung, wo ich anfangen soll …"
Am besten, Sie schaffen sich ein ExpertInnen-Netzwerk für die Umsetzung Ihres Gründungsvorhabens: Sie brauchen eine/einen gute/n:

- Hausbank
- SteuerberaterIn
- Wirtschaftsanwältin oder -anwalt
- GrafikerIn
- Marketing-ExpertIn.

Die Wirtschaftskammer Österreich bietet ein GründerInnen-Service, das den Anspruch hat, JungunternehmerInnen mit einem umfassenden Service-Angebot von Anfang an zur Seite zu stehen (ExpertInnen-Information, wirtschaftliche und juristische Beratung). Ein weiteres GründerInnen-Service in Wien bietet das WIFI.

**Gibt es auch UnternehmerInnentum mit weniger Risiko?**

Viele möchten sich selbständig machen, aber nicht jede/r will dabei das Rad neu erfinden, was oft genug auch gar nicht nötig ist.

- Die Wirtschaftskammer hat ermittelt, dass in Österreich bis zum Jahr 2007 gut 51.000 Betriebe in Ermangelung „natürlicher" NachfolgerInnen zur Übernahme anstehen könnten. Dafür gibt es die Internet-Börse www.nachfolgeboerse.at, die Angebot und Nachfrage zusammenführen soll.
- Weiters gibt es ein Franchise-Net, über das Franchise-GeberInnen – und Franchise-NehmerInnen zusammenfinden sollen.

Franchising ist ein auf Partnerschaft basierendes Absatzsystem mit dem Ziel der Verkaufsförderung. Der/die Franchise-GeberIn übernimmt die Planung, Durchführung und Kontrolle eines erfolgreichen Betriebstyps. Es wird ein unternehmerisches Gesamtkonzept erstellt, das von den GeschäftspartnerInnen, den Franchise-NehmerInnen, selbständig an ihren Standorten umgesetzt wird. (Franchise-Nehmerinnen haben echte Chancen auf einen „Unternehmerinnen-Werdegang mit Netz".)

## Wie finanziere ich meine Geschäftsidee?

Die Finanzierung der Geschäftsidee stellt neben den bürokratischen Hürden das größte Problem dar.

- Die Einbringung eigenen Kapitals ist dabei unerlässlich und für die meisten potenziellen InvestorInnen ist dies ein erster Test der Ernsthaftigkeit des geplanten Unterfangens.
- In Kooperation mit der Wirtschaftskammer haben Banken das „Gründungssparen" entwickelt: Nach einer zweijährigen Ansparzeit erhält frau eine Gründungsprämie von 14 Prozent; weitere Investitionskredite sind möglich.
- Es gibt auch Gründungsfonds, bei denen alle Branchen um Gelder ansuchen können. Reale Chancen haben etwa 10 Prozent der BewerberInnen.
- Zunehmend entstehen auch hierzulande Unternehmen, die mit so genanntem Risikokapital Erfolg versprechenden JungunternehmerInnen unter die Arme greifen.
- Auch „First Tuesday Meetings", die im informellen Rahmen Kontakte zwischen GründerInnen und potenziellen InvestorInnen knüpfen, finden regen Zuspruch.
- Business-Angels sind private InvestorInnen, die Kapital in Form von Minderheitsbeteiligungen zur Verfügung stellen.
- Inkubatoren bieten jungen UnternehmerInnen nicht nur Geld, sondern auch Infrastruktur und Know-how.

Um bei Verhandlungen nicht im Out zu stehen, sollten Sie die Homepage des Gründer-Services der Wirtschaftskammer besuchen. Unter www.gruenderservice.net/cashnet finden Sie Erklärungen zu gängigen Fachbegriffen, Informationen zu Finanzierung und Business-Plan sowie eine Check-List für die Vorbereitung auf Finanzierungsgespräche.
Ein interaktiver Cash-Guide soll bei der Suche nach potenziellen FinanzierungspartnerInnen helfen. Sie können Ihre Finanzierungskriterien und allgemeine Unternehmensdaten anonym eingeben. Anhand dieser wird ermittelt, welche GeldgeberInnen für Sie in Frage kommen und ob die Voraussetzungen und Rahmenbedingungen für eine Finanzierung Ihres Vorhabens im Detail gegeben sind. Wie eine mögliche Kooperation aussehen könnte, müssen Sie dann im persönlichen Gespräch mit den GeldgeberInnen klären.

## Was ist ein Business-Plan?

Der Business-Plan ist sowohl für potenzielle InvestorInnen als auch für UnternehmerInnen die wichtigste Grundlage zur Beurteilung der Geschäftsidee.
Eine prägnante Einleitung (nicht länger als eine Seite) beantwortet die wichtigsten Fragen der potenziellen GeldgeberInnen:

- Was ist – kurz erklärt – Ihre Geschäftsidee? Was ist der „Knackpunkt"?
- Warum lohnt es sich für die AdressatInnen, diese Idee zu finanzieren?
- Wie wird diese von Ihnen erfolgreich in die Tat umgesetzt?

Gehen Sie davon aus, dass AdressatInnen des Business-Planes (potenzielle GeldgeberInnen) über sehr wenig Zeit verfügen: Sie müssen rasch den Eindruck gewinnen, dass Ihr Plan Erfolg versprechend und überzeugend ist. Deshalb sind das Konzept und die übersichtliche Struktur des Business-Planes besonders wichtig. Dies gilt gleichermaßen für dessen Form, Optik, Stil, Inhalt und Umfang:

- Ihr Business-Plan muss übersichtlich, klar, prägnant und optisch ansprechend gestaltet sein.
- Halten Sie Ihren Business-Plan sprachlich kurz und prägnant. Kein(e) InvestorIn hat Zeit, sich durch Romane zu arbeiten.
- Einer der wichtigsten Punkte dabei ist ein Zeitplan: Wann werden welche Aufgaben durch wen erledigt?
- Eine objektive Analyse der Marktsituation und erste konkrete Budgetzahlen sind unabdingbar. Vermeiden sollte frau dabei eine Überbetonung der eigenen Produkte – die Werbung erfolgt später.
- Das Benutzen von national und international gängigen Fachbegriffen dokumentiert Ihre Kompetenz und Professionalität – Sie müssen nicht alles „eindeutschen“. Übertreibungen sind freilich fehl am Platz – und werden von Finanzierungsprofis rasch durchschaut.
- Alle Ihre Daten und Angaben sind wahrheitsgemäß und nach den Grundsätzen kaufmännischer Vorsicht zu erfassen. Das bedeutet auch, dass Sie vor allem in jenen Bereichen, die sich schwierig abschätzen lassen, Bandbreiten angeben sollten (z. B.: realistische Umsatzschätzungen, Kostenschätzungen bzw. Marktwachstumszahlen). Ein vernünftiges Szenario ist überzeugender als scheinbar präzise Daten.
- Beachten Sie, dass Ihr Business-Plan sich auf einen Zeitraum von ca. drei Jahren beziehen sollte: Ihre Vorhaben im ersten Jahr sind sehr detailliert darzustellen, für die folgenden zwei Jahre reicht eine grobe Skizze.

Durch Ihren Business-Plan schaffen Sie auch eine Leitlinie, an der Sie Ihre Ziele und Aktivitäten ausrichten und laufend überprüfen können.

### Welche Ressourcen sollte ich mitbringen, damit ich einen guten Start habe?

Ressourcen-Test für Ihre Selbständigkeit:

1. Beobachten Sie gerne den Markt in Ihrer Branche? Konnten Sie auch schon gewisse Vorhersagen treffen?
2. Können Sie Ihre Leistung auch ohne fremde Vorgaben gut einschätzen?
3. Sind Sie bereit, bei Entscheidungen ein gewisses Risiko in Kauf zu nehmen?
4. Haben Sie in Bezug auf Ihr Unternehmen eine klare Vision für die Zukunft?
5. Haben Sie sich über die Werbung für Ihr Produkt/Ihre Dienstleistung schon Gedanken gemacht?
6. Haben Sie schon Ideen für Ihren Internet-Auftritt?
7. Schaffen Sie sich Strukturen und Regeln am liebsten selbst?

8. Haben Sie Kontakte zu potenziellen KundInnen und LieferantInnen?
9. Mögen Sie schnelle Entscheidungen?
10. Schreckt es Sie wenig, Fehler zu machen?
11. Sind Sie bereit, Ihr Privatleben in arbeitsintensiven Zeiten einzuschränken?
12. Haben Sie sich schon ein Bild von den Finanzierungsmöglichkeiten für Ihr Unternehmen gemacht?
13. Liegt Ihnen Marketing?
14. Kommen Sie auch mit fremden Menschen leicht ins Gespräch?
15. Hat Ihre Familie eine positive Einstellung zu Ihrer Selbständigkeit?
16. Haben Sie eine positive Einstellung zu kaufmännischen Aufgabenstellungen?
17. Sind Sie nach Niederlagen wie ein Stehaufmännchen?
18. Reihen Sie jetzt schon Ihre Arbeit streng nach Priorität, auch wenn dann manches liegen bleibt?
19. Werden Sie nur wenig Fremdkapital benötigen?
20. Sind Sie kritikfähig?
21. Bringen Sie Geduld und Geschick im Umgang mit Behörden mit?
22. Haben Sie eine wirtschaftliche Ausbildung oder entsprechende Kenntnisse?
23. Wissen Sie über die verschiedenen Rechtsformen, die für Ihr Unternehmen in Frage kommen, schon Bescheid?
24. Haben Sie bereits Führungserfahrung?

Der Motivationstest hat Ihnen die Selbständigkeit als einen für Sie gangbaren Weg aufgezeigt? Wenn Sie beim Ressourcentest fast alle Fragen mit „ja" beantwortet haben, dann sind Sie für die Selbständigkeit bereits gut gerüstet!

## Beispiel:

*1999 wurde in Wien die Kinder-Tagesbetreuungs-Einrichtung „Montessori-Kindervilla" gegründet, in der Rechtsform eines auf null bilanzierenden Vereines. Zur großen Freude der Gründerin Alexandra Neubauer, 32, (Name mit entsprechender Erlaubnis nicht verändert) und ihres Teams entwickelte sich die Einrichtung innerhalb weniger Monate zu einem regelrechten „Haus der Kinder". Es zeichnet sich durch glückliche Kinder sowie zufriedene Eltern aus, die ihre Kinder leichten Herzens der professionellen Betreuung überlassen. Und durch drei Betreuerinnen, die meinen, am schönsten Arbeitsplatz der Welt tätig zu sein. Obwohl nahezu ohne Eigenkapital gegründet werden musste, behielt frau die finanzielle Situation (Fremdfinanzierung) stets im Griff; diese stellt sich im dritten Jahr nach der Gründung über die Erwartungen hinaus positiv dar.*

*Der Weg zum Erfolg war für Alexandra Neubauer und ihre Mitarbeiterinnen nicht leicht. Die junge Gründerin hatte die Montessori-Arbeit vor mehr als zehn Jahren durch ihren eigenen behinderten (gehörlosen) Sohn, den sie bestmöglich fördern wollte, kennen und absolvierte eine entsprechende Ausbildung. Nach der Gründung einer Selbsthilfe-*

*gruppe für Eltern gehörloser Kinder (in die sie ihr Montessori-Fachwissen erstmals in einem öffentlichem Rahmen einbrachte) wurde sie, damals als Tagesmutter tätig, von den Eltern ihrer Tageskinder oft aufgefordert, „bei ihrem Talent“ doch „etwas Größeres“ aufzuziehen. Sie selbst fasste zu dieser Idee mehr und mehr Zutrauen. In der Mutter eines Tageskindes fand sie ihre Wunschpartnerin für das Projekt.*

*Zum Hergang der Gründung: Nach einem ganzen Jahr der Suche nach einer passenden Räumlichkeit wurde eine Lokalität der MA 17 angemietet. Da ein Verein die passende Rechtsform bot, musste ein solcher gegründet werden: mit Statuten, Anmeldung bei der Vereinspolizei und jährlichem detailliertem Finanzbericht. Einen Kredit aufzunehmen war unabdingbar, aber schwierig: Alexandra Neubauer hatte kaum Eigenkapital und keine Sicherheiten. Nicht weniger als drei Bürgen waren vonnöten, denn der kreditverhandelnde Bankangestellte war der Meinung: „So was (wie ein Montessori-Kinderhaus) läuft nicht.“*

*Danach begann die Adaptierung der Lokalität. Das schmale Budget erlaubte nur Selbstgestaltetes. Freunde und Bekannte halfen, in insgesamt ca. 400 Arbeitsstunden entstehen zu lassen, was heute steht. Nachträglich erhielt das Projekt eine staatliche Förderung aus der „Kindermilliarde“. Ein Teil der Schulden konnte so wider Erwarten schon im ersten Betriebsjahr zurückgezahlt werden.*

*Das Kinderhaus startete im Herbst 1999 mit 15 Kindern in zwei Gruppen (Zwei- bis Dreijährige und Vier- bis Sechsjährige). Binnen kurzer Zeit waren die verfügbaren Plätze restlos vergeben. Die kleine Gruppengröße von zwölf Kindern wurde bis heute beibehalten – denn Kinder, meinen die Pädagoginnen, brauchen außer Liebe und Zuwendung vor allem Zeit von den Erwachsenen für sich und ihre Anliegen.*

*Drei Jahre nach der Gründung hat frau die größten Anstrengungen hinter sich. Die Arbeit läuft gut organisiert und professionell ab. Mindestens einmal pro Woche findet eine Teamsitzung statt. Das abwechslungsreiche Tagesprogramm erfordert viele Vorbereitungen – aber das ist nun schon der schöne Teil der Arbeit. Die Montessori-Kindervilla wird seit ihrem Bestehen ständig räumlich erweitert: So gibt es heute neben recht großzügigen Gruppenräumen einen eigenen „Bewegungsraum“ mit entsprechendem Platzangebot und Geräten.*

*Im Jahr 2001 erhielt der „Club Montessori“ als hervorragendes pädagogisches Projekt den ersten Preis im Rahmen des dm-Charity-Projektes „austriathlon“ für Wien-Meidling. Das Preisgeld (SponsorInnen- und Spendengelder) wurde in Ausstattung und Materialien investiert.*

*Im Zuge eines Coaching-Prozesses am Beginn des Jahres 2002 wurde für den Verein ein eigenes Logo entworfen und ein Brief formuliert, mit dessen Hilfe SponsorInnen-Gelder für die Neugestaltung des Outdoor-Spielplatzes akquiriert werden. Noch im Jahre 2002 soll weiter expandiert werden, um Platz für eine dritte Gruppe zu schaffen.*

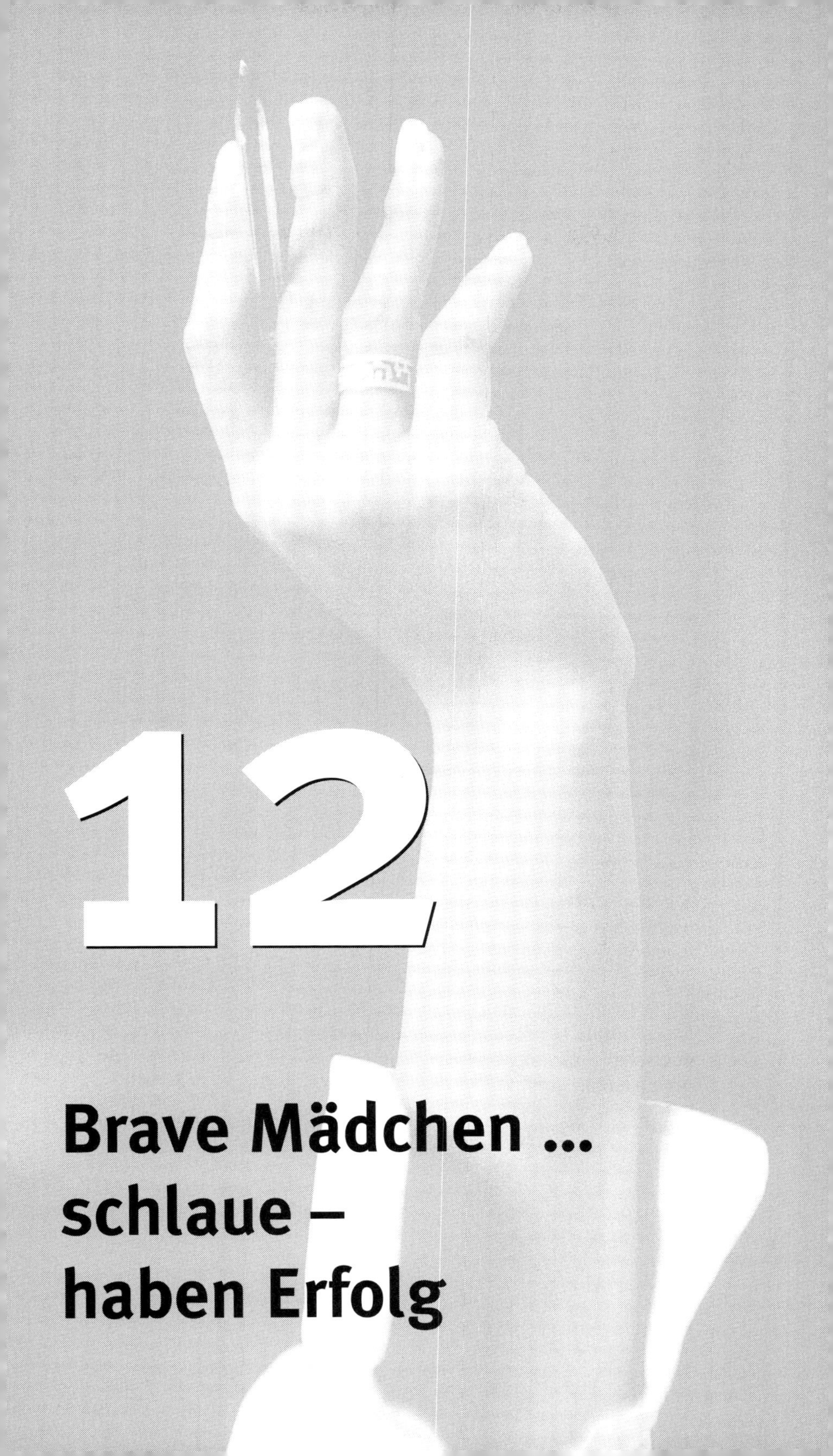

# 12

# Brave Mädchen … schlaue – haben Erfolg

Gute Leistung alleine ist leider noch keine Garantie für Karriere und Aufstieg. Weiterbildung ist zwar ein Faktor für Erfolg, offensichtliche Eigeninitiative und gut vermarkteter Einfallsreichtum sind jedoch noch wichtiger („Die hat was los!"). Die Anstöße müssen von den Aufsteigerinnen selbst gebracht werden: Wer nur bescheiden auf ihre „Entdeckung" wartet, wird diese vielleicht nie erleben.
Eine wichtige Voraussetzung, um beruflich erfolgreich zu sein, ist es also, geschickt Eigenwerbung zu betreiben. Frauen tun sich damit oft schwerer als Männer.
Während viele Frauen bei ihrer Arbeit sehr qualitätsorientiert sind, wird der Faktor hilfreicher Seilschaften für den eigenen Karriereweg von ihnen oft unterschätzt.
Die Fähigkeit, gut und anregend reden zu können und sich als Sprecherin Gehör zu verschaffen, ist heute eine weitere unabdingbare Voraussetzung für die Erreichung und Erhaltung hoch gesteckter beruflicher Ziele.

## 12.1. Gut beobachtet? Erfolg ist mehr als starke Arbeitsleistung

Viele Frauen knüpfen den persönlichen Glauben an den eigenen Erfolg ausschließlich an höchstwertige oder alle/s andere übertreffende Leistung.
Untersuchungen unter SchülerInnen haben immer wieder deutlich gezeigt, dass Mädchen in weit höherem Maß als Buben bereit sind, sich objektiven Leistungsansprüchen zu unterwerfen und zu versuchen, diesen durch harte Arbeit gerecht zu werden. Buben scheinen dagegen bis zu einem gewissen Grad „immun" zu sein und messen sich eher an anderen Maßstäben (u. a. auch daran, inwieweit sie genau diese objektiven Ansprüche irgendwie umgehen oder auflösen können).
Mädchen machen ihren Eltern in der Schule weniger Probleme und erreichen bessere Noten. Haben sie hervorragende Leistungen erbracht, winken sie jedoch bescheiden ab: Sie hätten Glück gehabt, überhaupt seien günstige Umständen aufgetreten („leichte Fragen" etc.).
Liegen einmal schlechtere Ergebnis vor, sind sie hingegen ehrlich betroffen und denken, es sei damit bewiesen, dass sie eben doch nicht so gut (intelligent, talentiert ...) wären. Tendenziell gegenteilig übrigens die Buben: Sie führen gerade ihre Erfolge auf ihre persönlichen Stärken zurück, Misserfolge hingegen auf widrige Umstände. Für das Arbeitsleben gilt, dass ab einem gewissen guten Qualitätslevel mit noch mehr Leistung kaum Zusatz-Lorbeeren zu verdienen sind (siehe Kapitel 8.4). Ob Sie Ihre Leistung nochmals um drei Prozent steigern können, wird niemandem auffallen. Dann geht es offensichtlich um andere Faktoren, die Tür und Tor für den großen Erfolg öffnen könnten.

### Wie stark hängt der berufliche Erfolg tatsächlich von gutem Selbst-Marketing ab?

Eine gute Kraft sorgt dafür, dass jede/r in der Firma weiß, warum ihre Tätigkeit wichtig ist, denn viele interessante Stellen werden firmenintern über FörderInnen besetzt; und es bringt natürlich Empfehlungen, wenn Ihrer tatsächlichen Kompetenz schon ein guter Ruf vorauseilt.
Selbst-Marketing hat wesentlich mehr Bedeutung, als im Allgemeinen angenommen wird. Eine amerikanische Untersuchung bestätigte unlängst, dass drei Faktoren für die Karriere entscheidend sind:
- die Qualität Ihrer Arbeit (10 Prozent)
- der Eindruck, den Sie machen (30 Prozent)
- Ihr Bekanntheitsgrad (60 Prozent).

Das mag für viele enttäuschend sein, frau tut jedoch gut daran, diese Erkenntnis in ihrem Verhalten zu berücksichtigen.

### Warum verzichten Frauen so oft darauf, Vorgesetzte auf ihre Leistungen aufmerksam zu machen?

Aus falscher Bescheidenheit. Der Erfolg im Job hängt zu einem hohen Prozentsatz davon ab, welche Meinung die unmittelbar Vorgesetzten über Sie haben, darüber, wie geschickt, selbständig, einfallsreich, zielstrebig, fleißig etc. Sie sind. Insbesondere Frauen verabsäumen oft, dafür Sorge zu tragen, dass die Erfolge ihrer Arbeit auch ihnen zugeschrieben werden: „Ist ja egal, wer's gemacht hat, Hauptsache es funktioniert" oder „Es ist nicht allein mein Verdienst, auch das Team hat hart gearbeitet". Solche Worte sind vielleicht für eine Dankesrede passend, zuvor müssen die Vorgesetzten aber davon in Kenntnis gesetzt worden sein, wer die Idee – z. B. für ein Projekt – hatte und wer die Verantwortung getragen hat. Frauen befürchten häufig, in plumpes Eigenlob zu verfallen.

### Wo liegt die Grenze zwischen plumpem Selbstlob und guter Eigenwerbung?

Selbst-Marketing hat nichts mit Selbstgefälligkeit oder gar Aufschneiderei zu tun. Es geht darum, der Zielgruppe zu vermitteln, was gerade Sie für die gesteckten Ziele leisten können. Die Kunst besteht darin, in eigener Sache zu trommeln, ohne penetrant zu sein. Während früher Dienstjahre und Treue die beste Garantie für Arbeitsplatzsicherung und Beförderungen waren, zählt heute der vermittelbare eigene Marktwert. Viele Frauen sind traurig darüber, „dass die Welt so ist", dass frau sich verkaufen muss. Sie haben negative Assoziationen rund um den Begriff „Werbung": von Beschönigung bis hin bis zur glatten Lüge. Es geht aber nicht darum, anderen etwas Unwahres vorzuspielen, sondern um Informationsweitergabe. Wenn Sie gut arbeiten, warum soll das niemand wissen dürfen?

# 12.2. Gut vermarktet? „Marke Ich“ als Erfolgsfaktor

Wie reagieren Sie selbst als Kundin oder Konsumentin? Fahren Sie einen Umweg zu einer Bedienungstankstelle, weil dort ein besonders freundlicher und hilfsbereiter Tankwart arbeitet? Betrauen Sie nur eine bestimmte Friseurin mit Ihrem Haarschnitt? Dann haben Sie es mit so genannten Markenpersönlichkeiten zu tun.
Wenn eine Verkäuferin bei den KundInnen besonders gut ankommt, macht sie mehr Umsatz. Dadurch ist sie für ihre Vorgesetzten wichtiger als andere MitarbeiterInnen. Das kann über den Arbeitsplatz entscheiden. Wer in ein Meeting hineingeht und statt „Ich weiß nicht, ob das geht“ sagt: „Ich werde mich dafür einsetzen!“, sticht heraus. Unter Umständen bleibt nur das hängen, nicht, was am Ende wirklich herausgekommen ist.
Markenpersönlichkeiten haben den „Dreh“ heraus: Sie machen die gleiche Arbeit wie ihre KollegInnen, haben aber das gewisse Etwas. Sie sind freundlicher, schneller, aufmerksamer oder haben den besseren „Schmäh“. *Die Marke ICH* ist ein von Conrad Seidl und Werner Beutelmeyer geschaffener Begriff und zugleich Titel ihres Buches. Wir sind ständig von Marken umgeben – vom Frühstückskaffee bis zur Zahnpasta. Sie signalisieren erfolgreiche Produkte. Wer versteht, warum manche Marken besonders erfolgreich sind, versteht auch, warum manche Menschen mehr Erfolg haben als andere.
Menschen sind in gewisser Weise wie Marken. Wir sind aufgefordert, die Stärken bekannter Markenprodukte zu analysieren und dabei zu lernen, wie wir die wesentlichen Faktoren von solchen Welterfolgen für uns selbst nutzen können. Wem es gelingt, seine Marke so zu positionieren, dass sie von den KonsumentInnen als eine Art „persönlicher Freund“ akzeptiert wird, hat einen besonderen Wert geschaffen: ein Markenprodukt, das verlässlich lieber gekauft wird als das der MitbewerberInnen.

**Welche Voraussetzungen sind wichtig, um eine Marken-Persönlichkeit zu entwickeln?**

Beginnen Sie mit Ihrer Stärken-Schwächen-Analyse:

- Worin bin ich besser als MitbewerberInnen?
- Wem nützt meine Kompetenz?
- Wie erfährt meine Zielgruppe von mir?
- Zu welchen Bedingungen bringe ich mich auf den Markt?

Es ist ferner wichtig, ein charakteristisches Auftreten mit Wiedererkennungswert zu entwickeln, das zur Persönlichkeit passt. Dabei hilft es, auch äußerlich etwas „Merk-Würdiges“ zu zeigen: etwas Typisches, das würdig ist, gemerkt zu werden. Wie bei jedem Produkt kommt es auch beim Menschen auf die Verpackung an. Sie werden vielleicht einen Teil

Ihrer Garderobe ausmustern müssen, wenn Sie sich als Marken-Persönlichkeit etablieren wollen. Sobald Sie eine typische Linie eingeschlagen haben, sollten Sie Ihrem Stil treu bleiben.

**Praktische Handlungsanleitung auf dem Weg zur Marken-Persönlichkeit**

- Lassen Sie sich eine originelle Ansage für Ihren Anrufbeantworter einfallen.
- Verwenden Sie eine ungewöhnliche Grußformel in Ihrem Schriftverkehr.
- Denken Sie eventuell über ein Pseudonym („Spitzname") nach.
- Übrigens: Auch manche Schwächen sind markentauglich, z. B. der S-Fehler vom Literaturkritiker Marcel Reich-Ranicki.
- Präsentieren Sie Ihre Stärken als Markenzeichen. Selbständige schaffen über ihre Prospekte, Folder, Visitenkarten und Firmenlogos auch grafisch eine eigene Linie. Doch auch in Unternehmen kann frau Profil zeigen. Das eigene Image kann bei jeder Gelegenheit gepflegt werden: z. B. durch die Art, wie frau Fragen stellt, wie sie in einer Sitzung ihren Beitrag leistet, wie sie konstruktiv Kritik übt, wie sie ihre Memos und E-Mails gestaltet, wie sie ein Projekt präsentiert.
- Also: Zeigen Sie bei möglichst vielen Gelegenheiten Ihren charakteristischen Stil mit Wiedererkennungswert, der für Qualität bürgt.

### Beispiele:

*Was zeichnet Markenmenschen aus? Oft sind sie in ihren Berufen an der Spitze – und sie werden erkannt:*

- *Niki Lauda als Ex-Weltmeister*
- *Vera Russwurm als Quoten-Queen im ORF*
- *Helmut Zilk als ehemaliger Wiener Bürgermeister*

*Auch haben sie ein persönliches Markenzeichen:*

- *Laudas rote Schirmkappe*
- *Russwurms sanftes Lächeln*
- *Zilks dröhnende Stimme*

Zu diesen Persönlichkeiten kann frau persönlich stehen, wie sie will: Jede von ihnen ist eine ausgeprägte Marken-Persönlichkeit und absolut unverwechselbar.

## 12.3. Gut verbunden? Netzwerke als Erfolgsfaktor

Wer wirklich nach oben will, muss die richtigen Kontakte zu den richtigen Leuten knüpfen. Frauen sollten sich selbst den Gefallen tun, anderen zu helfen wie auch sich selbst helfen zu lassen. Statt abwertend

„Freunderlwirtschaft" zu verurteilen, muss „Networking" als Erfolgsfaktor anerkannt werden. Männer gehen mit dieser Art von Beziehungspflege weit selbstverständlicher um als Frauen: „Er schuldet mir einen Gefallen" ist dafür ein typischer Satz.

**Ich habe lieber das gute Gefühl, alles ist allein meine Leistung.**

Das Bild der ewig erschöpften Einzelkämpferin, deren wahrer Wert trotz aller Mühen nie wirklich erkannt wird, kann wohl keine erstrebenswerte Zielvision sein. Während Männer ganz selbstverständlich gelegentlich nach der Arbeit gemeinsam auf ein Bier gehen oder aktive Mitglieder in Vereinen sind, sitzen die Frauen mit den Kindern zu Hause. Diese Aufteilung zwischen den Partnern ist ungerecht. Netzwerk-Pflege braucht Zeit und Energie und steht beiden arbeitenden Partnern zu. Sonst bleiben Frauen, die nach der Arbeit immer sofort heimgehen, von wichtigen informellen Informationsflüssen ausgeschlossen und karrieremäßig benachteiligt. Fehlende Netzwerke sind Teil der „gläsernen Decke", an die Frauen im Berufsleben stoßen.

**Sollte frau gegen diese Vitamin-B-Ungerechtigkeiten nicht ankämpfen?**

Dagegen können Sie kämpfen, so lange bis Ihnen die Luft ausgeht: der Mensch ist auf Beziehung orientiert. Es ist uns wichtig, mit bekannten Personen Bündnisse einzugehen, und wir ziehen bekannte Personen Fremden vor. Wenn Sie zu sich ganz ehrlich sind, werden Sie bemerken, dass auch Sie am liebsten zu Ärzten, Steuerberatern oder Coaches gehen, die Ihnen empfohlen wurden. Ist die Raumpflegerin, mit der die Nachbarin zufrieden ist, oder die Babysitterin, die Ihnen die beste Freundin empfiehlt, nicht jeweils erste Wahl?

**Ich hatte eine harten, steinigen Karriereweg. Soll ich jetzt einer Anfängerin helfen, die es dann viel leichter hat?**

Warum nicht? Betätigen Sie sich als Mentorin und es wird auch Ihre eigene Position stärken. Wer gibt, bekommt auch in irgendeiner Form etwas zurück. Natürlich sollten Sie darauf achten, dass Ihre Hilfestellungen in angemessener Form wertgeschätzt werden. Vielleicht ergeben sich in der Folge Projekte und Kooperationen, von denen auch Sie profitieren.
Außerdem: Wenn Frauen nicht anfangen, in beruflichen Angelegenheiten untereinander zu kooperieren, werden sie von den Männern noch jahrzehntelang elegant ausgebootet werden.

**Wie komme ich zu einem Netzwerk?**

Das Geheimnis der Netzwerke ist: Sie haben bereits eines! Sie müssen es nur professionalisieren. Gelegenheiten dafür gibt es genug, z. B.:

- im privaten Bereich bei Verwandten und FreundInnen
- bei Betriebsfesten und Einladungen im KollegInnen-Kreis
- in Berufsverbänden

- in Vereinen (auch private Hobbys betreffend)
- bei Weiterbildungsveranstaltungen und Kongressen

Reine Frauen-Netzwerke sind sicherlich eine nette Idee, aber eher nur zum emotionalen Auftanken geeignet. In Österreich sind Führungspositionen laut Statistik zu kaum fünf Prozent weiblich besetzt – da gibt es nicht viele, die Sie in einen guten Job heben könnten. Frauen, die sich beruflich weiterentwickeln wollen, sind gut beraten, sich in ihrem persönlichen Netzwerk auch an die Männer zu halten.

**Welche Hilfsmittel brauche ich zur Netzwerkpflege?**

- Verteilen Sie Ihre Visitenkarten auch bei zunächst rein privaten oder flüchtig erscheinenden Begegnungen. Ihre Kontaktpersonen müssen keinesfalls Ihre besten FreundInnen sein oder Ihre persönlichen Meinungen und Anschauungen teilen. Eine gewisse Sympathie ist jedoch hilfreich.
- Es ist also günstig, immer ein paar Visitenkärtchen mit dabeizuhaben.
- Fordern Sie umgekehrt auch Visitenkarten ein. Machen Sie sich auf deren Rückseiten kleine Anmerkungen (z. B.: „Hat eine kleine Tochter“). Das gibt Ihnen beim nächsten Mal einen guten Aufhänger für ein Gespräch.
- Am besten, Sie verwalten diese Kärtchen zu Hause nach einem einfachen Ordnungsprinzip, damit Sie nicht erst lange suchen müssen, wenn Sie diese brauchen.
- Noch besser: Sie übertragen die Namen gleich in Ihr E-Mail-Adressbuch. Das Kontakthalten ist per E-Mail prinzipiell viel leichter. Im Gegensatz zum Telefonieren müssen Sie nie befürchten, gerade zu stören, da die elektronische Post ja immer zum selbst gewählten Zeitpunkt geöffnet wird.

**Tipps für die Pflege Ihres Netzwerkes**

- Beachten Sie, dass Netzwerke auf dem Prinzip von Geben und Nehmen beruhen.
- Sie können darin nicht auf Schnäppchenjagd gehen, sondern müssen einen fairen Preis bezahlen und auch bereit sein, den anderen zu helfen.
- Noch besser: Zuerst den anderen helfen – dann werden Sie Ihr Netzwerk bestimmt auch langfristig behalten.

## 12.4. Gut gebrüllt? Stimme und Rede als Erfolgsfaktor

Im Berufsleben ist es wichtig sich gut zu präsentieren. Unterschätzt wird dabei häufig, dass auch Stimme und Redeweise wesentlich dazu beitragen, überzeugend zu wirken.

**Richtiges Sprechen ist wichtig im beruflichen Umfeld. Heißt das aber, auf spontane Wortmeldungen ganz zu verzichten?**

Ganz im Gegenteil. Überwinden Sie den „inneren Schweinehund", beginnen Sie die eigene Meinung für wichtig zu nehmen und möglichst oft in Arbeitsgruppen oder öffentlich zu sprechen! Diese Praxis alleine kann etliche Probleme und Ängste in Wohlgefallen auflösen. Wer sich stimmlich-sprecherisch schon sicher fühlt, hat an spontanen Wortmeldungen die größte Freude.

**Warum bringen sich Frauen – auch wenn sie noch so kompetent sind – in beruflichen Meetings nicht genügend ein?**

Viele Frauen haben Angst vor Selbstdarstellung, dies verbirgt sich oft hinter „guten Argumenten", z. B.:
- Frau will sich nicht in den Vordergrund spielen.
- Frau hat den Eindruck, die Diskussion sei schon zu weit vorangeschritten und der eigene Beitrag nicht mehr passend.

Manchmal beziehen sich die Sorgen auf das Sprechen selbst, z. B. Angst
- vor Verhaspeln und Stottern
- vor Problemen mit dem Atem (zu viel oder zu wenig Luft)
- dass die Stimme kippt, überhöht klingt oder gänzlich wegbleibt.

Tatsächlich ungünstige Bedingungen für eine Sprecherin sind:
- zu schnelles Sprechen
- unsichere, leicht zu übertönende Sprechweise
- unkontrollierter Dialekt
- die Stimme wirkt schrill, überhöht, quäkend oder kindlich (unangenehm).

Wer besser spricht, „hat mehr Kompetenz". Dies ist oft unfair und fachlich nicht gerechtfertigt. Frauen müssen diesen Faktor jedoch erkennen und „ent-sprechend" nützen.

**Was sind die Bausteine für erfolgreiches Sprechen?**

*1. Atem:*
Die Luft zum Sprechen fließt automatisch ein. Geräuschvolles Einatmen ist nicht nötig, auch wenn wir dies selbst bei geschulten SprecherInnen (v. a. unter Stress und Nervosität) immer wieder vernehmen. Eine automatische Atemergänzung dauert 0,2 sec – so viel Zeit (Pause im Sprechfluss) muss sein. Atempausen ergeben sich ganz natürlich in den Gedankenpausen. Dafür gibt es einen erlernbaren körperlichen Mechanismus.

*2. Stimme:*
Für die Stimmführung ist neben der reflektorischen Luftergänzung die optimale Körperspannung („Aktivierungsniveau") wichtig. Ist frau zu lasch, müde oder depressiv, ist die Körperelastizität zu gering. Ist frau

zu ängstlich oder nervös, gibt es zu viel Körperspannung. In beiden Fällen klingt die Stimme schlechter: entweder zu schwach und leise mit zu viel verstreichender Luft oder gequetscht, quäkend und schrill. Die optimale Körperelastizität kann ebenfalls trainiert werden.

*3. Artikulation:*
Gute Artikulation ermöglicht klare Verständlichkeit und ist damit ein entscheidender Faktor für gelungene Kommunikation. Genau gestaltete Konsonanten bilden das „Bett" des Sprachflusses, die Vokale gelingen darin fast automatisch. Betonungen erfolgen durch deutliches Aussprechen der Konsonanten glaubwürdiger als durch übermäßiges Betonen (unnatürliches Verlängern) der Vokale.

Jeder dieser drei Aspekte kann trainiert werden. Jeder Fortschritt hinsichtlich eines Einzelfaktors bringt eine Verbesserung des gesamten Sprachbildes.

**Ist richtiges Sprechen für jedefrau erlernbar?**

Ja, nur unterschiedlich schnell. Manche Klientinnen haben schon nach fünf bis sechs Trainingsstunden das Gefühl, ihre Ziele erreicht zu haben, gelegentlich genügen dafür zwei bis drei Übungen, die perfektioniert werden. Andere brauchen mehr Geduld, bis sie ihre Ziele für erreicht halten.

## Beispiel:

*Renate H. ist mit ihren 50 Jahren sehr jung geblieben und eine erfolgreiche Geschäftsfrau. Sie hat zwei Töchter großgezogen, die nunmehr erwachsen sind und studieren.*
*Mit dem Wegfall der Erziehungsaufgaben bleibt der vielseitig Interessierten mehr Zeit für sich selbst. Sie engagiert sich für religiöse Belange und wird Lektorin in einer großen Kirche. Da Messen, in denen sie liest, im Radio übertragen werden, möchte sie ihre Stimm- und Atemführung sowie ihre Artikulationsgewohnheiten verbessern.*
*Im Sprech- und Präsentations-Coaching wird Renate H.s Atemmuster umgestellt. Ein- und Ausatem sollen ganz frei und geräuschlos kommen und gehen, ohne dass dadurch Beengungen und Beklemmungen entstehen. Auch an der Lebendigkeit ihrer Sprechweise wird gefeilt: Sie wird auf feine Nuancen von Stimmungen und Wahrnehmungen in den Texten aufmerksam, die sie mit der Zeit auch sprachgestaltend umzusetzen lernt. Letzte Spuren von Dialekt in der Sprache werden bereinigt.*
*Nach dem Coaching fühlt sie sich als Lektorin insgesamt freier und sicherer. Ihre Texte sind immer gut vorbereitet, und sie kann nun ihrer Kreativität in der Textgestaltung vertrauen.*
*Und auch eine „Nebenwirkung" des Stimm- und Sprechtrainings macht sich bemerkbar: In Gruppendiskussionen findet sie nunmehr den Mut, ihre Beiträge spontan auszudrücken, anstatt darüber zu grübeln, ob ihr Einwurf passend oder „gescheit genug" sei.*

## Wie wichtig ist der erste Eindruck, wenn jemand das Wort ergreift?

Der erste Eindruck entscheidet (schon nach den ersten Worten weiß das Publikum unbewusst, ob es Ihnen gerne weiter zuhört oder nicht), und der letzte bleibt. So sollte insbesondere der Einstieg gut vorbereitet sein und ein klarer Schluss formuliert werden.
Gelungene Einstiege machen neugierig: Beginnen Sie mit einer rhetorischen Frage, einem Zitat, einem Witz oder einer Provokation, bevor Sie Ihr Thema benennen.
Überlegen Sie bereits in der Vorbereitungsphase, ob Sie mit Ihrer Rede

- informieren,
- überzeugen oder
- appellieren wollen.

Steuern Sie das betreffende Ziel im Hauptteil Ihrer Rede an. Geht es darum zu überzeugen, müssen Ihre Argumente schlüssig und folgerichtig aufbereitet sein. Aber auch wenn sie jemanden informieren, soll frau/man Ihnen leicht folgen können. Im Falle eines Appells muss im Schlussteil der Rede eine klare Aufforderung an die ZuhörerInnen ergehen.

## Welche Tipps sollte frau unbedingt beachten, um mit einer Rede gut anzukommen?

- Sprechen Sie frei – ohne Textvorlage! (Wenn es sich um einen fachlichen Vortrag handelt, ist es jedoch sinnvoll, unterstützende Medien wie Overhead-Folien, Flipchart-Plakate u. Ä. zu verwenden).
- Sprechen Sie langsam – viel langsamer als Sie denken!
- Überprüfen Sie an kleinen Reaktionen der Zuhörer, ob Sie laut genug sprechen.
- Sprechen Sie mit modulierter Stimme (laut – leise; schneller – langsamer; höher – tiefer), um Ihre Rede nicht eintönig zu halten. Die Modulation soll sich jedoch nach den Inhalten richten und niemals übertrieben oder als Singsang hörbar werden.
- Bringen Sie Ihre Körpersprache in Einklang mit der Auftrittssituation („Präsenz“). Dazu gehört insbesondere, nicht mit Unkontrolliertheiten (z. B. Schwanken im Stehen, Nebenbewegungen mit den Händen) die Aufmerksamkeit der ZuhörerInnen zu spalten. Wenn Sie vorne stehen, sollte jede Ihrer Bewegungen (auch: Mimik, Gestik) unmittelbar sinnvoll sein und das Gesagte unaufdringlich unterstreichen. Arbeiten Sie, wenn möglich, im Vorfeld mit Video-Selbstkontrolle.
- Sprechen Sie unter Verwendung der Hochsprache, außer Ihr Dialekt ist definitiv gefragt, um bei der Zielgruppe gut anzukommen.

# 13

# Über Spitzenfrauen und Traumjobs

Zu wenig Geld, Langweile, die Firma bietet keine „Heimat“ mehr – es gibt viele gute Gründe, sich nach einem besseren Arbeitsplatz umzusehen. Doch viele Frauen scheuen den Neuanfang, bleiben lieber frustriert in einem ungeliebten Job. Damit bringen sie sich um viel Lebens- und Schaffensfreude.
Wer sich neu orientiert, muss jedoch manchmal feststellen: Wo „Traumjob“ draufstand, war nicht immer „Traumjob“ drin. Was aus der Ferne „funkelt und schillert“, ist aus der Nähe betrachtet manchmal eine herbe Enttäuschung. Zuweilen sind mehrere Job-Wechsel nötig, bis die „wahren Werte“ einer Arbeitsaufgabe, die für einen persönlich zählen, auch tatsächlich aufgefunden werden.
Will frau sich nicht nur verbessern, sondern ganz an die Spitze, muss sie an zwei Punkten ansetzen: bei sich selbst und bei ihren Rahmenbedingungen. In manchen Berufen, etwa im Sport, gibt es von vornherein nur ein Ziel: nach vorne zu kommen. Und bei bestimmten Berufsgruppen, wie z. B. ChirurgInnen oder PilotInnen, denken wir automatisch an „Höchstleistung“. Doch auch in vielen anderen Sparten sind Fehler unverzeihlich und absolute Präzision erforderlich.
Während den einen ein solcher Höchstleistungs-Werdegang viel zu mühevoll und „steinig“ erscheint, sind andere wie besessen von dem Wunsch nach Perfektion. Sie interessieren sich für Möglichkeiten, ihre Leistung zu optimieren bzw. auch in kritischen Situationen ihr Leistungsniveau ohne Verluste umsetzen zu können.

## 13.1. Wege zum Wunschjob

Freude an der Tätigkeit ist langfristig die beste Garantie für beruflichen Erfolg. Die Bedeutung von bestimmten Begabungen wird oft überschätzt. Wenn die Arbeit Freude macht, kann frau das Fehlende dazulernen.

### Wie finde ich heraus, welcher Job wirklich zu mir passt, um mir zukünftig Frust zu ersparen?

Viele Menschen wissen nicht recht, wie sie sich beruflich orientieren sollen. Grund dafür sind oberflächliche Kategorisierungen, z. B.: Wer gut mit Zahlen umgehen kann, soll Buchhaltung machen. Schluss!
Jedoch: Was wir gut beherrschen, tun wir nicht notwendigerweise auch gerne. Es ist sinnvoll, in der Job-Wahl vor allem die persönlichen Tätigkeitswünsche ernst zu nehmen. Welche Talente auch immer Sie haben, diese werden in die Art und Weise, wie Sie arbeiten, mit einfließen und Ihren persönlichen Stil prägen.

Hilfe bei der Orientierung kann ein Zwei-Stufen-Plan bieten:
1. Vergessen Sie Ihre Berufsbezeichnung und definieren Sie sich als arbeitsfähige Frau, die dieses und jenes kann. Denken Sie v. a. an übergreifende Fähigkeiten wie analysieren, motivieren, beraten etc.

2. Stecken Sie sich Ziele, bei denen die Augen zu leuchten beginnen. Ausgangspunkt für Bewerbungsaktivitäten soll nicht der Arbeitsmarkt sein, sondern Sie als Job-Suchende mit Ihren Fähigkeiten und Neigungen.

**Um zu meinem Traumjob zu gelangen, müsste ich eine Aus- (Fort-, Weiter-)bildung beginnen ...**

Wann immer möglich, tun Sie das! Es wird nach mehreren oder vielen Berufsjahren vielleicht nicht mehr sinnvoll sein, ein Hochschulstudium zu beginnen. Aber gerade heutzutage gibt es viele Möglichkeiten für kürzere Ausbildungen, (universitäre) Lehrgänge, Fachhochschulen, Kurse, Seminare und Workshops etc.
Ob AkademikerIn oder nicht ist in vielen Branchen nicht mehr wichtig. Die Kompetenz zählt, und diese wird Arbeitskräften, die seit Jahren im Beruf stehen und sich auf dem zweiten Bildungsweg Zusatzqualifikationen erarbeitet haben, oft sogar vermehrt zuerkannt.

**Kann ich in meinem Wunschjob auch Fuß fassen?**

Nachdem Sie die richtigen Bedingungen für Ihren Traumjob geschaffen haben (z. B. im Sinne von Aus- und Weiterbildung), entsteht die Frage der beruflichen Etablierung in dem neuen (oder teilweise neuen) Feld. Wurde Ihre Ausbildung vom Betrieb gewünscht und (mit)finanziert, rutschen Sie wahrscheinlich fast automatisch in die neuen Tätigkeitsfelder hinein. Anders ist es bei selbst gestalteten beruflichen Veränderungen, die mit der Herkunftsbranche nicht (oder kaum) vereinbar sind.
Was können Sie in diesem Fall für Ihre Positionierung tun?

- Wenn es konkrete Firmen gibt, in denen Sie besonders gern arbeiten würden, verfassen Sie eine Aktiv-Bewerbung. Besonders empfehlenswert ist es, zunächst telefonisch mit der Personalabteilung zu klären, ob eine Bewerbung derzeit auch sinnvoll ist (siehe Kapitel 2).
- Lassen Sie die wichtigen und richtigen Personen Ihres Netzwerkes wissen, dass Sie sich beruflich neu orientiert haben (siehe Kapitel 12.3).
- Besuchen Sie Meetings, Vorträge und Vereinsversammlungen der Zielbranche, um Ihr Netzwerk in die gewünschte Richtung zu erweitern.
- Erwähnen Sie auch in scheinbar bedeutungslosen Gesprächen, dass Sie für bestimmte neue berufliche Aufgaben zu haben sind. Es genügt allerdings, dies kurz anzusprechen und danach das Thema wieder zu wechseln.
- Halten Sie alle Wahrnehmungskanäle offen – oft geht das „Schicksal" ungewöhnliche Wege.
- Bleiben Sie möglichst entspannt. Spüren Sie auch immer wieder in sich hinein, was Sie und die Situation jetzt brauchen.

Zum einen ist gut geplant halb gewonnen. Wer dann noch mutig und konsequent die neue Richtung verfolgt, wird auch an sichere Ufer gelangen.

## 13.2. „Traumjob“ auf dem Prüfstand

Schließlich ist nicht alles Gold, was glänzt. Ein einfaches Beispiel für diese Wahrheit sind bezüglich der Branche und der Position deutlich überhöhte Gehaltsangebote einer Firma. Gehen Sie der Sache auf die Spur, es sei denn Sie wollen „Schmerzens“- oder „Bestechungsgelder“ annehmen.
Stellenausschreibungen, die, ohne bestimmte Qualifikationen zu verlangen, schnelles Geld in kurzer Zeit versprechen, sollten Sie generell skeptisch machen.

### Ist es für viele nicht gänzlich unmöglich, zu einem „Traumjob“ zu gelangen?

Hier tut sich die Frage nach der Definition von „Traumjob“ auf. Wenn wir nur im Allgemeinen darunter subsummierte Berufsbezeichnungen wie Model, Schauspielerin, Fernseh-Moderatorin, vielleicht noch Ärztin oder Managerin gelten lassen, ist die Kategorie „Traumjob“ für eine schmale Gruppe von Frauen reserviert.
Aber ist ein „Traumjob“ nicht schlichtweg jeder Job, der hervorragend in ein persönliches Begabungs- und Interessenprofil sowie eine persönliche Zeit- und Lebensplanung passt? So ist für viele Frauen ohne starke aktuelle Karriereambitionen ein Job „ideal“, der sich gut mit den Bedürfnissen der Kinder vereinbaren lässt. Etwa einer, der, halbtags ausgeübt, immer noch eine deutliche Aufbesserung des Haushaltseinkommens bietet und Spaß macht, weil frau „ein bisschen hinaus kommt“. Ein „Traumjob“ kann gegeben sein, wenn Vorgesetzte ihren MitarbeiterInnen respektvoll begegnen, sie ernst nehmen und ihnen einen interessanten und vielfältigen Handlungsspielraum überlassen. Die Kriterien für einen Traumjob sind für diejenigen gegeben, die sich in ihrer Firma und unter den KollegInnen „pudelwohl“ fühlen. „Traumjob“ kann z. B. auch meinen, im Rahmen einer Berufstätigkeit mit einer Zielgruppe von Menschen oder mit Sachthemen konfrontiert zu sein, die frau für die interessantesten hält.
Daraus wird deutlich, dass der persönliche „Traumjob“ höchstwahrscheinlich nicht über das ganze Erwerbsleben hinweg gleich bleiben wird. Persönliche Rahmenbedingungen ändern sich, und das Bedürfnis, „richtig Karriere zu machen“ kann Schwankungen unterliegen oder sich erst mit der Zeit einstellen.

### Ist das gute neue Job-Angebot wirklich gut?

Gute objektive Gründe für die Entscheidung zu einer neuen Position sind z. B.:

- Die neue Position ermöglicht Ihnen einen Aufstieg (mehr Verantwortung, mehr Budget, mehr MitarbeiterInnen etc.).
- Es wurden Ihnen bessere Rahmenbedingungen angeboten (etwa mehr Jahresgehalt inklusive realistischer Prämien, betrieblich geförderte Weiterbildung, günstigere – etwa reduzierte – Arbeitszeiten).

- Die neue Position entspricht Ihren wahren Interessen und Neigungen besser als die bisherige.
- Die neue Position wird Ihre Fachkompetenz beträchtlich erweitern und steigert Ihren Marktwert.
- Die Firmen-Philosophie entspricht Ihnen besser (z. B. mehr Entscheidungsfreiheit der MitarbeiterInnen, flachere Hierachien, leistungsbezogene Gehälter).
- Die tägliche Praktikabilität ist höher (z. B. kürzere Wegzeit zur Arbeit, weniger Dienstreisen, bessere Vereinbarkeit mit der Familie).
- Die Arbeit macht ungleich mehr Spaß und eventuelle finanzielle Einbußen sind verschmerzbar oder werden vermutlich in kurzer Zeit wieder der Vergangenheit angehören.

**Jobwechsel – Pro und Contra:**

- Zeitpunkt: Wer zu früh wechselt, handelt sich den Ruf des Job-Hoppers ein. Wer zu lange kleben bleibt, schafft den Absprung vielleicht nie.
- Bedachte Karrieresprünge: Hüten Sie sich vor Positionen, denen Sie fachlich oder persönlich nicht gewachsen sind. Selbstüberschätzung kann einen Absturz nach sich ziehen – so sind die besten SpezialistInnen oft nicht die besten Führungskräfte.
- Bedachte Gehaltssprünge: Wer sich selbst untreu wird, zahlt einen hohen Preis für den Erfolg. Wenn eine Stelle nur schlecht in Ihr Karriere- oder Lebenskonzept passt (u. a. nicht den eigentlichen Wünschen entsprechender Tätigkeitsbereich, Trennung von der Familie), kann das auch ein Spitzengehalt nicht ausgleichen.
- Konkurrenzkampf: „Neue" AufsteigerInnen müssen mit Neid und Intrigen unter den KollegInnen leben. Wichtig ist, nicht unrealistischerweise zu erwarten, dass die anderen „Beifall klatschen".
- Vitamin B: Wer seine Position scheinbar nur guten Beziehungen verdankt, wird damit rechnen müssen, dass jede Schwachstelle gnadenlos ausgenützt wird. Rechnen Sie mit einer harten Einstiegszeit!
- Mut zum erneuten Wechsel: Wenn Sie schon kurz nach dem Start merken, dass Sie auf das falsche Pferd gesetzt haben, sollten Sie den Job so schnell wie möglich wieder aufgeben. Dies sollte innerhalb eines halben Jahres passieren, sonst heißt es später: „So lange haben Sie gebraucht, Ihren Fehler zu erkennen?"

**Beachten Sie beim Job-Wechsel:**

- Diplomatie: Falls Sie sich über die frühere Firma oder ehemalige Vorgesetzte geärgert haben, behalten Sie es für sich. Wer über andere herzieht, erweckt den Verdacht der Illoyalität und macht sich eher Feinde als Freunde. Und: Im Job trifft frau/man sich immer zweimal.
- Netzwerke: Brechen Sie die Brücken zur alten Firma und früheren ArbeitgeberInnen nicht einfach ab. Kontakte sind Gold wert, um sich in der Branche einen Namen zu machen.

# 13.3. Geheimnis der Könnerinnen

Könnerinnen verabschieden sich von der Idee, in allen – oder auch nur mehreren Feldern des Lebens – hervorragend sein zu können.

**Wie schaffen es einzelne Menschen an die Spitze?**

- Hochleistungsspezialistinnen finden Nischen, in denen sie besonders gut sind, auch wenn sie überraschend viele Schwächen auf anderen Gebieten aufweisen. Es würde sie unverhältnismäßig viel Energie kosten, diese auszubügeln. Besser ist es, alle Kraft in die Stärken zu investieren, um dort Spitze zu werden.
- Hochleistungsspezialistinnen haben Mut zu hohen Ansprüchen an sich selbst. Das Bewusstsein über eigene Spitzenleistungen ist eine wichtige Quelle für Selbstachtung und Lebensglück. Denn unser Selbstwertgefühl ist keine stabile Größe, wir müssen es immer wieder neu „speisen".
- Hochleistungsspezialistinnen üben, üben, üben und entwickeln Lust an der Wiederholung. Hier wird deutlich, dass die Tätigkeit selbst Spaß machen muss. Die Motivation, die Beste sein zu wollen, reicht nicht aus.
- Hochleistungsspezialistinnen akzeptieren, dass der Weg lang und steinig ist. Der Weg zur Könnerschaft verläuft nicht gleichmäßig, sondern in Schüben. Das Gehirn braucht Zeit, neue Lernfortschritte zu automatisieren (denken Sie z. B. daran, wie sehr Sie sich als Anfängerin beim Autofahren konzentrieren mussten, während die Handgriffe nunmehr „automatisch" erfolgen). Es kommt zu Plateauphasen, in denen trotz aller Anstrengung keine Fortschritte sichtbar werden (und gelegentlich sogar zu Rückschritten). Trotzdem bleibt die Basis des Erfolges fleißiges, hartnäckiges Üben. Persönlichkeiten, die Frustrationen schwer ertragen, geben spätestens hier auf.

**Wie gehen Könnerinnen mit Fehlern oder gar persönlichem Versagen um?**

- Fehler sind Lernchancen. Was schief geht, muss analysiert werden, um für die Zukunft eine Verbesserung vorzunehmen. Könnerinnen gehen aus Krisen gestärkt hervor, weil Sie Misserfolge weder verleugnen müssen noch sich von ihnen völlig aus der Bahn werfen lassen.
- Für derartige Fehleranalysen sind Anregungen von einer/einem MentorIn oder Coach hilfreich.
- Eigene Manöverkritik und Bestandesaufnahmen sind immer wieder notwendig: „Wo stehe ich jetzt?" Auszeiten, Tagebuchschreiben und gleichmäßige Bewegung an der frischen Luft ermöglichen, auf Distanz zu sich selbst zu gehen und aus der „Vogelperspektive" neue Wege zu erkennen.

### Was kann frau sich von den Könnerinnen abschauen?

Finden Sie die „gute Meinung" über sich selbst: das Vertrauen in die eigene Leistungsfähigkeit. Es zeigt sich in Experimenten, dass Selbstvertrauen auch mittelmäßig Begabte zu Spitzenleistungen befähigt, während hoch Talentierte versagen können, wenn sie nicht an sich selbst glauben.

### Wie wird frau selbstvertrauender?

- Machen Sie sich Erfolgserlebnisse stets bewusst und belohnen Sie sich dafür. Analysieren Sie lustvoll, welche Ihrer Fähigkeiten zum Erfolg geführt haben.
- Verzichten Sie sich selbst und anderen Menschen gegenüber – insbesondere Ihren Kindern! – auf Aussagen wie: „Das schaffst du nie." Analysieren Sie auch, inwiefern Sie selbst als Kind positiv bestärkt wurden. Erinnern Sie sich an lobende, ermutigende Aussagen aus Ihrer Vergangenheit. Derartige Bestätigungen durch wichtige Bezugspersonen können für den Lebensweg eines Menschen ein starker Motor sein.
- Suchen Sie sich Modelle und Vorbilder mit großem Selbstbewusstsein.
- Schreiben Sie Erfolge mehr dem eigenen Können, Misserfolge mehr den äußeren Umständen zu.

### Wie kann ich meine größten Stärken herausfinden?

Junge Spitzentalente werden oft „entdeckt" und von MentorInnen betreut, denn gerade ganz jungen Frauen sind die eigenen Talente noch nicht klar. Die eigenen Stärken können Sie jedoch auch durch Selbst- oder Fremdbeobachtung erkennen.
- Womit beschäftigen Sie sich von Kindertagen an?
- Was geht Ihnen leicht von der Hand und macht Ihnen Spaß?
- Bei welchen Anforderungen konnten Sie schon oft andere weit übertreffen?
- Was nennen FreundInnen, Bekannte und LehrerInnen als Ihre besonderen Stärken?

Wollen Sie herausragende Erfolge, so bündeln Sie Ihre Kräfte auf den Teilleistungsbereich, für den Sie besonders begabt sind.

## Beispiel:

*Sabrina L., 18, ist Studentin an einer Musical-Schule. Sie wurde als eine von zwölf Studierenden des Jahrganges unter 150 BewerberInnen in den Fächern Gesang, Schauspiel und Tanz ausgewählt, wobei sie insbesondere in letzterem Fach brillierte.*
*Solange sie sich erinnern kann, wollte sie – das gelenkige, zierliche Mädchen mit den großen grünen Augen – auf die Bühne. Ausschlaggebend dafür war der Besuch eines Kinder-Musicals. Die Eltern zeigten*

*sich für die schon immer willensstarke kleine Person verständnisvoll. Sie ermöglichten ihr Ballettunterricht, den Sabrina äußerst diszipliniert besuchte. In späteren Jahren widmete sie sich allerdings weniger dem klassischen Ballett als Modern Dance und Jazz Dance. Ab dem achten Lebensjahr lernte sie Klavier und zeigte sich auch dabei sehr musikalisch. Ihre große Liebe blieb allerdings der Tanz. Im Alter von 16 Jahren begann sie mit dem Gesangsunterricht – vorsichtig, weil dafür noch recht jung. Sie machte schnelle Fortschritte und entwickelte einen hübschen Sopran, dessen Timbre sich für Pop- und Musical-Songs geeignet erwies. Für eine Karriere an der Oper wäre die Stimme hingegen nicht „groß" („laut") genug gewesen.*

*Kurz vor der Aufnahmeprüfung nahm Sabrina noch einige Schauspielstunden. Aufgrund ihres natürlichen, spontanen Wesens, ihres künstlerischen Verständnisses und ihrer mehrjährigen Bühnenerfahrung – v. a. im Tanz – stellte die Darstellung einer „jugendlichen Liebhaberin" kein großes Problem für sie dar. Sie zeigte einen entzückenden Charme, und das Publikum sah ihr gerne zu, auch wenn vieles noch nicht wirklich gekonnt war.*

*Sabrinas Leben war stets voller Termine gewesen, doch seit Beginn der Musical-Schulausbildung kommt sie kaum mehr zur Ruhe. Jeden Tag wird von früh bis spät gesungen, getanzt, gesprochen und dargestellt. Am Wochenende werden von der Schule für die Auszubildenden Auftrittsgelegenheiten organisiert. Stets überwachen die LehrerInnen mit Argusaugen den Fortschritt ihrer Schützlinge. Das erste Jahr ist auch nur ein Probejahr, in dem das Talent der Studierenden nochmals auf Herz und Nieren überprüft wird. Sabrina widmet sich allen Fächern mit großem Ehrgeiz und magert in den ersten Monaten des ersten Jahres stark ab. Manche LehrerInnen äußern sich bereits besorgt, sie könnte magersüchtig werden – eine typische Erkrankung ehrgeiziger junger Frauen, die an der Schule auch schon mehrfach aufgetreten ist.*

*Doch mit ihren ersten Erfolgen kommt Sabrina etwas zur Ruhe. Sie gewöhnt sich an, in den Pausen stets genügend zu essen und auch zu trinken, nachdem sie einmal bei einer Ballettstunde kollabierte. Trotz mancher Rückschläge durch Streitigkeiten mit KollegInnen und LehrerInnen (Sabrina hat ihren Eigensinn weiterhin nicht abgelegt) fühlt sich das junge Mädchen zwar oft erschöpft, aber glücklich – nähert sie sich doch dem Berufsbild, das sie immer für sich ersehnt hat!*

## 13.4. Wege zur persönlichen Bestform

Ihre persönliche Bestleistung erreicht frau nicht nur durch viel Üben im Vorfeld. Dazu gehören auch ein klarer, kühler Kopf und „Nerven aus Stahl" im entscheidenden Moment. Ferner hilft das richtige Sensorium dafür, den eigenen – geistigen wie körperlichen – Zustand einzuschätzen und zielgerichtet Verbesserungen einzuleiten.

**Das Beste aus sich herausholen – wie geht das praktisch?**

Eine ideale Vorbereitung auf jegliche Leistungssituation ist das „mentale Training", die detaillierte Planung des eigenen Handelns in der Vorstellung.
Diese ursprünglich aus dem Sport stammende Übungsmethode etablierte das Erüben von Bewegungskoordinationen in der Vorstellung als mit dem tatsächlichen Tun fast gleichwertige Trainingsform. Feinst koordinierte Bewegungen (etwa im Zusammenhang mit den Ballspielarten Tennis oder Golf) können so auch ohne Trainingsmittel perfektioniert werden.
Das mentale Training eignet sich jedoch für vielerlei Varianten der Vorbereitung, auch außerhalb des Sports. So können z. B. vor wichtigen Konferenzen, Hearings oder Prüfungssituationen Argumente, Fragen und mögliche Tricks der GesprächspartnerInnen geistig vorweggenommen und die eigenen diesbezüglichen Strategien und Antworten eingeübt werden.

**Wie kann frau ihr Leistungsniveau verlustfrei umsetzen?**

Die Kunst, Leistung punktgenau abrufen zu können, unterscheidet die Siegerin von der „Trainingsweltmeisterin", die zwar alles kann, der aber im ausschlaggebenden Moment („Wettkampf") die Nerven versagen. Um ihre Höchstleistung im richtigen Moment zu platzieren, braucht frau:

- Konzentration
- Entspannung
- Regulierung des Aktivierungsniveaus.

Machen auch Sie gerne viele Dinge nebeneinander und nichts wirklich fertig? Verlieren Sie den Überblick über Ihre Erledigungen oder über notwendige Abläufe bei Ihrer Arbeit? Konzentration, Unablenkbarkeit von einer wichtigen Sache, ist in unserer Zeit sehr selten geworden. Nicht nur mehr und mehr Kinder, auch Erwachsene leiden heutzutage unter Störungen des Aufmerksamkeitsvermögens. Vielen Menschen hilft es allerdings, sich der Problematik bewusst zu werden und es sich anzugewöhnen, Angelegenheiten ganz gezielt zu Ende zu führen.
Um unter Stress nicht zu verkrampfen empfiehlt es sich, eine Entspannungstechnik zu erlernen, die in Leistungssituationen leicht durchführbar ist, z. B. „autogenes Training" oder „progressive Muskelentspannung". Auch Entspannungstechniken, die über die Beobachtung des Atemflusses vollzogen werden, sind dafür prinzipiell geeignet.
„Regulierung des Aktivierungsniveaus" bedeutet, das gesamtkörperliche und geistige Spannungsniveau auf den jeweiligen Situationsbedarf genau einstellen zu können.

## Beispiele:

*Die Sängerin auf der Bühne darf bei ihrem Auftritt weder zu lasch sein noch verspannt. Wäre sie zu lasch, würde ihre „Atemstütze" zusammenbrechen und die Stimme an Lautstärke und Klangfarbe verlieren. Wäre sie verspannt, würde die Stimme gequetscht oder scharf klingen und die negativen Kritiken wären vorprogrammiert.*

*Die Politikerin beim Fernsehinterview benötigt ebenfalls ein hohes Aktivierungsniveau zugunsten ihrer geistigen Wendigkeit: Nach rascher Auffassung und innerer Bewertung einer Frage soll sie blitzschnell eine pointierte Aussage formulieren. Wäre die Nervosität und damit die Verspannung dabei zu hoch, würden allerdings sowohl die Wahrnehmungs- als auch die Reaktionsleistung an Qualität verlieren.*

**Welche der vielen Entspannungstechniken ist für mich die richtige?**

Geht es um eine Integration von gezielter Entspannung in die gesamte Lebenssituation (also etwa auch zum abendlichen Abschalten, zur Lösung chronischer muskulärer Verspannung oder zur Behandlung emotionaler Probleme), haben Sie einige Methodenauswahl. Letztendlich ist Entspannung immer auch ein messbarer muskulärer Zustand. So haben Entspannungstechniken zwar prinzipiell ein ähnliches Ziel, es werden aber durchaus unterschiedliche Wege beschritten. Sie als Anwenderin müssen entscheiden, worauf Sie den Schwerpunkt legen wollen.
Aktive (ganz)körperliche Entspannung erleben Sie etwa – einfach und praktikabel – nach dem Sport. Passive körperliche Entspannung bekommen Sie beim Saunabesuch, bei der Massage, Akupressur oder Akupunktur etc. ohne körperliche Anstrengungen „geschenkt".
Für die gezielte Auflösung chronischer muskulärer Verspannung (Schmerzen!) eignen sich aktive körperliche Entspannungstechniken, bei denen mit kleinsten Bewegungen ganz sanft Muskulatur gelöst und gelockert wird. Dies erleben Sie etwa bei der Feldenkrais-Methode oder bei der funktionellen Entspannung (FE).
Geistige Entspannungstechniken können „den Kopf frei machen". Geistig gelenkte Entspannungserfahrung kann z. B. bei der Bekämpfung von Prüfungsängsten helfen. So vertreiben beim autogenen Training, bei gezielten Vorstellungsübungen und bei gelenkten inneren Fantasiereisen positiv stimulierende und stärkende Gedanken die Angst. Das negative, belastende „Gedankenkarussell" („Das kann ich nie." „Die Zeit reicht nicht aus." etc.) kann damit unterbrochen werden. Geistige Entspannung stellt sich auch ganz „automatisch" ein: etwa beim Tagträumen oder Musikhören. Geistige Entspannungstechniken sind ebenfalls geeignet für das abendliche Zur-Ruhe-Kommen.
Bei emotionalen Problemen kann Entspannung ein therapeutisches Ziel sein. Dabei wird manchmal auf ein „Ausagieren" des inneren Spannungszustandes abgezielt, etwa beim (therapeutischen) Theaterspielen, oder in Form von gruppendynamischen Übungen. Dabei sollten Sie sich am besten immer in die fachkundigen Hände einer Psychotherapeutin begeben! Nicht ausagierend, aber innerlich lösend und pflegend für die Seele wirken Gespräche mit FreundInnen, LehrerInnen, SeelsorgerInnen sowie die Selbstanalyse.

**Auf dem Weg zum Entspannungsprofi …**

Nähere, durchaus ausführliche Vorab-Informationen finden Sie unter den entsprechenden Suchbegriffen in den Internet-Suchmaschinen, sodass Sie eine Auswahl treffen können. Wer sich mit gezielten Entspannungstechniken bisher nicht befasst hat, ist für den Einstieg mit einem Kurs unter praktischer Unterstützung durch TrainerInnen am besten beraten. „Es zu tun" ist bei weitem effizienter, als darüber zu lesen.
Zu den meisten gängigen Entspannungstechniken gibt es ein reichhaltiges Kurs- und Trainingsangebot (z. B. an den Volkshochschulen). Diesbezügliche Programme können Sie sich zusenden lassen. Studierenden und AkademikerInnen steht das Angebot des Universitäts-Sport-Institutes offen, das ebenfalls Kurse in diesem Bereich anbietet.

**Wie kann ich das persönliche Aktivierungsniveau regulieren?**

In beruflichen Entscheidungssituationen entsteht zumeist das Problem einer erhöhten Spannung, die in körperliche Verspannung und geistige Hektik (oder sogar Panik) münden kann. Solche Zustände sind für die Aufrechterhaltung des gewünschten Leistungsniveaus extrem kontraproduktiv. Daraus entsteht wie gesagt die Notwendigkeit, sich Entspannungstechniken anzueignen, die im Bedarfsfall stressregulierend bzw. stressmindernd wirken. Seltener entsteht der Problemfall zu geringer Spannung, dies am ehesten bei allgemeiner starker Müdigkeit oder bei großer Routine – selbst aufregende Auftritts- und Wettkampfsituationen oder entscheidende Konferenz- und Verhandlungsaufgaben können einem gewissen Ermüdungsfaktor durch Gewohnheit unterliegen. In diesem Fall geht es um eine Erhöhung des Aktivierungsniveaus, um die angestrebte Leistung umsetzen zu können.

**Was hilft bei zu geringer Aktivierung?**

- Gehen Sie ausgeschlafen in Ihre berufliche Entscheidungssituation.
- Setzen Sie sich persönliche (neue) Ziele, um Neugier und Lust an der Tätigkeit zu erhalten.
- Aktivierend wirken Bewegung an der frischen Luft, schnelles Gehen oder Laufen, kurze gymnastische Übungen bei offenem Fenster.
- Im Notfall, und wenn es schnell gehen muss, hilft eine kalte Dusche oder eine Ladung kalten Wassers ins Gesicht.
- Manche körperlichen Entspannungstechniken wirken auch in diesem Fall ausgleichend und spannungsregulierend, weil sie vor der Entspannungsphase mit einer aktivierenden Anspannungsphase (durch gezielte Muskelkontraktionen) arbeiten, z. B. die progressive Muskelentspannung.

Viele Probleme erledigt allerdings auch die Praxis für Sie: Meistens steigt das Leistungsniveau mit wachsender Routine wie von selbst, weil Nervosität und Verspannung zunehmend abgebaut werden. Der Umsetzung von Spitzenleistungen steht so nach wiederholtem Tun unter kontrollierter Leistungsoptimierung (siehe oben) nichts mehr im Wege.

# Schlussworte

Je mehr ich mich mit der beruflichen Situation von Frauen beschäftigte, desto mehr wurde mir – in höchst ärgerlicher Weise – klar, wie weit wir heute noch von einer tatsächlichen gesellschaftlichen Gleichstellung von Mann und Frau im Berufsleben entfernt sind.
Vielmehr scheint die berufliche Welt weiterhin durch und durch von einer „männlichen Sicht" geprägt. Um einen der Aspekte als Beispiel heranzuziehen: Wie vielen Frauen würde es einfallen, ihre männlichen Mitarbeiter und Kollegen in erster Linie als Sexualobjekte zu sehen und sie in entsprechender Form zu behandeln?
Es scheint, als habe die Frauenbewegung versagt. Offensichtlich war ihr Anspruch auf Verbündung aller Frauen untereinander keine durchgreifende Strategie für die Auflösung der männlichen Vorherrschaft im Beruf. So gleich sind die Frauen nicht, dass es realistisch wäre, zu denken, sie könnten „alle an einem Strang" ziehen. „Die Frauen" gibt es letztendlich ebenso wenig wie „die Männer" – auch wenn diese die effizienteren Seilschaften zur gegenseitigen Unterstützung bilden.
So bleibt es doch Sache jeder Einzelnen, dem täglichen Frust in einer durch Männer dominierten Arbeitswelt mit Tatkraft und strategischem Geschick zu begegnen.

Eine Gleichstellung von Mann und Frau im Beruf kann nicht um den Preis erfolgen, dass Frauen „die besseren Männer" werden und sich deren Denk- und Handlungsweisen aneignen, um die eigenen vollständig zu vergessen. Zwar ist es manchmal hilfreich, „die Sprache der Männer" sprechen zu können, aber nicht um den Preis einer inneren Angleichung.
Weibliche Handlungsweisen sollten sich im Beruf mit männlichen gleichberechtigt etablieren – aber sind sie in Wahrheit nicht sogar die besseren, effizienteren, ethischeren? Die Prognose, dass dieses Jahrhundert das des weiblichen Aufstiegs in die absoluten Spitzenpositionen sein könnte, scheint aus heutiger Sicht noch hehre Vision – oder doch schon konkretes Ziel?

# Danksagung

Danke an eine immer größer werdende Schar von Frauen und Männern, die durch ihr konkretes Handeln ein neues gesellschaftliches Bewusstsein herbeiführen!

An:

- Frauen, die ihren Handlungsspielraum im Leben bewusst gestalten.
- Frauen, die sich von der gesellschaftlichen Ansicht, als berufstätige Mütter Rabenmütter zu sein, nicht einschüchtern lassen.
- Frauen, die kämpfen können oder es lernen wollen.
- Männer, die im partnerschaftlichen Übereinkommen Kinderbetreuung übernehmen und Zeit für Spiel und Spaß mit den Kindern haben.
- Männer, die erziehungskompetent sind und denen ihre Integration in die Familienarbeit wichtig ist.
- Eltern, die ihren Kindern für die Welt des Berufes und die der Familie glaubwürdige Vorbilder sind.

Persönlich danke ich allen, die mich bei meiner Arbeit an diesem Buch unterstützt haben:
Insbesondere meinem Mann für seine Geduld und seine EDV-Unterstützung, Christine Bauer-Jelinek für ihren fachlichen Rat, meinen Eltern und Schwiegereltern für das Babysitting bei meiner Tochter und allen Klientinnen, aber auch Bekannten und Freundinnen, die so freundlich waren, mir Fallgeschichten für dieses Buch zu überlassen.

# Literaturhinweise und Tipps für weitere Information


### 1. Kündigung: Auf zu neuen Ufern!

Der Standard, 08.09.2001: Die Interimsmanager kommen.
Der Standard, 08.09.2001: Jungbrunnen jenseits der Pensionsgrenze.
Der Standard, 14.03.2002: Abfertigung neu: Ein Wechsel lohnt nur selten.
Kammer für Arbeiter und Angestellte Salzburg: Arbeitnehmerrechte. Broschüre, 2000
Sobull, D.: Reif für den Jobwechsel?, in: Psychologie Heute 01/2001

### 2. Gut gewählt ist halb gewonnen

Arbeitsmarktservice: Die Praxis!mappe (Arbeitssuche Schritt für Schritt), Wien 1999

http://www.jobpilot.at: Praktische Tipps zur Online-Bewerbung
http://www.stepstone.de: Online-Stellengesuch; Tipps für Online-Bewerbung

### 3. Als Kandidatin auf der Siegerstraße

Arbeitsmarktservice: Die Praxis!mappe (Arbeitssuche Schritt für Schritt), Wien 1999
AK für Sie, 01/2001: Arbeitsvertrag und Dienstzettel.
AK für Sie, 01/2001: Arbeit ohne Schutz.
Feigl, S.: Keine falsche Bescheidenheit! Wegweiser zur Gleichbehandlung im Beruf. Herausgegeben von der Anwältin für Gleichbehandlungsfragen im Bundesministerium für soziale Sicherheit und Generationen. Ausgabe 2001

http://www.focus.de: Arbeitszeugnis: Die geheimen Tricks der Chefs

### 4. Stark im Team

Brinkman & Kirschner in: „Mobbing“ von Esser, Wolmerath und Niedl, Verlag des ÖGB, Wien 1999
Gourmelon, A. & G.: Die ersten 100 Tage oder wie Sie es vermeiden, ein Mobbingopfer zu werden, in: Psychologie Heute 05/2002
Johnstone, K.: Improvisation und Theater. Alexander Verlag Berlin, 1993.
Schindler, R.: Rangdynamik und Gruppenorganisation, Anhang: Zum Vokabular von Gruppenorganisation und Rangdynamik, Beiblatt zu einem Vortrag in Goldegg, 1992

### 5. In der Höhle des Löwen

Feigl, S: Anträge an die Gleichbehandlungskommission: Verfahren, Entscheidungen, Gutachten. Diskriminierungsbereich: Beruflicher Aufstieg. Herausgegeben von der Anwältin für Gleichbehandlungsfragen bei der Bundesministerin für Frauenangelegenheiten und Verbraucherschutz. Gutachten und Entscheidungen seit 1991.

### 6. Lust im Büro

Feigl, S: Anträge an die Gleichbehandlungskommission: Verfahren, Entscheidungen, Gutachten. Diskriminierungsbereich: Sexuelle Belästigung am Arbeitsplatz. Herausgegeben von der Anwältin für Gleichbehandlungsfragen bei der Bundesministerin für Frauenangelegenheiten und Verbraucherschutz. Gutachten und Entscheidungen seit 1991.
Feigl, S.: Keine falsche Bescheidenheit! Wegweiser zur Gleichbehandlung im Beruf. Herausgegeben von der Anwältin für Gleichbehandlungsfragen im Bundesministerium für soziale Sicherheit und Generationen. Ausgabe 2001
Hopfgartner, A. & Zeichen, M. M.: Sexuelle Belästigung am Arbeitsplatz. Bundesministerium für Arbeit und Soziales. Frauenreferat, Wien 1988
Pardoe, B.L.: Karriere im Minenfeld. Campus Verlag Frankfurt/N.Y. 1999.

http://www.ceiberweiber.at/equality
http://www.help.gv.at/Sexuelle Belästigung
http://www.notruf.wtal.de/arbeit

### 7. Ganz normaler Konflikt oder Mobbing?

Esser, Wolmerath und Niedl: Mobbing. Der Ratgeber für Betroffene, in: Verlag des ÖGB, Wien 1999

Meschkutat, B.: zitiert in: Vor allem Frauen leiden unter Mobbing. Psychologie Heute 06/2002
Gourmelon, A. & G.: Die ersten 100 Tage oder wie Sie es vermeiden, ein Mobbingopfer zu werden, in: Psychologie Heute 05/2002

**8. Wenn die Arbeit zur Mühsal wird**

Bauer-Jelinek, C.: Skriptum zum CBJ-Coaching, cbj-Eigenverlag, 1999
Nuber, U.: Das schaffe ich schon. Wie Sie gelassener durchs Leben kommen, in: Psychologie Heute 02/2002
Scheer, P. & A.: Das On-Off-Phänomen – Stressbekämpfung durch Schonschaltung. Stressbekämpfung als Voraussetzung zur Kreativität. Skriptum des PGM-Lehrgangs der Wirtschaftsuniversität Wien, 2001
Sprenger, R.: Das Prinzip Selbst-Verantwortung. 6. Auflage Campus Verlag Frankfurt – New York 1997
Weeks, D. & James, J.: Exzentriker. Über das Vergnügen, anders zu sein. Rowohlt TB, Reinbek 1998

**9. Leben mit Doppelbelastung**

Bauer-Jelinek, C.: Die helle und die dunkle Seite der Macht. Edition Va bene, Wien-Klosterneuburg 2000
Feigl, S: Anträge an die Gleichbehandlungskommission: Verfahren, Entscheidungen, Gutachten. Diskriminierungsbereich: Begründung eines Arbeitsverhältnisses. Herausgegeben von der Anwältin für Gleichbehandlungsfragen bei der Bundesministerin für Frauenangelegenheiten und Verbraucherschutz. Gutachten und Entscheidungen seit 1991.
Jansen, M.: Gehetzte Dazuverdienerin. in: Psychologie Heute 02/2002
Kammer für Arbeiter und Angestellte Salzburg: Arbeitnehmerrechte. Broschüre 2000
Kreß, B.: Die Beschwörung der Väter. in: Psychologie Heute 02/2002

http://www.kindergeld.at

**10. Typische Karrierefallen für Frauen**

Bauer-Jelinek, C.: Die helle und die dunkle Seite der Macht. Edition Va bene, Wien-Klosterneuburg 2000
Levicki, C.: Developing Leadership Genius, in: Psychologie Heute 04/2002
Rubin, H.: Machiavelli für Frauen. Wolfgang Kruger Verlag, Frankfurt, 1998

**11. Ausstieg oder Neuanfang**

AK für Sie, 10/2000: Das bringt die Bildungskarenz.
Der Standard, 12.01.2002: i2b Initiative Businessplan.
Die Presse, Gründermonat 2001: Start Up: Für Betriebsgründer von heute und morgen.
Kerber, B.: Aussteigen auf Zeit. Würde ich auch gerne, aber ... in: Psychologie Heute 02/2001

http://www.franchise-net.at
http://www.gruenderservice.net/cashnet
http://www.nachfolgeboerse.at

**12. Brave Mädchen ... schlaue – haben Erfolg!**

Der Standard, 08.09.2001: Der Selbst-Beschau folgt der Selbst-Aufbau.
Seidl, C. & Beutelmeyer, W.: Die Marke ICH. Ueberreuter Wirtschaft, Wien 1999
Znidaric, A.: Gekonnt genetzt. Wienerin, Winter 2000/2001

**13. Über Spitzenfrauen und Traumjobs**

Ernst, H.: Das Geheimnis der Könner. in: Psychologie Heute, 01/2001
Sobull, D.: Reif für den Jobwechsel? in: Psychologie Heute, 01/2001

The White House
[→ diepresse.com]
Business-Anzug: 1.000,-
Business-Zeitung: 1,-
So viel Zeit|ung muß sein.
Die Presse